LEGADO PARA A JUVENTUDE BRASILEIRA

REFLEXÕES SOBRE UM BRASIL DO QUAL SE ORGULHAR

FERNANDO HENRIQUE CARDOSO
COM DANIELA DE ROGATIS
LEGADO PARA A JUVENTUDE BRASILEIRA

REFLEXÕES SOBRE UM BRASIL DO QUAL SE ORGULHAR

1ª edição

EDITORA RECORD
RIO DE JANEIRO • SÃO PAULO
2018

CIP-BRASIL. CATALOGAÇÃO NA PUBLICAÇÃO
SINDICATO NACIONAL DOS EDITORES DE LIVROS, RJ

C262L   Cardoso, Fernando Henrique
Legado para a juventude brasileira: reflexões sobre um Brasil do qual se orgulhar / Fernando Henrique Cardoso, Daniela de Rogatis. – 1ª ed. – Rio de Janeiro: Record, 2018.

ISBN 978-85-01-11587-4

1. Brasil – Política e governo – Séc. XXI. 2. Jovens – Brasil – Participação social. 3. Jovens – Brasil – Participação política. I. Rogatis, Daniela de. II. Título.

18-51608

CDD: 320.981
CDU: 32(81)

Meri Gleice Rodrigues de Souza – Bibliotecária CRB-7/6439

Copyright © Fernando Henrique Cardoso e Daniela de Rogatis, 2018

Todos os direitos reservados. Proibida a reprodução, armazenamento ou transmissão de partes deste livro, através de quaisquer meios, sem prévia autorização por escrito.

Texto revisado segundo o novo Acordo Ortográfico da Língua Portuguesa.

Direitos exclusivos desta edição reservados pela
EDITORA RECORD LTDA.
Rua Argentina, 171 – Rio de Janeiro, RJ – 20921-380 – Tel.: (21) 2585-2000.

Impresso no Brasil

ISBN 978-85-01-11587-4

Seja um leitor preferencial Record.
Cadastre-se em www.record.com.br e receba informações sobre nossos lançamentos e nossas promoções.

Atendimento e venda direta ao leitor:
mdireto@record.com.br ou (21) 2585-2002.

Sumário

Prefácio — *George Legmann* — 09

Introdução — *Daniela de Rogatis* — 11

CAPÍTULO 1 — SER BRASILEIRO: NOSSA HISTÓRIA, NOSSOS SONHOS E VALORES

Sintonize: uma visão integrada de nós mesmos
Daniela de Rogatis — 17

O enfrentamento da pobreza e da desigualdade
Fernando Henrique Cardoso — 21

O enfrentamento da cultura do privilégio
Fernando Henrique Cardoso — 29

CAPÍTULO 2 — A NOVA ÉTICA: REESCREVENDO O ALGORITMO SOCIAL

Sintonize: o passo da história
Daniela de Rogatis — 37

Referências para sonharmos o Brasil do futuro
Fernando Henrique Cardoso — 41

Capítulo 3 — Patrimônio Nacional: o conjunto da riqueza de uma nação

Sintonize: os novos bandeirantes e a redescoberta do Brasil
Daniela de Rogatis com colaborações de Andrea Derani　　55

Contradições de um gigante em berço esplêndido
Fernando Henrique Cardoso　　59

Capítulo 4 — Onde pulsa o Brasil

Sintonize: os novos pioneiros na terra de contradições
Daniela de Rogatis　　85

As pessoas e a construção do futuro
Fernando Henrique Cardoso　　91

Capítulo 5 — Política institucional: sonhos possíveis e ideais de transformação

Sintonize: a qualidade dos políticos
Daniela de Rogatis e Joel Pinheiro da Fonseca　　105

Utopia viável
Fernando Henrique Cardoso　　111

Capítulo 6 — O Estado e a gestão pública

Sintonize: servir a nação
Daniela de Rogatis e Marina Amaral Cançado　　153

Tornar o necessário possível: a Presidência da República e a
gestão pública — *Fernando Henrique Cardoso*　　159

CAPÍTULO 7 — EDUCAÇÃO E TRABALHO: FUTURO UNIFORMEMENTE DISTRIBUÍDO

Sintonize: preparando o futuro
Daniela de Rogatis — 203

Sentido prático e as dimensões humanas
Fernando Henrique Cardoso — 207

CAPÍTULO 8 — JUVENTUDE: PERSPECTIVAS PARA UM NOVO TEMPO

Sintonize: o espírito do futuro
Daniela de Rogatis — 225

Bastões em novas mãos
Fernando Henrique Cardoso — 229

Prefácio

George Legmann

Em 2013, fui procurado por Daniela de Rogatis, profissional da área de educação, a quem conheço de longa data. Ela sabia das minhas ligações com Fernando Henrique Cardoso e me pediu que promovesse um encontro com o ex-presidente a fim de lhe expor suas ideias sobre juventude brasileira e como imaginava que poderia, em conjunto comigo e, principalmente, com o professor FHC, contribuir para inspirar e nortear os jovens do país.

Daniela, à época, liderava um grupo formado por jovens de algumas das principais famílias empreendedoras do Brasil e ambicionava aumentá-lo, qualificá-lo e fazer com que suas resultantes ressoassem de forma altiva. Para tanto, de modo estruturado e contínuo, a ideia era conectar os jovens com Fernando Henrique Cardoso em função de uma agenda construtiva de debates sobre os rumos da nação, despertando o potencial da juventude de se impor como protagonista na história.

Levei a sugestão a Fernando Henrique. Ele aceitou o desafio. Nascia ali o embrião do projeto que ficaria conhecido como "Legado para a Juventude Brasileira". Desde então, foram mais de sessenta encontros, dos quais o suprassumo este livro pretendeu sintetizar.

Houve uma abordagem inigualável sobre as principais agendas e motores que estruturam o desenvolvimento e o futuro do país. Analisou-se o ambiente interno, sem deixar, porém, de olhar a nossa nação inserida no contexto global. Acima de tudo, discutiu-se, de maneira efetiva e realista, como o jovem tem o potencial e o poder para ser um agente ativo nesta constante transformação.

Até onde sei, Fernando Henrique Cardoso é o único ex-chefe de Estado, em todo o mundo, a abrir sua agenda para encontros desta natureza. Presente na maioria das conversas, muito aprendi.

Creio que a visão singular que ele tem – advinda de sua experiência como professor, cidadão exilado, senador, ministro das Relações Exteriores, ministro da Fazenda e presidente da República — fez com que pudesse tratar de forma multifacetada e crítica os assuntos abordados ao longo dos encontros, temas de suma importância à juventude que se prepara para liderar o nosso país nos mais diversos campos de atuação. Ética, responsabilidade social, retidão e coerência entre a palavra e a ação permearam as discussões e se entranharam naturalmente em tópicos como economia, política e gestão pública, entre outros.

A proposta deste livro — de compilar o conteúdo das conversas dos inúmeros encontros — nunca foi tarefa fácil. E se tornou ainda mais complexa ante o desafio de ajustar a leveza e a naturalidade da fala, típicas do diálogo, ao estilo mais formal que a escrita requer.

Extrapolando em parte o objetivo deste prefácio, seguro estou sobre a viabilidade, para não dizer a necessidade, de se expandir o modelo de encontros que deu origem a esta obra para outras nações, de modo a reunir as jovens lideranças empresariais, políticas e de outras áreas com estadistas e agentes que tiveram papel proeminente em seus países ao conduzirem as agendas desenvolvimentistas locais. Tudo em nome de se refletir, em busca de engajamento, sobre a função da juventude no processo de transformação e nos rumos de um país.

Encontrei um provérbio atribuído ao filósofo chinês Confúcio que, a meu ver, sintetiza o objetivo central deste diálogo entre gerações: "Se queres conhecer o passado, examina o presente que é o resultado; se queres conhecer o futuro, examina o presente que é a causa."

Que a lúcida visão do professor Fernando Henrique Cardoso possa inspirar os leitores deste livro, despertar novas lideranças nacionais e internacionais, e, acima de tudo, reverberar sobre a sociedade brasileira para a construção de uma nação da qual possamos nos orgulhar.

Boa leitura!

Introdução

Daniela de Rogatis

Ao final de 2013, quando o Brasil já apresentava sinais de que as bases da estabilidade política, econômica e do desenvolvimento social estavam deterioradas, me encontrei, por intermédio e orientação do professor George Legmann, com o presidente Fernando Henrique Cardoso, para um diálogo sobre a jovem liderança brasileira.

Minha preocupação naquele momento era que a grande maioria dos jovens acreditava não poder fazer nada em relação ao colapso iminente de nosso sistema. Sentiam-se alijados do processo mais amplo de participação política. Preocupava-me principalmente o entendimento, de muitos, de que o caminho que restava era deixar o Brasil em busca de segurança, qualidade de vida e de melhores oportunidades nos países do hemisfério norte.

A conversa, a princípio, tratou de juventude e se expandiu para todo o espectro da liderança nacional, escancarando a real dimensão de sua fragilidade. Finalizamos com o compromisso de trabalhar na construção de caminhos inspiradores para despertar a juventude de nosso país. Em março de 2014, iniciou-se a jornada a que nomeamos Legado para a Juventude Brasileira, que tinha como objetivo permitir ao jovem recuperar o Brasil como um valor essencial de sua vida.

Assim, de forma pioneira, Fernando Henrique Cardoso, ex-presidente da República, abriu sua agenda de forma sistemática e contínua, pactuando um compromisso de longo prazo com a nova geração de seu país, dedicando tempo para dialogar e construir referências para o futuro.

O programa promoveu um amplo diálogo com mais de duzentos jovens da maioria dos estados brasileiros, do Amazonas ao Rio Grande do Sul. Fernando Henrique Cardoso se encontra mensalmente com o grupo, por cerca de três horas, para debater os principais temas do Brasil e do mundo, refletindo sobre a nossa história, sobre os valores que pautam nossa sociedade, apoiando a discussão e oferecendo instrumentos para a construção de um novo ideal de país que inspire toda uma geração.

A estrutura do programa prevê que, a partir do contexto histórico, o jovem se conecte com a natureza e a dimensão das oportunidades, dos desafios e dos entraves que estão postos aos brasileiros, em uma perspectiva de longo prazo, compreendendo a si como parte desse processo e passando a compor de forma saudável e ativa sua cidadania.

Procuramos levar conhecimento e inspiração para ampliar o debate sobre os aspectos fundamentais que sustentam a realidade do Brasil no século XXI e as ações transformadoras que podem ser empreendidas por cada cidadão brasileiro, especialmente pelo jovem. O programa é uma provocação para que o grupo reflita sobre seu papel e os caminhos possíveis a fim de que nossa juventude se torne protagonista de seu futuro.

O futuro de um país depende da força de seus laços com a própria juventude. O que está em xeque no Brasil de hoje é a possibilidade de se redescobrir valores e um ideal de nação nos quais a nova geração possa se reconhecer, e dos quais possa sentir orgulho de fazer parte, e foi sobre este vácuo que o programa Legado para a Juventude Brasileira procurou caminhar, com sua proposta metodológica e suas temáticas de debate.

Este livro reúne os principais temas discutidos nos encontros, que compõem as reflexões necessárias para o nosso futuro. Não temos, aqui, a pretensão de esgotar esses assuntos, e sim de sugerir um caminho; apresentar a ponta de fio de uma gigantesca meada; uma inspiração para jovens que, cada vez mais, buscam ocupar seu lugar de protagonismo na construção do Brasil.

A obra que entregamos não é um documento técnico, mas a tradução de um diálogo entre gerações, um conjunto de referências e hyperlinks que convidam o leitor a ir mais fundo nos diversos temas que sustentam a dimensão da complexidade deste século XXI e procuram traduzir os debates, os sentimentos e reflexões dos encontros.

O programa prevê um primeiro ciclo introdutório de dez encontros entre o ex-presidente Fernando Henrique Cardoso e o grupo de jovens. Encontros que passam pelas temáticas que dão nome aos capítulos deste livro e que pretendem oferecer uma base sólida a partir da qual o jovem possa refletir sobre o Brasil.

Neste livro, reuni os diálogos dos anos de 2014 a 2018. Para tanto, mesclei as transcrições de vários debates de modo a conceber um texto original, como se fosse um só encontro, sem perder a mensagem central, a riqueza dos exemplos e dos casos discutidos, preservando o tom de proximidade e de abertura que pautou as jornadas.

Finalizada essa primeira etapa do trabalho, coube ao ex-presidente uma revisão cuidadosa de cada um dos textos. É necessário reconhecer o genuíno esforço de Fernando Henrique para atender meu pedido por uma flexibilidade na forma, privilegiando a fluidez e o calor da fala à formalidade escrita. A ideia era construir uma obra na qual o leitor pudesse se sentir parte do diálogo, parte dos encontros.

Procurei manter no texto a mesma dinâmica de organização dos encontros presenciais, preservando o conceito "Sintonize", atividade introdutória que tem por objetivo despertar o jovem participante para os conceitos que serão discutidos na sequência pelo ex-presidente. A proposta é preparar o leitor para que ingresse nas pontes entre o passado, o presente e o futuro do Brasil e do mundo, e ao mesmo tempo esclarecer o contexto do jovem brasileiro neste momento e o seu protagonismo no processo de transformação do país, provocando seu sentido de pertencimento à nação e estimulando sua vontade de participar e de agir.

Por fim, é importante esclarecer o nome do programa — Legado para a Juventude Brasileira —, que procura traduzir a relevância, para um povo, de não se descolar de sua história, de sua trajetória, e de reconhecer o valor das experiências do passado, permitindo que uma nova geração avance sem a necessidade de repetir erros já cometidos, legando dessa forma a maior herança que se pode deixar às gerações futuras: ideias, experiências, reflexões compartilhadas, e a mensagem de que é possível construir um futuro próspero. O programa procura fazer esse chamado geracional, resgatando a confiança do jovem no futuro, ao apresentar elementos e caminhos concretos para transformar a realidade de nosso país a partir da ação individual e coletiva.

Pretendi, aqui, compartilhar o privilégio que tive ao acompanhar Fernando Henrique Cardoso nessa jornada com a juventude brasileira, revisitando a história, refletindo sobre a atualidade, mas sobretudo revendo valores e princípios que garantem o desenvolvimento de uma nação e que esclarecem aos jovens as razões pelas quais enfrentamos hoje as dificuldades que estão postas a nossa sociedade. Quis deixar se impor o chamado, a convocação, à nova geração. Um chamamento para que a juventude reescreva novas bases morais capazes de sustentar um projeto de nação que nos lance no século XXI. Um chamamento que faça convergir o sonho de futuro de toda uma geração, e para que se persiga ininterruptamente a construção de um Brasil do qual possamos nos orgulhar.

Capítulo 1

Ser brasileiro: nossa história, nossos sonhos e valores

No meu caso, por mais paradoxal que possa parecer, a descoberta da realidade ocorreu mais através dos livros do que da vida. Meu pai costumava me alertar: "Os que leem sabem muito, mas os que veem às vezes sabem mais", ou seja, é crucial a gente ver como a coisa se dá na prática, a gente precisa viver.

Fernando Henrique Cardoso

Sintonize: uma visão integrada de nós mesmos

Daniela de Rogatis

Há uma tarefa em curso, uma jornada monumental que precisa ser trilhada. Trata-se da construção de uma visão integrada de Brasil. Um mapa norteador de longo prazo, que traduza a ambição dos brasileiros daquilo que o Brasil poderia se tornar. Algo que possa servir de um grande mapa de referências, com força de resumir em um único documento o retrato atual da cultura brasileira e nos estimular a pensar sobre como o Brasil pode na prática construir um futuro próspero. Não se trata de compor um manual, ou receituário, mas sim a consolidação de uma mensagem que inspire toda uma geração em alguma direção concreta.

Essa tarefa, de envergadura incalculável, dá a dimensão do potencial do Brasil e pode clarear os caminhos para que essa eminente riqueza se reverta em valor para cada brasileiro, valor expresso em avanços para todos os indivíduos deste país de dimensões continentais.

Trata-se de uma tarefa impossível de ser realizada por um único brasileiro. A fragmentação das referências talvez nos sinalize para dificuldades inéditas; talvez os tempos não permitam mais que se produzam trabalhos como os de Sérgio Buarque de Holanda e Gilberto Freyre no Brasil, pensadores que conseguiram sintetizar as ânsias de um tempo em uma dimensão só.

Talvez àquela época fosse possível indicar o caminho. Mas ter visão global de país, uma referência totalizadora, nos parece impossível nos dias de hoje. A realidade, as nações e a sociedade se tornaram muito mais complexas, e as universidades formam especialistas. Não é que não se tenha pensadores competentes, muito pelo contrário, pois em termos de pesquisa o Brasil melhorou muito. A dificuldade — ou talvez impossibilidade — está no trabalho que sintetize todo esse sentido de futuro em uma mensagem que possa servir de referência a uma sociedade ampla, desigual, fragmentada e complexa.

Também hoje não há mais centros personificados de inspiração, como havia no passado, um tempo em que convivíamos com divergências, lados, opiniões, mas que acabavam se transformando em pontos de referência fixos para servir de norte, seja na política, no mundo empresarial, na cultura ou na mídia. Trata-se de uma dificuldade global: vale também para os Estados Unidos e a Europa. Isso não é uma crítica à contemporaneidade, apenas uma constatação dos tempos, algo que distingue o mundo de hoje do mundo do passado.

Dito isto, a dificuldade não nos fará abandonar a tarefa mais ampla de propor referências compartilhadas. Toda sociedade, afinal, precisa de algumas visões para seguir, de ideais partilhados que possam guiar suas aspirações; portanto, é necessária alguma medida de dedicação para produzir esse tipo de material.

Estamos em busca, idealmente, de uma visão de longo prazo, não de mandato nem muito menos de partido. Uma visão que traga um norte inspiracional para o país, que oriente governo, partido e sociedade, que seja capaz de produzir uma cola que integre os cidadãos e que dê sentido às condutas e aos empreendimentos. Uma ferramenta que dê a oportunidade de hierarquizar as questões, para que possam ser comunicadas e esclarecidas à sociedade mais ampla.

O primeiro passo é o do conhecimento: termos gente ligada à ideia de mudar o Brasil, pessoas capazes de se dedicar à construção de um retrato, de serem fotógrafos de nossa realidade, reconhecer nossa condição, nossa história, desvendar quem somos em sentido profundo, reconhecer nossas fortalezas, nossas fraquezas, nossos sonhos e nossas possibilidades, e primordialmente nossos valores.

Esse trabalho nos leva também a reconhecermo-nos parte da realidade do século XXI, integrados à sociedade global, e pensando aí os desafios que conectam todas as nações do mundo, como os temas das mudanças climáticas, alimentos, água, terrorismo e tantos outros. Sabermo-nos globais sem perder o olhar local.

É natural a nossa dificuldade de sair do seguro, do meio mais protegido, e estabelecer contato, relacionarmo-nos com a realidade mais ampla de nosso país e mesmo do mundo. Precisamos de gente que tenha essa disposição, gente que entenda essa realidade, compreenda a dimensão dos temas mais gerais e que seja capaz de traduzir o papel do Brasil nesse contexto mais amplo. O segundo passo é o da imaginação. Termos pessoas livres para imaginar, que acreditem que nossa realidade possa ser diferente, com conhecimento e informação para que se reconheça o que existe e, a partir daí, reunir as condições para imaginar o novo. Precisamos de visionários que tenham repertório, referências, conhecimento, rede e direção que permitam essa ponderação de futuro, com abordagens pioneiras dedicadas a desenhar o Brasil, injetar novos ideais capazes de romper com o atraso sistêmico para que possamos avançar, dar o salto que nos lance de forma definitiva no século XXI.

Em terceiro lugar, precisamos de pessoas que se comuniquem e que estejam aptas a construir um espírito de desejo coletivo, que façam avançar as coisas, que transmitam com sinceridade a medida dos desafios e ofereçam segurança a toda a sociedade, nos caminhos que devemos seguir, nas escolhas que precisamos fazer, retomando o verdadeiro sentido da política.

E, uma vez conquistado esse estágio de convicção nacional, resta-nos arregaçar as mangas e fazer a nova rodada, redescobrir o Brasil mais uma vez e tantas vezes quantas forem necessárias. A busca é por gente capaz de revolucionar o que se entende como sistema atual, gente à frente do momento, com medidas ideológicas equilibradas ao sentido prático das coisas, com projetos sustentáveis e com o firme propósito de elevar a condição de vida de cada pessoa de nosso país. Obviamente, tratamos aqui de sonhos capazes de resistir à realidade, de serem colocados em marcha, de terem vida e forma, em um sentido de construção.

Conhecimento, imaginação, comunicação e ação. Em resumo, precisamos de gente com visão, gente competente, com bons valores, que crie condições para que aquilo que de início é uma expectativa, um desejo, torne-se algo objetivo e realizável. Gente que vai assumir essa imensa tarefa de *autopoiesis*[1] nacional, convocando toda uma nova geração para reescrever as referências do país a cada ciclo, atualizando o algoritmo como uma tarefa em moto-contínuo como a forma contemporânea e possível de garantir o avanço do Brasil.

---

1 *Autopoiese* ou *autopoiesis* (do grego *auto* — "próprio" — e *poiesis* — "criação") é um termo criado na década de 1970 pelos biólogos e filósofos chilenos Francisco Varela e Humberto Maturana para designar a capacidade dos seres vivos de produzirem a si próprios.

O enfrentamento da pobreza e da desigualdade

Fernando Henrique Cardoso

Nasci no Rio de Janeiro, em 1931, em uma família de classe média ligada ao governo, ao poder, ao Estado. Meu pai era militar, de uma família de militares. Fiz o curso primário no Rio e depois em São Paulo. Como é natural, devido à dificuldade que temos de sair de nosso próprio mundo, eu só conhecia pessoas mais ou menos parecidas comigo, o que dificultava que tivesse uma noção prática do que era a pobreza, a carência. Aos poucos, porém, fui tentando entender melhor o meio no qual eu vivia.

Na escola primária já estudávamos uma língua estrangeira, o francês, que me descortinou outro mundo, que nada tinha a ver com o Rio de Janeiro ou com São Paulo. Então havia essa desconexão entre o mundo familiar, o mundo da rua e o mundo dos livros. E, no meu caso, por mais paradoxal que possa parecer, a descoberta da realidade ocorreu mais através dos livros do que da vida. Meu pai costumava me alertar: "Os que leem sabem muito, mas os que veem às vezes sabem mais", ou seja, é crucial a gente ver como a coisa se dá na prática, a gente precisa viver. Mesmo assim, não é nada fácil abandonar o casulo.

Na mesma época em que comecei a explorar o mundo por meio dos livros, houve a explosão dos romancistas do Nordeste na literatura — Graciliano Ramos, José Lins do Rego, Jorge Amado —, escritores preocupados em retratar as duras condições de vida dos brasileiros, e assim fui me dando conta de quão desigual era o país. Até hoje o Brasil continua muito desigual, mas naquele tempo era bastante chocante. Mesmo na capital, então no Rio de Janeiro, a quantidade de pessoas que andavam de tamancos era imensa, e no interior era muito comum a doença do bicho-do-pé, que marcava o personagem Jeca Tatu, do Monteiro Lobato.

Aos poucos, lendo e vendo, fui compreendendo a realidade deste país, a precariedade da saúde, o analfabetismo de mais da metade da população... Assim, quando cheguei à idade em que podia entender melhor as coisas, já na adolescência, claro que eu tinha que me motivar, no sentido de fazer algo para mudar o Brasil. Era evidente que, sem resolver essa situação de pobreza, não havia progresso possível. O país só poderia se desenvolver se enfrentasse essa pobreza generalizada e desesperançada.

Por isso, na minha geração, aquela que chegou à universidade no final da década de 1940, o grande tema era o subdesenvolvimento. Queríamos entender por que o Brasil estava naquela situação e o que era preciso para que deixasse de ser tão pobre e tão subdesenvolvido. Para nós, essa era a tarefa mais urgente. Desde então, o Brasil melhorou muito, ainda que continue apresentando uma capacidade insuficiente de transformação dos fatores produtivos em valor para a sociedade. Por maiores que tenham sido os avanços, contudo, o fato é que ainda estamos longe de resolver efetivamente a questão da pobreza.

Claro que já não se trata mais daquela miséria extrema, abaixo da linha da dignidade, que era tão visível sessenta anos atrás. Avançamos, mas ainda temos muito trabalho pela frente. Nas cidades, há pobreza e violência nas periferias; nas zonas rurais, o IDH é baixo, e ainda se nota muita carência e desigualdade.

De meados do século passado para cá, o debate no Brasil conseguiu evoluir do tema da miséria para o da desigualdade, passando do enfrentamento das pautas da exclusão para a necessidade de ampliar a inclusão social. São inegáveis os avanços e as mudanças objetivas da percepção política e social: há outra dinâmica da sociedade no que se refere à necessidade de uma atuação com impacto social. Houve progresso relevante em políticas públicas e, sobretudo, no envolvimento da sociedade, da iniciativa privada, além do aumento do número de pessoas empenhadas na erradicação da pobreza.

As próprias pessoas que vivem em situação de pobreza têm hoje possibilidades bem distintas do que antes. No passado, elas estavam condenadas a ficar à margem, excluídas da sociedade, desintegradas e sem esperança, não tinham recursos nem mesmo consciência da possibilidade de inclusão. Isso mudou, e elas hoje estão mais perto de se tornarem agentes ativas de seu futuro.

Os nossos índices — de IDH, Gini, SPI, saneamento básico e tantos outros — continuam sendo muito ruins, mas mesmo aí vamos melhorando aos poucos e reduzindo o grau de pobreza e desigualdade. Contudo, ainda temos um longo caminho pela frente. Precisamos o quanto antes chegar a uma situação em que os mais pobres possam evoluir com base em seu trabalho, por esforço próprio, tornando-se independentes de qualquer tipo de subsídio.

No período do pós-guerra, portanto, em que a pobreza e o subdesenvolvimento se colocaram como problemas a superar, acentuou-se a preocupação com a reorganização dos fatores produtivos. Foi um tempo marcado pela busca de respostas à questão: Como fazer para que o país cresça e, com isso, deixe para trás o subdesenvolvimento e a miséria? Essa era a obsessão inicial da minha geração.

Tratava-se de achar mecanismos que assegurassem o crescimento econômico, e, nas décadas de 1950 e 1960, esse processo passava pela industrialização. Em vez de exportar apenas produtos agrícolas genéricos, tínhamos de aumentar a participação no comércio internacional com produtos mais elaborados, que incorporassem maior produtividade e maior valor.

Então, uma das respostas à questão colocada pela necessidade do crescimento era a industrialização, que se desdobrava por sua vez em outras perguntas: como levar adiante esse processo? Como obter o capital e a tecnologia indispensáveis? Como aumentar a produtividade da mão de obra? Mesmo os mais heterodoxos pensadores da época reconheciam que, uma vez que não tínhamos capital, não sobrava outra saída além da intervenção do governo, o qual poderia captar recursos por meio da cobrança de impostos e também orientar de forma eficiente os investimentos, de acordo com um planejamento centralizado.

De outro lado, pouco se conhecia e pouca atenção se dava aos agentes privados de crescimento. Nesse contexto maior, o papel do empresariado, do empreendedor, era um tema que ninguém gostava de discutir, pois naquela época o foco principal estava na ação governamental. Aos poucos, porém, se passou a conhecer mais e melhor a dinâmica, e o dinamismo, do setor privado, assim como a concepção de mundo dos empresários e dos empreendedores em geral. Com o tempo, esse setor, o dos agentes privados da transformação social, acabou por adquirir a devida relevância nas discussões e projetos que visavam o crescimento.

Pouco a pouco também foi se arraigando a noção de que crescer significava, necessariamente, aumentar o rendimento do trabalho. Se não existe crescimento, não há o que repartir, porque não se reparte a riqueza potencial, muito menos se reparte a miséria. É necessário, portanto, criar riqueza, e isso só se consegue com instrumentos que aumentem a produtividade do trabalho. A sociedade tem de entender que, por princípio, não há como distribuir o que não foi produzido. Hoje esta é uma tarefa crucial: convencer o conjunto de nossa coletividade de que não é possível erradicar a pobreza e enfrentar a desigualdade sem um compromisso firme com a geração de riqueza e a ampliação de oportunidades.

A redução da pobreza depende de uma movimentação da sociedade a favor de políticas voltadas para a elevação do nível de vida de todos os brasileiros, sobretudo daqueles que estão fora do segmento produtivo, abaixo da linha da dignidade. Isso implica um tipo de assistência que busque a integração dessas pessoas no mercado de trabalho, por meio de programas com porta de entrada e porta de saída, nos quais não se estimule a perpetuação do subsídio e da dependência. Em vez disso, o objetivo deve ser o de proporcionar condições para a pessoa progredir, oferecendo a ela condições para que trabalhe e construa seu futuro.

Se as políticas de apoio se transformam em subsídio permanente, cria-se um segmento demográfico dependente do governo, uma espécie de funcionalismo público improdutivo, o que é um caminho perigoso. Sem um sentido construtivo no programa, resta uma cultura do não trabalho, da desvalorização pessoal. Tais políticas acabam por se tornar contraproducentes, bloqueando o avanço da sociedade como um todo. O que é melhor: comemorar o número de pessoas que estão recebendo subsídios ou o número de pessoas que, graças aos programas de apoio, conseguiram se integrar ao sistema produtivo?

Além disso, toda política de apoio tem de se adaptar às conjunturas específicas. Atualmente, essa adaptação contínua deixou de ser feita, e os programas se consolidaram, como se esses subsídios fossem um benefício em si mesmo, sem retorno, o que se comprova pelo fato de que há pouca evolução nos indicadores de desenvolvimento social.

Outro tema a considerar é que nós, brasileiros, somos quase todos de formação católica e, ao contrário dos protestantes, tendemos a não valorizar o trabalho e a acumulação. Em vez de valorizar o esforço, nos concentramos na assistência, e já é tempo de fazer meia-volta e tomar a direção oposta, valorizando o trabalho, os resultados, o mérito.

Esse tema do trabalho é de interesse geral e afeta outros setores. Precisamos rever nossas concepções a respeito do trabalho. Muitos brasileiros ainda veem a carreira de servidor público como único caminho de renda, buscando os benefícios, a estabilidade e a renda previdenciária. É um fator complicador para o crescimento, essa tendência a se buscar empregabilidade e estabilidade no âmbito do Estado, que é visto por muitos como o grande provedor de oportunidades. Ora, o Estado (a não ser nas empresas estatais) não gera riqueza, ele precisa extrair recursos de alguém, por meio de impostos, a fim de manter a máquina pública. É uma questão de valores: precisamos criar modelos de conduta que inspirem a pessoa a valorizar o trabalho, o avanço pelos próprios méritos.

Em uma economia complexa como a do Brasil — com um setor privado desenvolvido e organizado para crescer —, nota-se esse embate entre forças na sociedade: de um lado, aqueles que almejam uma vida estável e garantida pelo governo e, de outro, aqueles que desejam avançar por seus próprios meios. Estes últimos é que geram riqueza, pois somos 200 milhões de brasileiros, e não há governo capaz de atender toda essa população sem que boa parte dela esteja produzindo, empreendendo por conta própria ou se empregando produtivamente.

Caso se permita que se consolide na sociedade a ideia e o valor do "não trabalho", o resultado inevitável é que não vai dar para resolver as coisas práticas, muito menos a pobreza, pois a pobreza — ainda que se façam políticas de distribuição de renda, que devem ser feitas — só se elimina com trabalho e crescimento. Não se trata, como dizem alguns, de uma vontade de interromper a assistência aos mais pobres, isso não está em questão. A questão é: como se faz para ajudar quando não há recursos para tanto? Obviamente, há circunstâncias em que é necessário ajudar os menos favorecidos, mas a qualidade dessa ajuda é tão importante quanto a ajuda em si. O ideal é que tal ajuda seja algo que funcione como um impulso, e não como algo que torne a pessoa dependente do subsídio.

Ainda vamos tocar no tema da educação, processo de longo prazo, cuja solução mobiliza mais de uma geração. Seja como for, imprimir um ritmo mais forte e veloz neste setor, ainda mais agora, num cenário que vem se tornando mais complexo por causa das inovações tecnológicas, com a sua alta produtividade e o seu impacto nas oportunidades de trabalho, é vital.

Por fim, é indispensável que se considere o modo como a riqueza está sendo gerada no mundo atual. Qual é o cenário mais amplo de que fazemos parte, e qual posição ocupamos nele? Seremos capazes de identificar as pautas relevantes — e descartar aquelas que perpetuam o atraso?

O Brasil não surgiu isolado: ele já nasceu ligado à economia global, como parte da expansão do capitalismo comercial, do qual participou de um modo ou de outro, cumprindo seu papel, ainda que mais tarde tenha se fechado, se isolado e se desconectado da dinâmica integrada. Enfrentamos as consequências históricas do imperialismo norte-americano e europeu, resultantes de uma época em que respondemos pelo fornecimento de matérias-primas e de alimentos, mas que se esgotou com o avanço da globalização.

Depois, na década de 1930, vieram as políticas do Estado Novo, orientando nossa economia no sentido de formar uma grande autarquia, aumentando tarifas, concedendo empréstimos subsidiados, desenvolvendo tecnologias já amplamente adotadas em outras partes, favorecendo o mercado interno em detrimento das trocas internacionais, construindo monopólios estatais em setores importantes.

São todos movimentos que, tendo cumprido seu papel em determinadas épocas, deixaram de ser eficazes, pois o mundo mudou com os fluxos da globalização. Neste sentido, se não internacionalizarmos nossa visão, adotando uma estratégia coerente com os novos temas e os novos tempos, acabaremos por ser internacionalizados à nossa revelia.

Falamos aqui em termos abstratos de competitividade e tecnologia, mas o que se passa agora é que perdemos competitividade e ficamos para trás, reduzindo nossa produtividade, sobretudo na área industrial. Não me refiro só à produtividade no interior das empresas, e sim à produtividade do país como um todo, devido à precariedade de sua infraestrutura: falta estrada, falta porto, falta energia barata etc.

Assim, entre os temas relativos ao governo, e às distintas concepções de governo que vão influir no futuro do país, temos ainda, além das questões já mencionadas, a relacionada com a carga tributária excessiva, e também a reflexão sobre a educação, que está estreitamente ligada aos fatores que levam ao aumento da produtividade.

Ou o Brasil é parte deste mundo contemporâneo e toma decisões compatíveis com a realidade da globalização, adequando a sua produtividade geral aos tempos atuais, ou será progressivamente "engolido", uma vez que a interligação é gigantesca e avança sem parar, a passos cada vez mais acelerados.

Querendo ou não, resta-nos apenas a alternativa de traçar uma estratégia realista para nós mesmos, identificando as oportunidades de desenvolvimento mais convenientes à nossa realidade e criando as condições para um sistema produtivo que amplie as oportunidades para todos. Isso significa olhar com discernimento para nossos ativos, e para as áreas em que estamos atrasados, e avançar em ambas as frentes, sempre atentos ao nosso papel no cenário mundial.

O enfrentamento da cultura do privilégio

Fernando Henrique Cardoso

Quando disse que no ano em que nasci, 1931, o Brasil estava longe de ser um país desenvolvido, caberia ressaltar que também estava longe de ser democrático. Quando comecei a frequentar a escola, o país estava entrando no regime do Estado Novo, uma espécie de fascismo caboclo sob o comando de Getúlio Vargas, que se colocava como o chefe da nação, pai da pátria e pai dos pobres, em um ambiente de restrição das liberdades e do Estado de direito.

Em 1939 veio a guerra, a Segunda Guerra Mundial. Para vocês, mais jovens, a guerra é uma abstração, mas para mim, embora ainda fosse menino, foi mais do que isso, pois, como meu pai era militar, o assunto era bastante presente lá em casa. Em São Paulo, por exemplo, havia treinamento contra bombardeio aéreo, com as pessoas colocando sacos de areia em possíveis abrigos para se defender. Já no Rio, para onde voltei algumas vezes, havia blackouts, ou seja, as casas não podiam ter iluminação visível de fora, e as janelas eram vedadas com veludo preto, porque se dizia que os submarinos alemães estavam na costa. É bom lembrar que os alemães torpedearam muitos navios de carga brasileiros, mais de mil pessoas morreram afogadas. Era estranho, porque a guerra não era uma coisa próxima, mas ainda assim era sentida como se estivesse, e, além disso, havia a ditadura.

Quando a guerra acabou, em 1945, Getúlio caiu e o país passou a viver um período de certa liberdade, mas a experiência de falta de liberdade já tinha ficado em mim, pois no final da guerra eu já estava com 14 anos e começava a saber das coisas. Esse ambiente de maior liberdade continuou até que veio o golpe de 1964 e voltamos a conviver com a restrição de liberdade. Nessa altura, eu já era professor na USP, senti diretamente o que era a falta de liberdade, a censura à imprensa. Vivi de perto o clima de opressão. Portanto, para mim, a democracia não é só um sistema de governo, é algo que passa primeiro pela questão de liberdade, da possibilidade de se expressar, de ser quem você é, de não ter medo.

Vocês são de uma geração que não sentiu medo político, mas para a minha geração não foi assim. Em 1968 veio o AI-5, e um dos meus colegas no Conselho Universitário da USP, Luís Antônio da Gama e Silva, assumiu o Ministério da Justiça, virou um ferrabrás, foi para a televisão e leu os termos do AI-5, que coibiam a liberdade de todos, e na prática a minha. Eu perdi a cátedra, e fui aposentado compulsoriamente aos 37 anos. Eu tinha medo da polícia, um sentimento que só conhece quem passou por um momento de falta de liberdade concreta no Brasil, e por consequência sabe que a democracia é importante, não apenas por gostar deste sistema de governo em comparação com outro, mas por valorizar a liberdade, para desfrutar o direito de se expressar. Isso para mim sempre foi muito importante.

Então, no princípio da década de 1970, quando houve possibilidade de lutar contra o regime autoritário, comecei a escrever no jornal *Opinião*. Lá publiquei um artigo dizendo que os intelectuais e os estudantes, ainda que entusiasmados com as guerrilhas, não saíam de casa nem faziam nada, ficavam apenas torcendo por uma ideia que não iria dar certo. Em vez disso, eu propunha a eles que seria melhor entrar na luta política real, apoiando um partido. Na época havia apenas dois partidos, o MDB e a Arena, esta a favor do regime militar, enquanto o MDB atuava na oposição.

Foi quando conheci Ulysses Guimarães, que queria que eu ajudasse a escrever um programa de campanha para o MDB. Ajudei, não pelo programa em si, mas em nome da luta pela liberdade. Mais tarde, em 1978, fui convencido a ser candidato, e me candidatei para protestar, não para ganhar, e, por força das circunstâncias, acabei virando senador, por acaso, porque eu não pretendia "ser político", queria somente protestar. Colocado em segundo lugar na chapa do MDB, tornei-me "senador suplente". Franco Montoro, que fora eleito senador, candidatou-se e ganhou o governo de São Paulo em 1982. Consequentemente, eu passei a ser senador.

Democracia e liberdade para mim eram valores, não eram mecanismos para fazer carreira. Tampouco entrei na vida política para ganhar, mas porque acreditava na necessidade de garantir o direito das pessoas. Eu sofri, perdi a cátedra, fui aposentado, exilado, me colocaram capuz na cabeça, vi gente torturada, meu pai morreu quando eu estava no exílio e estas são coisas que ficam na alma da gente. Por isso, a democracia é para mim algo muito sensível como valor, não é algo abstrato, mas um valor. Acredito na liberdade porque sei o que é a privação da liberdade, acredito na democracia porque sei o que é a falta de democracia.

Junto com a ideia de sonho, de ter um país com menos pobreza e um país que cresce, vem o sonho e a ideia de termos um país democrático. Esses eram e continuam sendo os meus objetivos. Assim, ajudei a organizar esses temas, lutei por eles e continuo a fazer todo o possível para deixar claro que, primeiro, é fundamental garantir o Estado de direito, e, segundo, que a lei é para valer. E essa é uma fragilidade: no Brasil a lei ainda não é para valer, ainda não somos iguais perante a lei, porque uns imaginam ser mais beneficiários do que outros.

O que temos aqui é a arquitetura, ou melhor, os andaimes da democracia, mas ainda falta muito para a construção de uma verdadeira democracia, pois não temos arraigado o sentimento de que a lei é um valor e que abrange a todos. Aqui, por exemplo, você estaciona o carro onde bem entende e, quando aparece o guarda, não hesita em se livrar da multa de qualquer modo. Em outros países, o sentimento de ordem e de respeito às leis está incorporado nas pessoas. Como a democracia não é só uma organização dos Estados e regras de partido, mas sim um sentido maior de toda a sociedade, ainda falta muito para que tenhamos uma sociedade efetivamente democrática.

Um bom exemplo é o caos que marca a vida política brasileira. Ao me tornar senador, meu primeiro choque, por ser uma pessoa relativamente disciplinada, foi conviver com uma dinâmica não organizada de trabalho. Essa disciplina significava o básico — como, por exemplo, não ir à casa ou ao escritório de alguém sem antes avisar e pedir permissão. De forma que, ao ocupar o meu gabinete no Senado, eu disse: "Vamos botar ordem nisto aqui." A reação foi muito grande, primeiro porque era de praxe, quando um parlamentar queria falar com outro, simplesmente entrar no gabinete e falar. Além disso, não havia horário para os trabalhos, as sessões avançavam madrugada adentro, ou seja, era uma desordem, uma espécie de existência caótica e indisciplinada, refletindo algo muito enraizado em nossa cultura ibérica, portuguesa. No Executivo, o cotidiano já é mais ordenado, tem horário, mas à medida que a "política" penetra no Executivo introduz a desorganização, o que diminui a eficiência geral. O resultado é uma produtividade muito baixa, um fraco desempenho geral, que contamina toda a administração.

Também em campanha eleitoral, há o hábito de fazer promessas, as quais jamais são cobradas depois. A ideia de ter metas, de que há um compromisso com o eleitor, é um conceito muito vago no Brasil. O que se cobra aqui é outra coisa, como simpatia e capacidade de expor as ideias, o que em certa medida é mera habilidade para enganar. Por isso é importante ressaltar que os temas da democracia não se restringem às instituições, ou seja, tem a regra, tem a eleição, tem o partido e tem a cultura. E a nossa cultura não é democrática, é uma cultura de discriminação. Eu estaciono o carro onde quero, ou eu que sou senador entro na sala de quem eu quero na hora que quero — e no limite isso vale também para as questões da Justiça, onde um ministro do Supremo Tribunal Federal pode engavetar um processo pelo tempo que quiser, sem nada decidir, e fica por isso mesmo. Na verdade, é uma maneira de adiar a decisão. Precisamos reconhecer que essa é a nossa cultura, a cultura da indisciplina, da falta de ordem, o que pode levar ao arbítrio. E nós devemos nos opor a esta tradição.

Sérgio Buarque de Holanda traduziu isso bem ao falar do homem cordial. Muitos entenderam que ele exaltava esta característica, mas para ele não era elogio, pois cordial se refere a algo que vem do coração, que é determinado pela emoção. O homem cordial é o homem dominado pela emoção, é o homem que não vive de acordo com a regra. E a democracia não está baseada na emoção, a democracia depende da regra.

Essa é a nossa cultura, na qual impera o arbítrio, a emoção, o favorecimento dos amigos. É uma cultura do privilégio, a emoção leva ao privilégio, eu gosto de fulano, não gosto de sicrano, eu tenho poder, não tenho poder, ou seja, é algo caprichoso, que não segue a regra.

A democracia e a regra são indissociáveis. Se você não a tem, como pode assegurar direitos iguais para todos? O que muitos desejam no Brasil é a ausência de regra. A corrupção nada mais é do que a quebra da regra, e, quando você abusa da regra, isso significa que você está tirando a liberdade e o direito do outro.

Custa, para nós, entender de fato o significado da democracia, que não é um tipo de governo onde cada um faz o que bem entende. A democracia é o conjunto das regras que compactuamos para organizar a nossa convivência, o modo como trabalhamos juntos. Então, a liberdade não é fazer o que se quer, e sim fazer o que é permitido segundo as regras pactuadas. Nesse sentido é que falta democracia no Brasil. Nossa cultura da cordialidade, do privilégio, resulta em todo tipo de corrupção, e no favorecimento de grupos e amigos, e como consequência vamos perdendo a clareza das regras, perdendo a transparência, perdendo democracia.

Nas democracias contemporâneas, não se consegue fazer mais nada sem a participação das pessoas, e não somente uma participação simbólica, mas sim efetiva, concreta e real. Já a vida política brasileira é extremamente hierarquizada, não há espaço para esse fazer junto, não há esse treino ou mesmo essa disposição.

No meu tempo de jovem, a palavra participação nem cabia. O máximo que se concebia era a existência de sindicatos ou de partidos. Não se falava em participação ampliada, não havia ideia de participação como parte do processo democrático. Havia apenas preocupação com a "representação". A realidade, porém, nos mostra que o acesso aos instrumentos dessa representação, aos partidos, por exemplo, ainda é restrito. Convém entender que, na democracia, quem toma decisões no Executivo também está sujeito a regras. Ademais, de modo crescente, as pessoas querem tomar parte no processo decisório. Decisões que, do ponto de vista democrático, precisam ser institucionalizadas, não podem se estabelecer sem regra. Elas têm de ser tomadas em um quadro de referências, e, quanto mais essa regra comportar uma dimensão ampliada de participação, tanto melhor, porque as pessoas vão estar mais motivadas para obedecê-la na ação.

Capítulo 2

A nova ética: reescrevendo o algoritmo social

O passado está na frente e o futuro está na gente.

Dito de uma tribo indígena do Mato Grosso[1]

---

1 É complexo creditar a citação acima, um ditado popular de origem indígena descoberto pelo professor Carlos Maldonado, conforme citado no livro *Transgressões convergentes: Vigotski, Bakhtin, Bateson*, de João Wanderley Geraldi, Bernd Fichtner e Maria Benites (Campinas, SP: Mercado das Letras, 2008).

Sintonize: o passo da história

Daniela de Rogatis

Cada nova geração nasce do projeto idealizado pela geração anterior e observa na realidade em que vive o resultado dos ideais e valores daquelas que as precederam. Não há saída: ao vivenciar os resultados da geração anterior, a juventude já o faz imbuída de valores seus, definindo como quer viver e os critérios para uma vida desejável. Nessa transição, distingue os benefícios e os erros do ciclo anterior. Trata-se de um exercício valorativo.

A busca desses novos valores é um desafio atual, neste mundo que propõe novos dilemas e, consequentemente, novas responsabilidades. A matriz de valores da geração anterior se esgotou, e dependemos de sermos capazes de renová-la para transformar nossa realidade.

Apesar dos gigantescos avanços das últimas gerações, a tarefa que se apresenta agora é urgente por conta das consequências negativas que os modelos passados nos legaram, colocando em risco a própria existência da vida na Terra: mudança climática, terrorismo e a volta do populismo são alguns deles.

As práticas do século XX chegaram a seu limite, e somos convocados a abandoná-las. O enorme desafio à nossa frente envolve a reinvenção das matrizes de produção e de consumo, da configuração urbana, da forma como vivemos e nos relacionamos, dos nossos vínculos com a natureza, da distribuição de conhecimento e da criação de oportunidade para mais de 7 bilhões de pessoas. Sem falar na urgente necessidade de trabalharmos as tecnologias da paz ao redor do globo.

No que se refere ao Brasil, os jovens precisarão andar no compasso dos tempos para, mesmo à revelia de alguns, forjar uma visão para o Brasil. Precisamos de pessoas que compreendam a disparidade dentro do Brasil e do

Brasil com o resto do mundo, para então traçar uma rota que inclua nossa comunidade de brasileiros nessa nova plataforma, dando um salto para o século XXI, um tempo que exige a capacidade de descentralizar poder, informação e conhecimento. Será necessária uma visão de futuro que compreenda quais temas são relevantes, que conheça a dimensão dessa complexidade e que seja capaz de posicionar o Brasil adequadamente, considerando-nos parte atuante do mundo no desenvolvimento de competências e tecnologias globais.

Tudo isso passa inevitavelmente pelo questionamento de uma ideia que nos parece natural: a de que um país com a dimensão geográfica do Brasil possa ser comandado de Brasília. O futuro passa por dar mais autonomia às pessoas, aos grupos locais, aos municípios, abandonando o legado de centralização e rediscutindo o Estado nacional e a organização geográfica do poder.

Para construir esse novo modelo vamos precisar de gente que viva imersa na inovação tecnológica, que já tenha em seu DNA essa realidade viva, que compreenda a tecnologia como instrumento de desenvolvimento, de distribuição dos benefícios do século XXI e da produção de todo tipo de riqueza.

Quando falamos dos benefícios do século XXI, estamos projetando a melhor realidade que nosso tempo traz a algumas pessoas, com a proposta de levar esses avanços para cada lar brasileiro, elevando não só a vida daqueles que estão abaixo da linha da dignidade, como também elevando a própria linha. Ou seja, incorporar cada brasileiro ao ciclo de independência e produtividade que o século XXI é capaz de oferecer. Uma mentalidade realmente aberta e corajosa, pronta a liderar de forma distribuída, em rede, nos novos conceitos de colaboração, sem corporativismos, bairrismos, sem privilégios ou preconceitos.

Um dos desafios que teremos será potencializar a qualidade das nossas cidades, organizando as grandes e aproveitando o potencial das médias e pequenas de maneira mais descentralizada, para que se viva bem em todas. Pequenas, médias e grandes cidades estarão integradas ao mundo, transformando as localidades em espaços tecnológicos, cultos, inteligentes, com polos educacionais, com mercado de trabalho diverso, com inovação constante. Em resumo, as cidades brasileiras farão parte do mundo.

Teremos que criar meios de distribuir esses benefícios de conhecimento e tecnologia, privilegiando o meio ambiente, a organização dos espaços, mantendo a qualidade de vida, permitindo a mobilidade urbana, para que consigamos nos relacionar melhor. O objetivo é regenerar a complexa cultura que criamos, que, se por um lado dinamiza a economia e os mercados, por outro coloca em risco a sustentabilidade geral.

O momento pede, enfim, pessoas que se vejam antes de tudo como indivíduos capazes de participar, criar e inventar os novos tempos, seja na política, no mercado ou em outras organizações da sociedade civil. Serão elas que interpretarão e darão visibilidade àquilo que é extraordinário em nossa cultura e traduzirão essa identidade para o resto do mundo, de forma que o Brasil assuma seu papel global com coerência e responsabilidade, especialmente nos temas das mudanças climáticas, fome e paz.

Estamos tratando aqui de uma geração que é livre, que pode criar, inovar e transcender a realidade na qual está inserida, uma geração de gente preparada, segura, independente e colaborativa que sabe produzir valor e que depende menos das estruturas de Estado e muito mais de conhecimento, informação e competência pessoal. Gente de valor e com bons valores.

Referências para sonharmos o Brasil do futuro

Fernando Henrique Cardoso

O século XXI se abre com a perspectiva de uma nova ordem global, tal como se deu na transição dos séculos anteriores, em especial do século XIX para o século XX, que trouxe à luz a ordem global que hoje conhecemos. Alguns temas a serem enfrentados no desenho destes novos tempos se repetem. Outros apresentam os novos desafios da organização política, econômica e social.

Muitos autores relevantes na primeira metade do século XX, que se tornaram referências para toda uma geração, eram do século XIX; agora, da mesma forma, autores que viveram o século XX hoje conseguem pensar sobre o século XXI e procuram estruturar referências para a nova realidade. Igualmente se dizia e hoje se repete que "temos de nos preparar, porque estamos vivendo numa sociedade em mudança", e permanece ideia de que as coisas mudam, porque a história é marcada por mudanças.

Há óbvias diferenças de um tempo para outro, e, ao questionarmos o que de fato mudou na transição do século XX para o XXI, talvez o mais evidente seja a extraordinária acentuação do ritmo e da abrangência das próprias mudanças. Com 17 anos de idade, quando comecei a estudar Ciências Sociais, nas primeiras aulas tive contato com o debate sobre a necessidade de a Sociologia ser uma ciência. Para Émile Durkheim, um autor francês do século XIX, o fato social é anterior às pessoas, exterior a elas e coercitivo, ou seja, uma coisa que se impõe de fora para dentro. Eu li muitas vezes o *Discurso sobre o método*, do filósofo francês René Descartes, e toda a nossa visão do mundo era a de que o mundo está constituído de acordo com regras e que, seguindo um método, é possível entender as regras que tornam inteligível esse mundo. E esse é o procedimento da ciência, o qual você, de alguma maneira, é obrigado a seguir.

Interessante, porém, que, na convivência com os jovens atuais, para quem o presente é vivido com tanta naturalidade que mal se nota a contínua incorporação do novo, e os quais já mergulham diretamente na internet e na globalização, a questão das regras e do método me aparece sob outra luz. Vejo que a nova geração parte da afetividade, do eu: como me coloco nisso, eu tenho incertezas, não sei para onde vou, mas não preciso ter um plano, posso ter, é melhor ter, mas sei que esse plano vai ser alterado, adaptado, tem erro. Isso, por si, já mostra a diferença entre o século XX e o século XXI.

Esse ponto de partida da afetividade, do eu, está na base do que estamos vendo nascer, um novo tipo de ética, de responsabilidade. Não é a volta ao antigo conceito de individualismo, que se opunha ao coletivismo socialista, definido pelo egoísmo de cada um por si e Deus por ninguém. A sociedade a cuja formação assistimos é constituída por indivíduos que, entretanto, fazem questão de se colocar como pessoas, que dizem: "Quero dar a minha opinião. Não é que a sua não valha, mas quero dar a minha. Posso aceitar a sua, mas eu quero discutir os temas, dialogar."

Assim, estamos vendo surgir uma forma nova de atuação, com as iniciativas de filantropia, as práticas de responsabilidade socioambiental, a proliferação das ONGs, a preocupação com o impacto social dos negócios, trazendo a mensagem de que as pessoas querem dar de si alguma coisa para o outro, mas não querem que o Estado simplesmente diga o que devem dar. Querem existir como seres ativos, criadores, e nisto há uma retomada do sentido da sensibilidade, porque se trata da pessoa, do indivíduo.

Assistimos ao fim de uma época marcada pelo conceito de massas. Estamos vivendo a transição da sociedade de massas do século XX, dos grandes aglomerados urbanos, dos meios de comunicação maciços, rádio e televisão, para uma sociedade que de alguma maneira se personaliza mais. Também é o fim das decisões movidas por impulso, que estão associadas ao conceito de massa. Na massa há uma despersonalização de seus integrantes, que passam a agir em função do impulso geral. Agora, não, a pessoa atua em função de algum tipo de informação, e passa a acreditar na informação, dar valor à informação: "Eu quero, eu não quero. Eu vou, eu não vou." Não sabemos ainda como a sociedade vai se organizar, mas é o desafio que temos, o de criar novas possibilidades com mais acesso às informações, com novas maneiras de olhar para o mundo.

Esse novo mundo, como ocorreu na época da industrialização, também é fruto de alguns inventos, resultado da invenção e da criatividade. E a criatividade requer um ambiente de liberdade, no qual se possa errar, arriscar e ousar; ela pressupõe um ambiente em que as pessoas não estejam conformadas com as coisas tal como existem.

Um exemplo é o fato de hoje todo mundo estar interconectado, e isto se dá porque carregamos no bolso, com o celular, um computador. Então, ou você está conectado ou você não existe. Isso começa com a internet, que é algo recente, da década de 1990, que foi ontem para mim, no final do século XX. Descartes, que mencionei antes, é famoso por uma frase em latim que diz assim: *cogito ergo sum*, ou seja, "penso, logo existo". Hoje em dia, porém, seria mais apropriado dizer: estou conectado, logo existo. Não "eu penso", mas "eu estou conectado". A chegada do computador pessoal, que tornou possível esse sentido de conexão, é uma mudança total na forma de viver, no modo como as pessoas se relacionam umas com as outras. A sociabilidade hoje passa pela conectividade, e isso é novo.

Esse mundo mais personalizado, criativo, conectado e cheio de informação cria também a compreensão de que não há mais como enfrentar os problemas desde uma perspectiva isolada, a de cada um, mesmo no caso dos Estados. As soluções têm que ser globais. O exemplo mais óbvio disso é a questão ecológica. Quando eu estudava na Universidade de São Paulo, quem falava em ecologia? Ninguém. O que prevaleceu até recentemente foi a ideia de que a natureza é inesgotável, os recursos naturais são dados para sempre, são eternos. Hoje sabemos que não é assim, que a finitude está à nossa vista.

Por outro lado, também temos consciência de que os fenômenos da natureza complicam muito as decisões baseadas nas razões de Estado. "Eu tenho a bomba atômica, mas, se eu a usar contra o meu inimigo, também posso ser afetado, pois o vento pode trazer a radiação para cima de mim." Então não é mais possível deixar de prestar atenção nos riscos globais. Você é obrigado a criar outra ética no momento de usar o poder. Este tem limites, tem efeitos imponderáveis, uns bons e outros maus. No caso da constatação do limite da natureza, isto é bom, e para nós é crucial levar em conta esse limite.

A consciência dessas transformações ainda não é tão evidente no nível dos governos quanto no das pessoas, porque estas estão mais informadas e começam a se mover. No caso dos mais jovens, essa já é a realidade. As pessoas têm mais noção prática dessas mudanças, entendem que hoje tudo deve passar pelo crivo destas questões: "Qual é o efeito do que estou fazendo para o conjunto? Para o planeta? Para a natureza? Como vou dar sustentabilidade às ações em geral?"

E há outras questões no contexto da inter-relação de tudo: enfrentamos na atualidade o problema das moléstias contagiosas, que se propagam com a maior facilidade de um lado a outro do planeta. E não adianta mais fazer como no passado, quando alguém se tranquilizava dizendo: "Isso não me afeta porque é coisa de pobre." Não há como impedir a propagação, pobres e ricos estão todos no mesmo barco. Sabe-se que tem que começar a pensar em termos de humanidade.

Isso é o que dizia Kant — e que Marx desacreditava. Kant dizia: "Valores universais: humanidade, regra geral", e para Marx isso não existiria, existiriam as classes. Só é possível pensar no homem, genericamente, quando acabar a diferença de classes. Então, primeiro tem-se que acabar com a diferença de classes, para depois pensar na humanidade. Hoje, se não pensarmos na humanidade, não sobrevivemos. Quer dizer, a humanidade passou a fazer parte do subconsciente, das preocupações gerais. Quando acontece um desastre em alguma parte, isso afeta o conjunto. Não só porque ficamos sabendo logo em seguida, mas porque todos podem sofrer as consequências negativas daquele fenômeno.

Temos que rever o modo como pensamos o mundo. O que vemos hoje é o que foi elaborado no século XX e que ainda molda as percepções neste início de século XXI. Basicamente, em consequência da Segunda Guerra Mundial, houve uma gigantesca reorganização política, econômica e social, com implicações para a continuidade da vida na Terra. Nesse contexto é que se destaca o tema da paz.

Com o advento da bomba atômica, queiramos ou não, pela primeira vez na história surgiu a necessidade de se pensar a humanidade com uma perspectiva global, o que é fácil de dizer, mas dificílimo de fazer. A realidade atual é determinada pela ordem global criada no pós-guerra. Por exemplo, em termos políticos, ainda dependemos da ONU como a organização mais ampla disponível, ou seja, continuamos a operar com as estruturas do século

XX, recorrendo a um instrumento que de certa forma vai se tornando menos efetivo conforme se delineiam as novas questões.

A ONU surge como decorrência natural do tempo que se inicia com a interrupção, pela Primeira Guerra Mundial, de um ciclo de prosperidade, e também do contínuo mal-estar acentuado pela Grande Depressão de 1929. Dessa experiência se originam as ideias políticas e econômicas da época, em especial o conceito de que cabe ao governo atuar contra as crises econômicas. A ideia era tentar reger a política, a economia, por meio da ação de um Estado capitalista, capaz de incentivar determinados movimentos de modo a evitar o agravamento da crise.

Já desde o final da Primeira Guerra, os americanos procuraram caminhos para impor uma ordem ao mundo, ideia que existe desde que surgiram potências mais ou menos equivalentes na Europa. Desde sua formação, os Estados Unidos estiveram imbuídos da noção de terem uma vocação excepcional para organizar a sociedade, pois haviam criado uma sociedade baseada na igualdade, no acesso à terra, na quebra das hierarquias. Em suma, tinham lançado os fundamentos de uma sociedade que hoje chamaríamos de democrática. Uma sociedade em que a opinião pública passa a existir, em que há um fundamento proposto de busca pela igualdade e em que há liberdade, liberdade religiosa e liberdade de imprensa, contrastando com a liberdade dos poderosos. Uma sociedade marcada fortemente pela ideia da excepcionalidade americana. Essas características davam a eles a impressão de que poderiam impor certa ordem no globo.

A crise de 1929 inviabilizou a organização de uma ordem global sob a égide da Liga das Nações. Na década de 1930, a Alemanha se recompôs, criou uma nova ideologia e uma nova visão de superioridade racial. Não se tratava, como nos Estados Unidos, da excepcionalidade resultante da criação de uma sociedade democrática, mas de uma excepcionalidade baseada no valor intrínseco da raça. Quando a Alemanha tenta impor essa ideologia ao resto do mundo, há uma reação, e eclode um novo conflito global.

Terminada a Segunda Guerra com a derrota do Eixo — a Alemanha e os seus principais aliados, a Itália e o Japão —, os vencedores propõem uma organização mais sólida, a fim de preservar o valor que passou a ser essencial, o valor da paz. E dessa aspiração a se dispor de uma organização que favorecesse a paz surgiram as Nações Unidas, que, pela primeira vez na história, foram capazes de organizar um acordo entre desiguais, formalizando a ideia de que só se pode garantir a paz quando se aceita a diferença, e não o contrário. Isso permitiu certa estabilidade na ordem produtiva, na ordem econômica e nas relações políticas. Foi a partir da paz como um valor universal e da integração dos mercados que se começou a consolidar na prática global uma ordem planetária interconectada, portanto, com a aceitação da diversidade. Com raríssimas exceções, todas as organizações multinacionais existentes hoje foram criadas logo após a Segunda Guerra: a Organização das Nações Unidas, o Conselho de Segurança, o Fundo Monetário Internacional, a Organização Mundial do Comércio e o Banco Mundial. No Conselho de Segurança da ONU, por exemplo, apenas cinco países têm assento permanente e direito de veto, e são justamente os países vitoriosos na Segunda Guerra — Rússia (União Soviética), China, França, Inglaterra e Estados Unidos. Estes países enfrentaram as questões e traçaram os contornos de uma reorganização do mundo que levasse em conta a diversidade, mas o mantivesse unido, primeiro porque precisávamos da paz e, segundo, porque surgiam interesses econômicos que requeriam certo nível de diálogo.

Com a ONU, o Estado nacional deixa de ser o soberano absoluto. No plano geral, existe uma organização mundial que não é um Estado nacional, mas garante a interação entre os vários Estados. Para isso, cada um abdica de parte da sua soberania: a ONU regula certos mecanismos da ordem política, da ordem comercial e da ordem monetária. Isso limita a soberania dos países em benefício do funcionamento de uma ordem global baseada no princípio da diversidade e da regulação, mesmo impondo limites ao que aparecia como essencial para a noção de estado nacional soberano. Ainda que sem impor um sistema jurídico mundial, a ONU estabelece regras de convivência em alguns setores.

Do século XX para cá, a situação de muitos países mudou: enquanto antes alguns eram subdesenvolvidos, desde então cresceram de modo acentuado, como ocorreu com a China. E, de repente, ressurgem com força os temas do mundo árabe e as temáticas do Islã. O mundo começa a se dar conta de que os desafios mudaram. Hoje, por exemplo, há a possibilidade de que poucas pessoas, pouquíssimas, obtenham um efeito negativo imenso com o terrorismo, e estão atuando dessa maneira. Acostumados a lidar com nações e forças armadas regulares, os exércitos são impotentes diante de grupos dispostos a morrer para transmitir a sua mensagem. Notem que se trata de um fenômeno distinto dos atentados anarquistas, que eram mais isolados, menos interconectados, de nação para nação. Na nova realidade, a matança de inocentes serve como instrumento para mostrar aos estados nacionais que os grupos terroristas têm poder.

Estamos vivendo num mundo novo, repleto de potencialidades promissoras e positivas. Entretanto, nele os instrumentos que permitem fazer coisas boas também trazem consigo outras possibilidades, cujo enfrentamento é muito difícil e cujo alcance é imponderável. Ainda não sabemos como lidar com o novo no mundo, o que obriga a uma responsabilização muito maior, não só dos Estados, como das pessoas, para fazer frente aos tais desafios contemporâneos. As grandes transformações do século XX são palpáveis e eclodiram no século XXI, caracterizadas tanto pelo sentimento como pela realidade da incerteza, que passa a ser nossa normalidade.

Um segundo aspecto que emerge no final do século XIX, e se desdobra ao longo do século XX, é o advento da globalização, que hoje conforma o mundo. Esse mundo novo não apareceu de repente, foi sendo construído ao longo da história. O sistema capitalista no qual vivemos tem uma natureza expansiva, desde o período do "capitalismo comercial". A partir da chamada "época do imperialismo", os países dominantes — não só em termos econômicos, mas em termos militares e políticos — passam a ocupar outros territórios além do próprio com o objetivo de garantir o suprimento de matéria-prima e eventualmente de mercados consumidores. Foi o que ocorreu na África e em várias outras partes do mundo. Por muito tempo foi assim: conquistavam para garantir as matérias-primas e mão de obra barata. Para isso era preciso dominação política. Há muitas discussões sobre por que o capitalismo moderno nasceu na Europa, na borda do Mediterrâneo, e sobre a transferência do dinamismo do mercado internacional de Veneza para Gênova, quando surge uma nova fase de organização econômica. À diferença de Veneza, Gênova não tinha exército, e precisou se aliar ao Império espanhol para garantir seu predomínio econômico. Este tinha base numa tecnologia — a das transações bancárias e do intercâmbio de moedas — que delineou os primeiros contornos do que viria a ser o sistema financeiro internacional, que serviu de inspiração remota para a atual globalização.

Hoje, ao falar de globalização, estamos falando de algo diferente, que se tornou possível devido a inventos tecnológicos e a uma nova concepção na forma de organizar a produção que, por sua vez, foi uma decorrência da internet e da expansão do uso de instrumentos eletrônicos que possibilitou uma centralização brutal do sistema financeiro. De certo modo, o domínio sobre o Estado político local e o controle direto de um território perderam importância, pois é possível ignorar as fronteiras e transferir o dinheiro de um ponto a outro do planeta, assim como reorganizar com a mesma facilidade o processo produtivo. Quer dizer, algo pode ser projetado aqui e fabricado na China para ser vendido nos Estados Unidos. Há a possibilidade de maximizar os fatores de produção não só em nível nacional, como em nível mundial.

Isso foi possível devido à revolução nos transportes e nas comunicações. Como está tudo conectado, o controle pode se dar à distância. Não é preciso ter a produção no mesmo lugar onde está o capital. Inicialmente, o controle localizava-se nos Estados Unidos, na Alemanha, na França, na Inglaterra. Hoje, é possível controlar o processo produtivo à distância, graças à internet, às facilidades de transporte, tanto aéreo como marítimo (que foi transformado pelo uso dos contêineres), que ampliaram em escala gigantesca o volume de carga transportada.

Tudo isso alterou o modo como fazemos a escolha racional dos fatores de produção, ou seja, como ampliamos o leque de possibilidades para obter o melhor aproveitamento da mão de obra, da matéria-prima e da tecnologia — estejam onde estiverem no espaço planetário. Parte da produção pode ser feita num país, parte noutro país, juntando-se as duas num terceiro país, e em benefício de alguém em um quarto país: alguém que controle a tecnologia, os fluxos de informações e o capital. E é crucial que se opere assim, aproveitando toda a interconectividade, pois só assim se maximizam os fatores de produção.

Um exemplo é o da Embraer, que junta peças fabricadas em várias partes do mundo. Certa vez, quando eu era presidente da República, recebi o primeiro-ministro do Canadá; na época havia uma disputa entre a Embraer e a Bombardier, que é uma empresa canadense. Ele disse: "Vocês não têm propriamente uma fábrica de aviões, tudo o que fazem é juntar as peças." Retruquei, o que faz a Boeing? O que faz a Bombardier? Todo mundo faz isso. O importante não é produzir tudo, mas ter a capacidade financeira e, também, a capacidade de desenho, design, inovação e gestão. Então, hoje, a globalização, independentemente de a gente gostar ou não, é o modo como se organiza a produção no mundo.

Essa nova forma de integração dos processos produtivos tornou obsoleta a ideia de que é preciso ter uma colônia ou um exército. Os movimentos que levaram à globalização resultaram em uma interligação como nunca houve na história, porque tanto o processo produtivo como os mercados consumidores se integraram. Por trás disso, houve invenções e inovações, que tiveram efeitos econômicos, mas também políticos e culturais, ocasionando uma concentração de poder.

O fato de não se ter domínio direto, físico, territorial, controle de colônia, não quer dizer que o mundo seja igualitário. Há, é certo, um esforço contínuo por parte de muitos para entender como será possível tornar o mundo mais igualitário. Depois de criar as condições para um ambiente de paz, a outra tarefa que se impôs desde a segunda metade do século XX foi a da busca de mais igualdade, uma pauta que dominou o final do século XX. A ONU se organizou procurando criar condições para que o mundo se desenvolvesse de maneira mais equilibrada, uma tentativa que não foi inteiramente bem-sucedida e que permanece como desafio para o século XXI.

Todas essas transformações, que levam a mudanças políticas e econômicas, têm também implicações de ordem social, com potencial para transmutar a realidade conhecida, derrubar sistemas e governos, mudar os paradigmas culturais.

Na década de 1970, quando dei aulas na Universidade Stanford, na Califórnia, e morava em Palo Alto, o Silicon Valley não existia, San José era uma cidade simples. Acompanhei um pouco o início das transformações tecnológicas, que tantas mudanças trouxeram em trinta anos. Em Stanford havia um departamento onde se desenvolviam as novas tecnologias, um Centro de Inteligência Artificial. Como um amigo meu chileno trabalhava lá, eu levava meus filhos, que eram pequenos, para visitar esse laboratório. Tudo ainda era muito precário, estavam iniciando o desenvolvimento de robôs, para usá-los na produção. O que se via eram jovens pesquisadores de cabelo comprido e tranças, a moda na época, que provavelmente fumavam maconha, e na parede havia retratos do Che. Eles estavam mobilizados, manifestando-se o tempo todo contra a Guerra do Vietnã. Quer dizer, o clima de liberdade, que para alguns pode parecer abusivo, foi importantíssimo para que as pessoas pudessem inventar, criar, sonhar com o futuro.

Manuel Castells, que inventou o conceito da sociedade em rede, talvez tenha sido quem melhor explicou essas redes de pessoas que puderam se unir em função da tecnologia. Ele mostra como se reconfigurou o mundo que, na época, era predominantemente dividido entre as esferas de influência dos Estados Unidos e da União Soviética. Castells foi quem primeiro pensou as consequências da digitalização para a organização da sociedade; ele mostrou como as novas tecnologias acabam com a privacidade e com o segredo, o que tem um impacto direto nos regimes autoritários, que têm dificuldade para conviver com a liberdade.

No caso da União Soviética, até que avançaram bastante; os militares haviam criado uma base tecnológica tão evoluída que os soviéticos foram capazes de colocar em órbita o Sputnik. Houve um momento em que ameaçaram a primazia ocidental. Kruchev afrontava os americanos, o Ocidente, batia os sapatos na mesa no Conselho de Segurança, dizendo que iam produzir mais que os Estados Unidos. E, de fato, os soviéticos estavam a ponto de ultrapassar a produção ocidental de cimento, aço etc.

Mas os soviéticos nunca foram capazes de acompanhar a velocidade com que os americanos, coreanos, japoneses e os demais avançavam nas pesquisas ligadas à nanotecnologia e à miniaturização. As máquinas soviéticas eram imensas, e os americanos foram caminhando em outra direção. Quando perceberam isso, os generais deixaram de lado a tecnologia desenvolvida na Rússia, que era mais atrasada, e passaram a adotar a engenharia reversa, copiando os procedimentos americanos e orientais. Mas não conseguiram acompanhar e competir com a velocidade da inovação, que dependia da existência de um ambiente de liberdade e levava à incorporação das novas tecnologias ao cotidiano das pessoas.

O próprio conceito de miniaturização implica liberdade: todos agora carregamos no bolso um computador, por meio do qual falamos com todo o mundo. Por conta do controle imposto à sociedade, isso era impossível no mundo soviético. Até mesmo os aparelhos de fax representavam um risco. Como as autoridades soviéticas censuravam a publicação de livros, os setores críticos do regime publicavam e distribuíam textos por fax e mimeógrafo. O autoritarismo soviético não combinava com a liberdade proporcionada por essas tecnologias. Simplesmente não era possível para o sistema soviético competir com o dinamismo ocidental. Claro que havia a Voz da América, havia a pressão militar, os soviéticos eram obrigados a gastar muito para manter-se na corrida armamentista, mas, basicamente, o sistema soviético ruiu por não conseguir acompanhar o espírito e a capacitação trazidos pelo ambiente de liberdade.

Assim, esse impulso para a individualização revela-se incompatível com a visão coletivista. Esses novos caminhos acentuam a individualização, a valorização do indivíduo, que passa a contar, a fazer diferença. E, na medida em que a pessoa dispõe de mais informação, pressiona mais a estrutura de poder. A tal ponto que, nos regimes autoritários, o impulso à informação tem de ser contido. Até hoje, na China, por exemplo, há restrições no acesso às informações. Certas matérias não circulam. Em Cuba, também, continua precário o acesso à internet. O regime autoritário resiste muito à facilidade na circulação das informações.

Essa é a realidade do século XX, cujos efeitos estão sendo sentidos agora. A efetiva transformação da sociedade, assegurando maior acesso às informações, é algo que vem acontecendo continuamente até hoje e muda a visão da política, a visão da sociologia, pois mudam as relações entre as pessoas na sociedade, as hierarquias se rompem. As pessoas têm informações, e com elas se transformam e transformam seu entorno. É a liberdade transformando a forma como nos organizamos.

Por maior que seja a confusão global no momento atual, temos de prestar atenção para ver o solo no qual estamos pisando e não esquecer que, por trás das grandes transformações com consequências políticas, econômicas e sociais, há muitas inovações. Às vezes inovações científicas e tecnológicas, outras vezes organizacionais ou políticas, mas sempre há inovação. E não existe inovação sem um clima de liberdade, no qual as pessoas possam assumir riscos, porque quem não se arrisca não inova.

Em resumo, as mudanças políticas, econômicas e sociais levaram a um cenário no qual a capacidade do Estado nacional de atuar diminuiu, e isto nos leva a pensar: quais são atualmente as regras gerais? O que nós temos que aceitar, em geral, na humanidade? Tudo está em elaboração, está em discussão, está em processo, e, embora já estejamos vivendo em um mundo interligado recentemente, vivemos nele como se esta realidade sempre tivesse existido. Não obstante, em outro nível, as organizações de que dispomos para navegar neste mundo são as mesmas que foram criadas no fim da Segunda Guerra, em meados do século passado, e de alguma maneira não mais correspondem ao equilíbrio de forças e aos dilemas da atualidade.

Sem dúvida, há a novidade já referida, da noção de que existo, penso, sinto e estou conectado, ou seja, a novidade no modo como me relaciono com os outros, com o mundo. Segundo, há a necessidade, queira-se ou não, de reconhecer novas obrigações, uma nova ética. Não há como separar as coisas e dizer: "Vou acumular capital." Sim, mas para fazer o quê? E se essa acumulação resultar em um desastre? Se ao mesmo tempo você não educar seu povo nem controlar o terrorismo, como será seu futuro? Ou seja, temos de pensar nas consequências de nossas ações, temos de levar em conta os outros, não podemos escapar disso.

A velha oposição entre individualismo e coletivismo está dando lugar a uma nova ética que faz com que eu me sinta responsável como pessoa, como alguém vinculado aos outros. Eu não sou um ser isolado no mundo: estou conectado. E essa conexão começa na família, passa pela empresa, vai para a nação, mas também vai além. Você acaba se sentindo responsável perante os outros e pelo que está acontecendo no mundo. Cada pessoa passa a ter valor e cada um é responsável por si e pelos demais com os quais está conectado.

Temos a obrigação de entender esse contexto mais amplo para situar--nos no mundo e dar uma contribuição significativa a ele. Até mesmo para, individualmente, nos sentirmos bem, e sabermos onde estamos pisando, e reconhecermos com honestidade e clareza que há muitas coisas que não sabemos, porque são novas ou porque os homens ainda não encontraram uma solução para elas. O fato de não sermos capazes de resolver essas questões não nos desobriga de pensar sobre elas.

Capítulo 3

Patrimônio nacional: o conjunto da riqueza de uma nação

Nações, assim como os homens, têm seu próprio destino, que cabe na capacidade da construção de um espírito nacional, em uma visão que vale a pena ser perseguida por toda uma geração.

Daniela de Rogatis

Sintonize: os novos bandeirantes e a redescoberta do Brasil

Daniela de Rogatis com colaborações de Andrea Derani

Assistimos hoje ao resultado dos valores de um conjunto de pessoas que romperam com todos os princípios de responsabilidade para com o futuro. O que nos envergonha no presente são as escolhas — feitas no passado — que nos jogam para o atraso e nos subtraem o futuro. O modelo de organização que a humanidade construiu busca sua sobrevida cooptando uma nova geração, dizimando a inovação e as perspectivas da juventude. São ações que diminuem a nossa autoestima e dão à juventude um sentimento de impotência, a falsa impressão de que talvez não seja possível romper com as barreiras do atraso, de que o caminho de consumo do patrimônio é o único possível.

O Brasil, por seu tamanho, por sua história e pela conduta de seus cidadãos, conseguiu poucas vezes construir uma visão integrada de país, daquele país que podemos e devemos ser. Deixa-se subliminarmente a mensagem das possibilidades extraordinárias que nos estariam abertas, do futuro brilhante, talvez como consolo pela falta de resultados no presente e da incapacidade de fazer convergir os interesses dispersos.

Não foi possível a construção de um espírito integrado para esse corpo único. E se espírito, afetos e corpo estão em contradição; se cabeça, coração e músculos não estão em sintonia, o homem não consegue se levantar, e muito menos avançar. Para a nação é a mesma coisa. Raramente houve um período em que o corpo e o espírito de nosso gigante estiveram alinhados. O que vemos é a incapacidade de uma geração de idealizar esse destino, desenhar o futuro e levar adiante.

Talvez porque sejamos vários espíritos e vários corpos convivendo em um mesmo gigante, talvez porque tenhamos tantas opções, acabamos por nos perder. Talvez porque, pela nossa dimensão, tenhamos dificuldade de olhar para o todo, hierarquizar os temas. E certamente porque não encontramos o espírito comum, a narrativa propositiva que faça com que cada um trabalhe não só para seu futuro, mas para o do conjunto.

Algumas vezes na história conseguimos essa unidade. Estivemos todos alinhados na independência, na luta contra a ditadura, no combate à inflação e, mais recentemente, quando lutamos contra a corrupção sistêmica combatida pela Lava Jato. Muitos desses momentos foram respostas a realidades negativas que aos poucos foram sendo conhecidas pelo conjunto maior da sociedade. Foram capítulos fundamentais em nossa história de cooperação nacional, mas também sabemos que um país não pode viver de emergências e de planos de salvamento; é necessária uma visão maior.

Estamos falando de sentir-se parte, ser o conjunto, trabalhar por um objetivo comum. Trabalhar juntos em um projeto que engrandeça nossa existência, que dê sentido e propósito aos nossos esforços, que eleve a nós mesmos de forma integrada e sistêmica, na sabedoria de que o avanço individual desconectado de seu contexto não é um resultado completo e não dignifica nossa existência.

Conhecer nossas dificuldades é essencial, mas tão ou mais importante é a visão de onde podemos ir. E é isso que nos deixa inseguros, por não termos clareza de nosso potencial e muito menos uma visão integrada de nosso destino. Precisamos nos debruçar sobre nós mesmos, redescobrirmo-nos, inventariar nosso patrimônio, organizar nossa casa, conhecer as regras que devem nos pautar e fazer escolhas racionais, desenhar aquilo que queremos ver quando olharmos para trás, reconhecendo o que de extraordinário produzimos e deixamos para a geração seguinte.

É necessário garantir que a nova geração não desista antes mesmo de ter começado, e para que isso aconteça temos o desafio de ajudar cada jovem a reencontrar o espírito da grandeza de nosso país. Levar a nova geração a esse espírito que anda encoberto pelo desgosto da realidade que nos assombra e envergonha. É uma questão de autoestima, e com razão hoje estamos cabisbaixos, decepcionados com aqueles que tomam conta desse sistema, seja por suas práticas ou pela omissão com o futuro.

O Brasil é muito maior do que a realidade a que assistimos hoje. Não se trata de uma reflexão saudosista, uma ideia ultrapassada de nacionalismo na qual ficamos encarcerados em nós mesmos. Tratamos aqui da busca do significado de ser brasileiro neste início de século XXI, de pertencer a esta nação, fazer parte deste conjunto de pessoas que estão unidas por um projeto comum de construção de um país extraordinário, na justa medida de todo o nosso potencial.

E no que o Brasil poderá se sobressair? Até onde se estende nosso potencial?

Podemos iniciar pela contribuição global da preservação de nossas florestas, sabendo aproveitar nosso patrimônio ambiental inigualável para gerar valor para nossa própria sociedade, organizando e preparando comunidades locais, para que saibam garantir a preservação de nossos biomas e de sua biodiversidade, garantindo uma vida melhor aqui e ao redor do mundo.

Podemos avançar para nossa condição de celeiro global, conquistada com a disciplina e a força da cadeia que integra universidade, empresariado, governo e sociedade e que é capaz de alinhar os interesses, criando zonas de prosperidade. Podemos olhar para nosso potencial de produção agrícola, da pecuária e da economia ligada aos rios e mares. O caso da agroindústria nacional precisa ser ainda potencializado e replicado para tantas outras áreas de possibilidades em nossa nação.

Nossa extraordinária variedade natural e cultural é também a matéria-prima para o desenvolvimento do turismo, desde que as comunidades locais recebam o preparo e a infraestrutura para absorvê-lo. Uma maior integração e um papel mais ativo da cultura brasileira pelo mundo passa também pelo maior influxo de estrangeiros que vêm nos conhecer e vivenciar nossas paisagens e nossa cultura.

Nosso potencial energético nos convida a participar da transição global para matrizes limpas, dado nosso enorme potencial hidrelétrico, eólico, solar e de biomassa, e em cada uma dessas oportunidades podemos ser gigantes se trabalharmos com dedicação.

No campo humano, as oportunidades são igualmente promissoras. Nossas cidades, se modernizadas, têm muito a ganhar integrando-se à realidade global. E nossas pessoas — especialistas natas nas artes da comunicação e das redes —, se ativadas por melhor educação e acesso às tecnologias que vêm pela frente, liderarão, pela via do empreendedorismo, uma nova rodada de desenvolvimento como jamais tivemos.

Em resumo, precisaremos colocar inteligência, organização, ciência e conhecimento a serviço de um projeto maior, sempre lembrando que, em vez de concentrar, precisamos distribuir a riqueza original de nosso país, de forma que todos saiam ganhando, pioneiros nas novas formas de criar valor do século XXI.

Contradições de um gigante em berço esplêndido

Fernando Henrique Cardoso

Sobre o tema do patrimônio nacional, poderíamos começar com uma menção à abertura e ao encerramento da última Olimpíada, ocorrida no Rio de Janeiro. Nas cerimônias deu para notar algo que faz parte do subconsciente de nosso país. O Brasil é um gigante pela própria natureza que está deitado em berço esplêndido, uma contradição em si, porque, quando falamos de gigantes, normalmente estamos nos referindo a pessoas, raramente encostadas, muito menos deitadas.

Nós achamos que o Brasil é forte, rico e pujante, mas ficou evidente a contradição na tentativa de comunicar ao mundo quem somos. Primeiro a grandeza, a diversidade do país, a Amazônia, temas traduzidos no sentimento de imensidão na abertura; depois, no fechamento dos jogos, confusão, carnaval, chuva, improviso, festa. Um reflexo da contradição presente em nosso subconsciente e que reaparece sempre.

Certa vez, em uma visita oficial aos Estados Unidos, Bill Clinton comentou comigo: "Quando você chega num país, tem que perguntar o que ele mais teme e qual é a sua grande esperança, o seu grande objetivo." E me perguntou do que eu achava que o Brasil tinha medo. "Olha, o Brasil tem medo de não se levantar", respondi, ou, dizendo em linguagem mais pedante, temos medo de não sermos capazes de nos desenvolver, temos medo do subdesenvolvimento, do atraso, da pobreza. Sabemos que dispomos de muitos recursos, e acreditamos que temos tudo para dar certo, mas temos medo de nossa incapacidade, temos medo de, mesmo tendo condições, não conseguirmos fazer o que nos parece possível.

Na realidade, as nações não estão destinadas a dar certo, seu êxito depende do que se faz; elas podem dar certo, mas podem não dar. Ou um país pode se sair bem em certos momentos da história, mas em outros perder o ritmo. Nós somos um pouco assim, o que é normal. Os países vão escrevendo sua história à medida que se constituem e à medida que as pessoas, com os seus interesses diversificados, conseguem adotar uma diretriz comum, que permita ao país avançar. Então, não surpreende que, a cada instante, sejamos assaltados pela dúvida, sobre se vamos ou não conseguir cumprir o que achamos que podemos fazer.

Sem dúvida, contamos com uma imensa diversidade de tudo, o país é muito grande, e isso é uma vantagem e um problema. Um país pequeno é obviamente mais fácil de ser gerido. No caso do Brasil, em que é preciso tomar decisões em um âmbito quase continental, as dificuldades são enormes. O que é bom para uma região não serve necessariamente para outra, e as regiões, embora se sintam integradas, tendem cada qual a puxar "a brasa para a sua sardinha". Quando se está à frente do governo, na Presidência, o tempo todo tem-se que decidir como atender a uns e outros, e ao mesmo tempo é preciso ter uma noção da direção geral, do conjunto, do que contribui ou não para ele.

Em meio a toda essa diversidade, boa parte da população se sente ignorada, acha que não é levada em consideração, se sente abandonada, os mais pobres sempre se sentem assim, pois historicamente foram deixados à margem. Com isso, muitos não se sentem partícipes, e, mesmo quando o Brasil está crescendo, o sentimento que fica se manifesta na frase "O que tenho a ver com isso?".

É quase um milagre termos conseguido manter unificado um país tão grande e tão diverso. Isso se deve em parte aos portugueses, que, de alguma maneira, ocuparam e estenderam as fronteiras do país, mantendo, através do seu Estado imperial, certa coesão durante o confronto com os espanhóis pelo controle do território. Sobretudo quando estou numa parte do mundo de colonização espanhola, gosto de contar uma história, que é verdadeira: a certa altura, o primeiro-ministro de Portugal, o famoso marquês de Pombal, ao nomear o irmão para governador do Grão-Pará (a Amazônia), escreveu-lhe uma carta dizendo o seguinte: "Cuide de tratar bem os índios e os portugueses que se casam com as tapes [as índias], e, se tiverem filhos, tanto melhor, porque mais vale meio português do que um espanhol." Ou

LEGADO PARA A JUVENTUDE BRASILEIRA

seja, o mestiço de índio com português era melhor do que um espanhol que viesse a ocupar nosso território.

No fundo, a grande questão era como ocupar um imenso território. No decorrer da história do Brasil, mesmo depois da independência, o grande problema do Estado era evitar a perda de território. Em alguns casos, até conseguimos ampliá-lo, como no caso do Acre. Por ocasião da Guerra do Paraguai, quando interferimos no Uruguai, ou quando ocupamos Buenos Aires mais de uma vez, já não havia tal propósito, mas então já estávamos no século XIX. A última grande guerra foi com o Paraguai, e, de lá para cá, os limites de nosso território estão definidos. Um pouco mais à frente veio o barão de Rio Branco, na República, que negociou e firmou tratados de fronteiras. Hoje, temos fronteiras acordadas com todos os países e conseguimos consolidar o territorial nacional.

Porém, há mais questões em jogo do que o território. Temos sentimento de identidade, um sentimento de que algo nos une. E é preciso buscar maneiras de indicar isto: sem símbolos dessa integração territorial e cultural, não há como levar adiante a nação. Um elemento é a língua portuguesa, que ajudou muito nesse processo de união: falarmos a mesma língua, que não é o espanhol. A religião era a mesma em toda a América Latina, todos eram católicos, mas a língua não era a mesma. Assim, a língua simboliza essa identidade, essa união, e nos diferencia do resto da América Latina. Mesmo que se possa entender e falar espanhol, o português é outra língua, e a língua diz alguma coisa para o sentimento de um povo.

Além da língua e do sentimento de pertencimento a um território, há símbolos que têm peso, como a bandeira e o hino nacional, que deixam emocionados a todos. Os esportistas cantam nosso hino, mostram a bandeira quando vencem, é uma maneira de dizer que pertencem e representam um país, temos um sentimento de fazer parte desse conjunto que é o Brasil. Vou contar uma pequena história. Certa vez estava no Pantanal, pouco depois de ter sido eleito presidente, e saí com a Ruth, a minha mulher, num barquinho, com um segurança do Exército e um outro segurança conduzindo o barco, e aí avistei uma bandeira, que não era a "nossa". Continuamos andando, e vi que havia um ponto de embarque com a mesma bandeira. "Pera aí, onde é que estamos mesmo?" Não sabíamos, mas já estávamos em território boliviano. Então, não se tem limites claros, há pontos nos quais a fronteira é algo subjetivo, você nunca sabe se está do lado de cá ou de lá da fronteira, mas você tem um sentimento do que é "nosso", e a bandeira simboliza isso.

Uma vez houve um massacre dos índios ianomâmis, o presidente era Itamar Franco. Pois bem, o ministro da Justiça, Maurício Corrêa, foi pedir desculpas ao público no local do massacre. Chegando lá, viu que não estava no Brasil, o massacre tinha acontecido na Venezuela. Naquela fronteira não há um marco físico, como um rio, na fronteira de terra não se vê nada demarcado, os marcos estão afastados uns dos outros. Daí a importância da bandeira, porque fica claro, "ah, aqui não é Brasil, é Bolívia", quer dizer, há símbolos que dizem: olha, isso aqui é um pouco diferente do que existe ali, não é melhor nem pior, é outra coisa, um pouco diferente.

Insisto na lembrança do que me disse Bill Clinton quando estive em Camp David, a casa de campo dos presidentes americanos: quando se visita um país, convém perguntar do que ele tem medo e qual é sua grande esperança. Talvez seja fácil, em nosso caso, falar sobre do que nosso país tem medo. Nós temos medo de não dar certo, de ficarmos presos na contradição entre o nosso potencial e as nossas fraquezas. Mas o tema de fato relevante está na resposta à outra questão colocada por Clinton: Qual é a nossa grande esperança? Qual é o nosso grande projeto?

O Brasil tem possibilidade de responder às grandes questões globais e de contribuir para a solução dos desafios colocados pelas mudanças climáticas, pela segurança alimentar, geração de energia, produção e consumo, e tantas outras questões. Na abordagem desses objetivos de longo prazo, precisamos encontrar um caminho para o país. Em cada uma das áreas a seguir, nas quais podemos nos destacar, há complexidades, há contradições que precisam ser superadas para que possamos avançar.

Amazônia

Partindo dos elementos menos tangíveis e mais simbólicos para aqueles mais concretos, nosso conjunto amazônico tem uma importância crucial, pois é a mais vasta região de floresta do mundo. Todos nós estamos sentindo os efeitos das mudanças climáticas, porque, quando você derruba muitas árvores, muda o clima, mudam os ventos, e, quando mudam os ventos, altera-se o fluxo das águas no oceano, o que tem efeito sobre o regime das chuvas. A Amazônia tem uma função muito clara nesse ciclo, todo mundo sabe disso. Basta assistir à previsão do tempo na TV e ver os gráficos com os ciclos e os fluxos das chuvas e dos ventos.

As árvores que equilibram o fluxo de ventos e chuvas também absorvem carbono, e cada vez mais existe a preocupação com a queima de combustíveis fósseis e com a necessidade de criar mecanismos para reduzir o dano causado pela utilização maciça de carvão, de petróleo ou do que quer que seja. Portanto, a Amazônia, em si mesma, mesmo que não se faça nada e ela seja mantida tal e qual, tem uma função e produz riqueza para a nação, pois absorve carbono e faz diferença na atual economia do carbono. Cabe a nós aprender a fazer uso desse potencial.

Não vem de hoje essa discussão sobre as mudanças climáticas, sobre até que ponto o clima varia em função de algo que não está sob nosso controle — mudanças de clima planetário — ou se isso é resultado da atividade humana. Se somos nós que, ao usar combustíveis fósseis, estamos alterando as condições do clima ou se são variações climáticas como ocorreram outras vezes na história, que independem de nossa ação. Seja como for, estamos sentindo os efeitos, e há elementos suficientes e comprovados de que a ação humana pode afetar o equilíbrio climático no mundo. Nesse contexto, a Amazônia tem um peso enorme.

Além disso, a Amazônia é uma reserva de biodiversidade, um complexo sistema de ecossistemas equilibrados que se estendem além das nossas fronteiras. Isso tudo está mais ou menos definido por tratados, porque a Amazônia não é só brasileira, mas se estende por outros países, com os quais temos acordos e mecanismos nos quais se tenta definir as responsabilidades comuns.

No passado, lá pela década de 1950, alguns futurólogos americanos imaginaram que a Amazônia podia ser ocupada pelos Estados Unidos, e vez por outra aparece um mapa mostrando isso; são ideias do passado, e hoje há menos preocupações nesse sentido, tampouco se imagina ocupação militar estrangeira. A preservação da Amazônia é uma questão que transcende nosso território, pois diz respeito a todos que se preocupam com o meio ambiente. A questão é como atua o governo do Brasil, como nós brasileiros atuamos e contribuímos com o processo de preservação da biodiversidade e da Amazônia.

Durante séculos a Amazônia ficou praticamente intocada. Quem a sobrevoa de avião ou, melhor ainda, quem entra na selva, vê que não é fácil ocupar a região. Houve um momento, durante o regime militar, em que havia certa obsessão com a Amazônia, sobretudo pela possibilidade de serem criados focos de guerrilha, como ocorreu no Araguaia, ou com uma eventual ocupação por outros países — e em função disso foi feito um esforço para promover a sua ocupação.

A rodovia Transamazônica foi aberta com esse objetivo estratégico, e um tanto equivocado, pois o trajeto da Transamazônica é paralelo ao rio Amazonas, então já existe uma estrada melhor, que é o rio. De qualquer maneira, é grande a distância entre o rio e a Transamazônica. Enfim, quando se conhece a Amazônia, fica-se assustado com a dimensão de tudo, a diversidade, o tamanho, a magnitude dos problemas, tudo que envolve a Amazônia é superlativo.

O projeto de ocupação da Amazônia contava despertar o interesse das grandes empresas para se instalarem lá. Para tanto foram criados programas especiais, como o da Zona Franca de Manaus, que davam incentivo às empresas. E algumas empresas foram para a selva, inclusive corporações internacionais, e começaram a desmatar para se beneficiar de incentivos fiscais. Na década de 1970 escrevi um livro sobre a Amazônia,[2] e na época passei um tempo na região, olhando a situação. Havia grandes projetos para ocupar a Amazônia, com fazendas imensas de 50, 60, 100 mil hectares, uma imensidade.

Só depois de ocupada e desmatada a floresta, descobriu-se que a camada fértil do solo é pouco profunda; quando se retiram as árvores, há um risco enorme de o solo virar deserto. Não é um terreno com a composição adequada para a criação de gado, porque desertifica. Houve muita destruição da mata amazônica e também das populações indígenas que lá estavam. Por trás, havia uma preocupação: se não ocuparmos, eles vão ocupar, não se sabe bem quem eram "eles", provavelmente os Estados Unidos, ou os guerrilheiros.

Houve também uma ocupação legítima da Amazônia. Não sei bem os números atuais, mas cerca de 20, 30 milhões de pessoas vivem na área amazônica. Não estamos falando da floresta mesmo, e sim da chamada Amazônia Legal, a área abrangida pela Sudam [Superintendência do Desenvolvimento da Amazônia] e que vai muito além da selva. Embora encravada na selva, Manaus hoje é uma cidade com 2 milhões de habitantes. Toda essa gente que

---

2 Cardoso, Fernando Henrique; Müller, Geraldo. *Amazônia: expansão do capitalismo.* São Paulo: Brasiliense/Cebrap, 1977.

vive lá organizou sua vida na região e precisa de todo o apoio, em termos de infraestrutura e instituições, tal como o restante dos brasileiros. É preciso, portanto, conciliar as necessidades das áreas já ocupadas com a preservação da biodiversidade e com os efeitos, positivos ou negativos, que a Amazônia pode vir a ter no meio ambiente, e não só no Brasil, mas no mundo, porque a Amazônia tem efeitos de alcance global.

Outra importante questão relativa à Amazônia tem a ver com as terras indígenas. Nós criamos muitos parques na região, e houve muita reação, pois são áreas que ficam intocáveis, não podem ser destruídas. É uma questão delicada para o governo, pois os indígenas sempre viveram lá, e é melhor que se declare terra indígena, preservando a natureza e impedindo o desmatamento. Por outro lado, nem sempre dá para fazer isso: no norte da Amazônia, em Roraima, por exemplo, é mais complicado, há um trecho que é amazônico e depois é área de cerrado, e, além dos grupos indígenas, existe habitação secular por não indígenas, o que provoca muita briga sobre o que fazer com a região.

Recentemente, tomou-se a decisão de tirar o que chamam de posseiros; mas posseiro que mora e produz lá há cem anos, como fazer nesse caso? Como resolver esses conflitos de interesse dos vários grupos na região amazônica? É um problema difícil de ser resolvido: tem-se que prestar atenção à diversidade, identificar os interesses legítimos, tanto o dos indígenas que precisam da terra como o daqueles que há muito ocupam produtivamente a região. É preciso conciliar tudo isso.

Lembro-me de outro episódio, relativo ao Acre — que, aliás, foi uma aquisição mais recente para o Brasil, ocorrida quando houve interesse do capital estrangeiro em abrir uma estrada, a Madeira-Mamoré, que não deu em nada. Porém, mais recentemente, houve uma briga grande no Acre, porque o governo apoiou a abertura de uma estrada, e havia gente contra. No Acre, o rio principal não une as duas principais cidades do estado, Rio Branco e Cruzeiro do Sul, pois ele corre na direção leste-oeste, e essas cidades estão no eixo norte-sul. A população quer uma estrada e há um dilema: ou você preserva as margens, ou a estrada vira um foco de destruição. O tempo todo você tem de buscar o equilíbrio numa situação sempre instável, e ver qual é a legitimidade dos interesses da população, de curto e de longo prazo. Não há solução fácil nem receita pronta, mas já acumulamos muita experiência sobre isso e deveríamos ter aprendido mais sobre como lidar com a questão.

Outro aspecto da Amazônia é o da riqueza natural. Há recursos minerais, explorados pela Vale e por outras empresas, e há petróleo, parece que não muito, mas há. Como explorar esse petróleo? Como transportar esse petróleo? Como se faz para gerar eletricidade para as cidades da Amazônia com um petróleo que é caríssimo para ser refinado e aproveitado? Fizemos um acordo com a Venezuela, pelo menos Roraima é iluminada com eletricidade que vem da usina de Guri, que fica na Venezuela. A instalação da linha de transmissão exigiu todo um trabalho do governo venezuelano para obter anuência dos indígenas. Já a Petrobras tinha interesse em que fosse usado petróleo (o diesel) na geração de eletricidade, então é muito difícil resolver essas questões.

Por outro lado, a Petrobras abriu uns poços de petróleo no meio da selva e eu fui lá ver. É muito interessante, porque, sendo a Petrobras uma empresa estatal, tem que prestar atenção não só ao interesse econômico, mas também ao do meio ambiente, bem como às comunidades locais. O que a Petrobras fez na Amazônia foi precioso pois instalaram as tubulações e ao mesmo tempo preservaram a selva amazônica.

Em Manaus, foi construída uma ponte entre as duas margens do rio. E é outra questão discutível, mas agora a ponte existe. Portanto, a Amazônia é uma região onde sempre há tensões entre interesses conflitantes, seja do meio ambiente, seja dos indígenas, seja das populações locais, seja do Norte com o Sul, como preservar, que caminho tomar, serão sempre questões delicadas.

Não basta o orgulho de ter a Amazônia: a posse da região implica uma responsabilidade histórica, pois a maior parte da floresta amazônica está no Brasil, e já foi bastante alterada. Mesmo agora, existe a discussão sobre fazer--se ou não a estrada 163. Sobre como interligar o Mato Grosso com a saída portuária no Pará. Faz-se uma estrada de ferro...? Abrem-se clareiras na mata para asfaltar a via terrestre? Tudo isso é muito delicado, muito complicado, e tem a ver com a responsabilidade de cuidar de nosso patrimônio nacional.

No caso da Amazônia, é lamentável que não se tenha um interesse maior em pesquisas e desenvolvimento da sua biodiversidade e do que se pode desenvolver a partir dela. Também há pouco interesse nas tecnologias de preservação ambiental que podem ter valor global. Em função desse desinteresse, daqui a pouco vamos ver o avanço das multinacionais que têm laboratórios, que têm esse espírito de inovação, e que já estão convencidas de que a nova economia vai depender diretamente desses ativos. Temos em abundância tais ativos, mas temos dificuldades para criar as estruturas voltadas para o seu aproveitamento inteligente.

Celeiro de alimentos

Todos os países muito populosos, como é o nosso caso, precisam produzir alimento em grande escala, tanto para o abastecimento interno como, se possível, para exportação. No caso da China, por exemplo, isso é motivo de grande preocupação, porque a parcela cultivável do seu território não é tão grande quando se leva em conta a dimensão da população. Os chineses sabem que, no longo prazo, vão precisar importar e assegurar os fluxos de alimentos. Por isso, a China procura estabelecer relações de relevância com a Argentina, com o Brasil e com países da África.

O Brasil, do ponto de vista de dotação natural, não dispõe de condições extraordinárias para a produção agrícola. Não temos tantas áreas naturalmente produtivas. A Argentina está numa situação muito melhor, com maior quantidade de terras férteis, assim como a Ucrânia. No entanto, pouco a pouco, conseguimos transformar nosso território em áreas altamente produtivas. Com isso, o Brasil conquistou hoje a posição de ser reconhecido como um celeiro de alimentos para o mundo, o que é extraordinário.

Não foi algo apenas dado pela natureza, mas sim o resultado de um aproveitamento de circunstâncias históricas, conduzido sem muito planejamento e com um tanto de sorte, que acabou dando certo. Foi a junção entre tecnologia, capacidade de trabalho, empreendedorismo e financiamento adequado que permitiu ao Brasil conquistar aos poucos esse imenso espaço territorial produtivo que hoje é o setor agrícola nacional e obter resultados significativos.

No passado, acreditava-se que só as terras basálticas eram férteis, terras existentes em partes de São Paulo, do Paraná, e algumas manchas em outros estados, como Minas, os da região Sul e Espírito Santo. Essas manchas basálticas, que os italianos chamavam de "tierra rossa", não são roxas e sim vermelhas, em geral indicam uma terra de melhor qualidade. Todavia, o Brasil só se transformou no que é hoje, do ponto de vista da produção de alimentos, porque incorporou o cerrado. No passado, dizia-se que o cerrado não servia para a produção agrícola, por ser um solo ácido e de baixa produtividade. Era preciso tratar a terra, acrescentar elementos químicos, para transformar o cerrado em uma região agrícola aproveitável, e quem fez isso foram os nossos agricultores, com apoio da Embrapa.

Uma empresa de tecnologia agrícola do Governo Federal, a Embrapa pesquisou e desenvolveu formas de cultivar a região do cerrado. Foram os seus técnicos que aperfeiçoaram um modo de neutralizar a acidez da terra com minerais e, em paralelo, desenvolveram um meio de produzir sementes apropriadas para esse tipo de terreno, com apoio técnico dos japoneses. Com isso, foram incorporadas à produção agrícola áreas do país que antes eram consideradas incultiváveis. Em consequência de todo esse esforço, a agricultura, e também a criação de gado, se deslocou para as áreas de cerrado, que são planas, e hoje Mato Grosso, Mato Grosso do Sul, Goiás, Tocantins, o norte de Minas, o sul do Piauí e o oeste da Bahia são áreas que lembram o Meio-Oeste americano, com as suas planuras imensamente produtivas.

Além disso, com o avanço dos meios de comunicação, todo o complexo agrícola brasileiro está conectado aos mercados globais. Como o preço dessas commodities agrícolas é determinado na bolsa de Chicago, os produtores brasileiros passaram a ter um controle maior, informando-se sobre a cadeia de produção. No setor da pecuária, o gado foi sendo aperfeiçoado, melhorando de qualidade, desde a importação da Índia por criadores mineiros. Tudo isso, enfim, foi sendo criado e resultou da transformação de uma zona aparentemente infértil em uma região muito produtiva, conectada globalmente e que garante fluxos econômicos e desenvolvimento.

Essa valorização dos recursos agrícolas — antes restrita a São Paulo, Paraná, partes do Espírito Santo e do Rio Grande do Sul — hoje se estende a uma enorme extensão territorial. Quando se examinam os dez produtos agrícolas mais exportados do mundo, o Brasil sempre está presente entre os cinco ou seis primeiros, porque temos produtividade, sabemos produzir com qualidade e baixo custo, temos tecnologia, somos competitivos.

Tanto no caso da produção agrícola como no da biodiversidade da Amazônia, é chocante constatar que quase todo o patenteamento de espécies originárias no país não está sendo feito por nós mesmos. Temos que aumentar nossa capacidade de patentear e também de desenvolver produtos em função dessas patentes, porque não adianta patentear pura e simplesmente. Há certo descaso nacional em relação a tudo que não seja commodities, e isso se deve em parte ao governo e em parte à iniciativa privada. Temos de dar espaço para que a iniciativa privada perceba que existem vantagens em patentear algo.

É assombrosa a diferença entre a quantidade de patentes solicitadas por coreanos e por brasileiros, por exemplo. Talvez isso se explique pelo fato de valorizarmos o pensamento abstrato, as grandes teorias. Já os coreanos, os chineses, os japoneses são muito mais pragmáticos, o que se reflete em suas patentes, que vão do modo de fechar uma garrafa, por exemplo, ao procedimento de enrolar uma bala de goma ou à tecnologia de transporte. O brasileiro não faz isso, acha que não vale a pena. A mesma atitude se nota em relação ao patenteamento da diversidade genética. Mesmo assim nos integramos lentamente à dinâmica deste novo tempo.

Claro que não há como ganhar tanto com essas pequenas patentes como quando se exporta laranja, mas pode haver uma vantagem específica, um ganho de produtividade. É preciso ter uma postura adequada ao mundo atual, não basta apenas visar os grandes negócios e os grandes lucros.

No setor do café, temos o Instituto Agronômico de Campinas, que foi fundamental; no setor do cacau, o Ceplac, na Bahia. Ou seja, sempre houve um instituto de pesquisa, uma universidade, por trás dos grandes avanços agrícolas. A Embrapa está por trás de muita coisa, e seria bom que o governo tivesse um comportamento exemplar nisso também, estimulando os institutos de pesquisa, assim como outras organizações não governamentais. O governo pode e deve dar o exemplo, apoiar o avanço, compartilhar tecnologias, mas é importante que toda a sociedade incorpore esse espírito de inovação nas mais variadas áreas de nosso patrimônio.

Urbanização

Desde sempre tivemos uma preocupação com o fato de que era preciso fazer algo mais, porque, além de sermos um país com enorme potencial agrícola, também somos um país que, do ponto de vista urbano, tem peculiaridades e potencialidades.

Na América Latina, poucos países têm tantos sítios urbanos como o Brasil. Temos muitas cidades, uma rede urbana considerável, mais ou menos nos moldes dos Estados Unidos, ou seja, conseguimos de certa forma distribuir mais o contingente humano por cidades no território nacional. Em geral, os países latino-americanos concentraram a população em uma só área. Até hoje, Buenos Aires corresponde a quase metade da população da

Argentina. A Colômbia é um pouco mais diversificada, com três ou quatro centros urbanos importantes. O Peru basicamente tem Lima, Arequipa e outras cidades pequenas ao norte. A Bolívia tem La Paz, Cochabamba e Santa Cruz de la Sierra. Mas são poucas as cidades que têm relevância e potencial. Já o Brasil conta com uma extensa rede urbana, e não é de agora. Sempre a tivemos, devido ao tamanho do país. Movidos pela necessidade de ocupar o território, talvez também sem planejar e sem querer, acabamos construindo uma malha urbana relevante. Também a mudança da capital por três vezes — sendo a primeira em Salvador, a segunda no Rio, a terceira em Brasília — contribuiu para essa rede urbana complexa.

Na época da colônia, o Brasil foi marcado pela escravidão e o latifúndio, é verdade, mas não só isso. Existem trabalhos mostrando que houve muito mais do que isso: para manter a escravidão no século XVIII em Minas Gerais gerou-se uma civilização urbana em Ouro Preto, Mariana, até hoje cidades relevantes. E o mesmo se deu em Goiás e no Mato Grosso, porque na mineração o trabalhador fica na cidade. Não é como na produção do açúcar ou do café, em que a mão de obra fica no campo. Como na mineração havia mais concentração e maior fluxo de riqueza, a Coroa mandava para lá os seus funcionários, favorecendo as condições urbanas.

Em todas essas cidades havia música, teatro, igrejas, literatura, em suma, eram centros de cultura. Assim foi em Vila Boa de Goiás, ou em Cuiabá, no Mato Grosso. Por ocasião do enterro de Tancredo Neves, fui a São João del-Rei, onde tenho parentes também, e parecia uma cidade italiana, nas ruas ouvia-se música sacra, música erudita da região, o que não é próprio do meio rural, é uma produção da cidade.

Em São Paulo também houve muita agricultura, com a rede urbana crescendo, sobretudo em função do comércio. Porque o campo tem que vender o que produz, e, basicamente, as cidades serviam para intermediação e consumo dessa produção. A cidade de São Paulo só adquire mais importância no fim do século XIX. Mas só virou São Paulo quando o porto de Santos começou a ser importante, quando houve investimento inglês na construção da estrada de ferro São Paulo-Santos e veio a grande onda de imigração. Não esquecendo que para tudo isso houve forte intermediação financeira.

No primeiro censo sobre a indústria de São Paulo, feito em 1907, vê-se que dois terços dos operários eram originários da Itália e da Espanha. Aí a cidade passou a ter maior importância. O comércio sempre dependeu do

LEGADO PARA A JUVENTUDE BRASILEIRA   71

porto: em Salvador da Bahia, no Rio de Janeiro e também em Santos — os portos eram locais de adensamento da população. Embora houvesse cultivo de café no interior do Rio, não foi isso que fez a cidade crescer, e sim o porto, a administração pública etc.

No caso de São Paulo, o porto de Santos foi crucial, mas o grande impulso veio com a industrialização na primeira metade do século XX e as oportunidades que surgiram por conta das duas guerras mundiais, quando aumentou a necessidade de substituir as importações por produtos feitos aqui mesmo. Esse processo acabou atraindo muita gente de outras regiões, gente que migrou para o Sudeste em busca de melhores condições de vida. Foi quando surgiu o chamado "baiano", embora boa parte dos imigrantes de São Paulo tenham sido mineiros, que vieram de Minas para o Vale do Paraíba e depois seguiram para São Paulo. Em todo o Brasil ocorreu esse movimento do campo para a cidade, ocasionando maior concentração urbana, o que mudou o aspecto das cidades.

Já na virada do século XIX para o XX começa o afluxo para as cidades e, nesse panorama cada vez mais urbano, há um aumento da diferenciação social. Com o crescimento das cidades, a sociedade torna-se mais complexa e diferenciada, pois aumenta a divisão social do trabalho e surgem novas funções. No século XIX, por exemplo, o que era a classe média? Padre, militar, algum advogado, raríssimos médicos e um e outro funcionário público — ou seja, não havia a classe média de hoje, que vem do mercado, e não do Estado. Quase todas as profissões que mencionei eram ligadas ao Estado, eram pessoas que queriam um emprego público, assim era a classe média urbana do final do século XIX.

São Paulo sempre foi uma cidade mais modesta do que o Rio, para não falar de Buenos Aires. Ela tinha, contudo, um jeitão mais europeu do que o Rio. Quando se vê hoje, não parece mais de estilo europeu, e sim americano. Essa mudança se deu nos anos 1950 e 1960: depois da Segunda Guerra, houve muito desenvolvimento industrial, aumentando a concentração demográfica. Eu nasci no Rio e, quando vim para São Paulo, em 1940, fiquei chocado porque nunca tinha visto rua de terra, sem pavimentação, pois no Rio as ruas eram pavimentadas. Eu morava em Copacabana, longe do centro, só havia casas, mas tudo era pavimentado. Em São Paulo fui morar nas Perdizes, que não era um bairro tão longínquo do centro assim, e muitas ruas eram de terra, passava o bonde numa rua onde hoje é a avenida Francisco Matarazzo, e as ruas à sua volta eram de terra. Embora o bonde tivesse um cartaz que dizia "São Paulo é a cidade industrial que mais cresce na América Latina", o que era verdade, a cidade ainda era acanhada em termos de equipamentos urbanos. Havia muitos cavalos e burros circulando, e cabras cujo leite era vendido de porta em porta. Mas São Paulo acabou virando uma metrópole imensa, uma megalópole. Hoje temos um Brasil urbano, cheio de desafios novos, diferentes dos desafios do passado, porque a diversidade da população aumentou muito, assim como os seus interesses.

Como disse, a classe média tradicional brasileira era basicamente ligada ao Estado: mesmo no caso de um médico, por exemplo, o que ele queria era ser vinculado a uma corporação. Já a classe média atual é ligada ao mercado e se dedica às novas profissões. Em geral, a classe média era, como se diz em espanhol, formada por "venidos a menos", no sentido de serem membros das famílias tradicionais, que não tinham terras nem escravos, se esforçavam para arranjar um bico no governo. E, quando não tinham algo melhor, iam para a igreja, ou para o exército, ou para a advocacia. Agora é muito diferente, não há apenas os "venidos a menos", a nova classe média incorpora cada vez mais pessoas, há uma enorme diversidade social, refletindo a própria diversificação da sociedade, que se tornou muito mais complexa.

Portanto, o Brasil não pode ser pensado como um país exclusivamente agrícola, embora seja possível haver crescimento econômico com base no agro: há países que enriqueceram sendo basicamente agrícolas, como a Austrália, que depois se industrializou um pouco, e vários países na Europa, como a Dinamarca. Há essa possibilidade, até porque, como eu disse, a produção agrícola atual é sofisticada, não se trata apenas de aproveitar o que a natureza dá. Não, o ser humano colocou talento, produziu conhecimento, transformou a natureza. No entanto, à medida que vão tomando consciência dos seus problemas e de suas potencialidades, os países querem mais do que isso. Hoje, estamos vivendo dos louros e dos esforços de nosso setor agrícola, nossas indústrias estão caminhando mais devagar, é verdade, mas convém considerar que já somos a nona potência industrial do mundo. Nossa economia está sendo fortalecida pelo setor agrícola, e precisamos aumentar o potencial de nossas cidades.

Energia

Para o Brasil que se transformou, muito diversificado, num celeiro de alimentos, com uma complexa rede de cidades, com indústria, é crucial o avanço na área de energia. Sem energia não há crescimento, e nesse setor estamos, aos poucos, explorando o nosso gigantesco potencial composto por fontes energéticas relevantes.

O Brasil tem a enorme vantagem de contar com abundância de água e recursos hidrelétricos, os quais constituem parte importante de nossa matriz energética. Por outro lado, é óbvio que não podemos nos ater apenas à hidroeletricidade, porque ela não move automóveis nem caminhões, e todo o nosso sistema de transportes depende dos combustíveis fósseis, o que no passado era um problema, pois não produzíamos petróleo em quantidade suficiente. Como o Brasil dependia da importação de petróleo nas décadas de 1970 e 1980, quando os produtores árabes se organizaram na Opep e aumentaram o preço, o custo da importação ficou alto demais, o governo viu-se obrigado a contrair muitas dívidas. Criou-se a "questão da dívida externa", que se agravou por conta do petróleo importado e acabou alimentando a inflação.

Essa situação traumática levou a uma busca obsessiva pela autonomia no setor energético. Temos muito pouco carvão e na época nem se cogitava sobre gás, que só veio surgir depois. O que temos mesmo é água, e agora há a possibilidade de aproveitar o vento e o sol, mas antes era só água e petróleo. Para a exploração desses recursos foram reforçadas duas grandes empresas estatais, a Petrobras e a Eletrobras, que eram os esteios de energia no Brasil e estavam sob controle do Estado. Na época não havia alternativa à estatização, pois o Brasil não tinha acesso aos capitais para fazer os investimentos de que precisava. Então, o Estado acabou entrando no setor, foi se acomodando e gostando de estar no comando dessas questões.

Pouco a pouco, a Petrobras foi tomando vulto. Na verdade, o crescimento maior se deu da década de 1990 em diante, quando a empresa teve condições de aspirar à total autonomia petrolífera do Brasil, o que afinal não conseguiu de todo. Isso porque ainda importamos certos tipos de petróleo para produzir diesel, mas, de qualquer maneira, o que produzimos e exportamos hoje compensa a balança de pagamentos na importação de diesel.

74 FERNANDO HENRIQUE CARDOSO E DANIELA DE ROGATIS

Além disso, tal como no caso da Embrapa e do desenvolvimento agrícola, a Petrobras também se dedicou ao aperfeiçoamento de tecnologias, como a da exploração de petróleo em águas profundas, o que não é nada fácil. Sobretudo nas universidades do Rio de Janeiro, a Petrobras promoveu a criação de cursos de geologia, preparou gente e avançou muito nessa área. Quando se olha com atenção, há uma conclusão óbvia: por trás de todo grande desenvolvimento brasileiro, em qualquer área, há um grupo de pesquisa e certa disciplina que permitiram colocar em prática os avanços.

Assim, a Petrobras e a Eletrobras foram montadas e ampliadas em decorrência de ação governamental. E isso configurou a imagem de como se despertar o gigante, ou seja, com muita regra, muita regulamentação, muita ação do Estado etc. Durante as décadas de meados do século passado (1950, 1960 e 1970), houve algum crescimento, mas agora a mesma fórmula não dá mais resultados equivalentes, as circunstâncias mudaram, e há condições de a iniciativa privada assumir um papel mais ativo, organizando os investimentos em projetos que nos alavanquem para o futuro.

Para a geração energética, o Brasil conta, além dos recursos hídricos e petrolíferos, com outras opções, como o gás natural, os ventos, a energia do sol, assim como a da biomassa. Nesse caso, o Brasil teve uma grande vantagem com o aproveitamento do etanol como combustível. O aperfeiçoamento dos motores flex permitiu o uso tanto da gasolina como do álcool, e isso foi um enorme avanço. O programa do álcool no Brasil é antigo e deu forte impulso à utilização da biomassa para a produção de combustíveis líquidos. O Brasil chegou a ser considerado um exemplo, pois esta era uma maneira de reduzirmos as emissões de CO_2, mas depois se abandonou essa estratégia.

De qualquer modo, era evidente que tínhamos de diversificar a matriz energética. Foi o que tentei fazer no meu governo. Além da criação de uma comissão para cuidar do tema do aquecimento global, procuramos promover formas alternativas de geração de energia. Uma delas era o emprego do gás natural, um recurso de que naquela altura ainda não dispúnhamos. Então, firmamos um acordo com a Bolívia e construímos um gasoduto para trazer o gás de lá. Hoje não dá para imaginar a dificuldade de fazer isso. Sobretudo pelo controle exercido pela Petrobras no setor de energia: a empresa colocou vários empecilhos para o avanço dessa agenda de diversificação da matriz energética. A Petrobras não queria, porque isso significava competir com o que ela fazia, que era produzir gasolina, impor-

LEGADO PARA A JUVENTUDE BRASILEIRA 75

tar diesel e coisas desse tipo. Havia muita dificuldade, dentro da própria Petrobras, em pensar o Brasil autarquicamente.

Posso contar detalhes pitorescos que não têm nada a ver exatamente com o tema da resistência da Petrobras, mas que revelam os interesses contraditórios que influem na dinâmica de nosso país. Naquela altura, eu era ministro das Relações Exteriores, e, pouco antes da assinatura do acordo com a Bolívia, o presidente da República, Itamar Franco, me chamou e disse: "Olha, o Aureliano Chaves (que havia sido um grande vice-presidente da República do regime anterior e era entendido de energia) disse que não há gás na Bolívia. Então não vou à Bolívia, porque não posso assinar um acordo se não há gás na Bolívia."

Enfim, foi muito difícil convencer o presidente da República de que ele devia ir à Bolívia, de que havia sido um equívoco a informação de que lá não existia gás. Na verdade, não tinha nada disso, era uma manobra de quem não queria que se usasse o gás boliviano. Nesse caso específico não foi a Petrobras, porque o presidente da Petrobras me ajudou a convencer o presidente da República de que era vantajoso fazer o acordo com a Bolívia.

São detalhes pitorescos de como se deu a negociação, mas mostram o que significava tomar decisões. Uma coisa é fazer uma análise, outra é tomar uma decisão: aí você encontra resistência de pessoas, de grupos, de organizações. E isso não tem a ver com a racionalidade do processo, e sim com os vários interesses que não parecem estar diretamente em jogo, mas que estão presentes e acentuam as contradições, seguram o avanço. Seja como for, acabamos tomando decisões no sentido de diversificar a matriz energética, e hoje a Petrobras também produz gás.

Nesse sentido, outra coisa que fizemos foi a interligação das bacias energéticas da Venezuela e do Brasil. Também aí houve uma dificuldade enorme, devido aos interesses em jogo. Por que não trazer o óleo de Urucum para Manaus em vez de trazer a energia da Venezuela? Firmado o acordo com a Venezuela, foi preciso convencer o presidente Chávez de que era preciso levá-lo adiante. Hoje a eletricidade de Roraima vem da Venezuela. No sul do país, interligamos as redes elétricas da Argentina e do Brasil para assegurar o fornecimento. Ainda assim, os problemas são muito complexos.

É tal o potencial do Brasil que às vezes nos perdemos, são tantas as opções que ficamos confusos. Em 2001 tivemos uma grande crise de energia elétrica. Na época, a nossa matriz era sobretudo hídrica, e, com a escassez de chuvas, havia o risco de um apagão. Para evitar isso, era inevitável o racionamento. Eu o fiz, mas custou caro, porque ninguém gosta de racionamento. Como fomos pegos de surpresa pela crise hídrica, mandei fazer uma análise do que tinha acontecido. Por incrível que pareça, verificou-se que a situação havia chegado àquele ponto por causa de uma interrupção no investimento energético. Em 1988, com a nova Constituição e a mudança do regime puramente estatal para o de concessões, houve falta de investimento, e como na época não tínhamos a rede que hoje nos salva, que inclui usinas termelétricas, ficamos na mão.

Depois fizemos as usinas termelétricas, que são poluidoras e encarecem o preço final da energia, mas nos conscientizamos da necessidade de diversificar as fontes de energia. E também de que é preciso levar em conta que algumas são muito poluentes. Ainda assim, passados tantos anos, até hoje não conseguimos ter, como nação, uma política consistente nesse setor. E, por causa de nosso imenso potencial, ficamos ziguezagueando. Recentemente, o presidente Lula se entusiasmou com o diesel da mamona e fez um enorme esforço para incentivar a produção de óleo de mamona. Aí descobrimos o petróleo no pré-sal, e deixamos de lado a mamona. Nos concentramos no pré-sal e esquecemos de organizar uma política adequada para o etanol. E assim caminhamos.

Como presidente, parti do princípio de que essas matérias são muito complexas e de que é preciso criar agências reguladoras, que ajudem na preservação dos interesses do Brasil, do consumidor e também do investidor, e que, por outro lado, não sejam manipuláveis pelos partidos políticos, que sejam constituídas com a aprovação do Senado e que desfrutem de autonomia diante do governo. Isso foi uma inovação, que até hoje está aí, mas não foi bem compreendida pelo conjunto de nossa sociedade e das nossas lideranças.

Assim que se deram conta do poder das agências reguladoras, os partidos passaram a fazer pressão junto ao presidente da República para indicar os seus representantes, e o mesmo aconteceu com os setores interessados. De qualquer maneira, embora o desenho seja viável, e continuo a defender tais agências para que possamos analisar essas questões no longo prazo, não há como negar que houve retrocesso nessa matéria.

Para encerrar o tema da energia, acho importante considerar a Petrobras e a ideia de símbolo nacional, de patrimônio da nação — e salientar os

LEGADO PARA A JUVENTUDE BRASILEIRA 77

perigos das ideologias que hoje se colocam em torno desses conceitos aqui no Brasil. Quando atingimos resultados relevantes por meio da Petrobras, dizia-se orgulhosamente que "o petróleo é nosso", e assim a empresa foi se tornando símbolo nacional. É claro que a Petrobras tem um significado econômico enorme, pois representa 10% do produto nacional bruto. Por outro lado, é complicada a ideologia que se criou em torno da empresa, a de que a Petrobras é nossa. Na prática, não é bem assim: ela tem uma burocracia, ou seja, a Petrobras era basicamente controlada pela burocracia, e depois passou a ser objeto de cobiça dos partidos que sustentavam essa burocracia, e que são sustentados por ela em um grande ciclo de interdependência.

A chave para a economia do país avançar está no aumento da produtividade, e a chave para aumentar a produtividade é a competitividade. Quando há monopólio e a ideia de que só ele é bom, não há mais competitividade. Em parte, foi o que aconteceu com a Petrobras. Caricaturando um pouco, há um lado um pouco megalômano no Brasil: nós somos grandes, a Amazônia é nossa, o petróleo é nosso, somos grandes demais. Quando foi descoberto o pré-sal, parecia que seria a salvação do país. A educação ia ser resolvida com os recursos do pré-sal, essa era a retórica. Não se discutiu nada, e só uma coisa parecia certa: o pré-sal tinha que ser integralmente da Petrobras, somente ela podia explorar e nenhuma outra empresa. Não se aceitava a ideia de parceria, nem de competição: a exploração do pré-sal acabou virando um monopólio. Então, como a Petrobras estava obrigada a explorar todo o pré-sal, ela se endividou muito mais do que podia — hoje é a empresa mais endividada do mundo.

Não foi a Petrobras, e sim a política do governo que a levou por esse caminho. A ideia de que o monopólio resolve já se provou equivocada em várias ocasiões, e temos o conhecimento necessário para não repetir os erros do passado. Não é o monopólio que resolve, nem privado, nem público, nem estatal. O que resolve é a competição. Cabe ao governo regulamentar a esfera pública; eventualmente, ele pode até assumir parte da produção, mas, sem competição, não dá.

Temos de avançar no entendimento do conceito de que o patrimônio público não é o estatal nem o privado. Qual é o interesse? É nosso, ou seja, de todos nós, da população do país. Esse deve ser o critério central, e não os interesses da burocracia, dos partidos, os interesses do governo ou o interesse apenas do lucro. Tem que haver um *trade off*, uma troca de vantagens que leve ao interesse coletivo.

Acho que a Petrobras continua sendo uma grande empresa. Agora ela está se concentrando no campo de Libra, onde estão alguns dos poços de exploração do pré-sal mais produtivos do mundo. Há doze poços de exploração já perfurados no pré-sal com apenas um com declaração de viabilidade comercial confirmada. Existe o pré-sal? Existe, mas não dá para imaginar que vai ser a salvação do país. Um país não deve ser salvo por este ou aquele projeto. E ser salvo não é uma ideia muito adequada.

O país com as maiores reservas de petróleo do mundo é a Venezuela. Tem mais do que a Arábia Saudita, e olha como está a Venezuela, não por causa do petróleo, e sim por causa do governo. O petróleo está lá, mas isso de nada adianta se não houver um governo capaz de explorá-lo, por si ou com a ajuda de setores da sociedade, em benefício do país.

Finalização

Nosso patrimônio nacional é imenso, e adormecido em certa medida. Tratamos aqui de apenas quatro temas, e obviamente deixamos muitos outros de lado: o turismo, as águas, o mercado consumidor, a infraestrutura etc. Mas, de certa forma, os exemplos discutidos mostram com clareza toda a complexidade de nosso país, de nossa cultura, de interesses explícitos e menos explícitos.

Em si mesma, tal diversidade de riqueza não é boa nem má, depende do que se faz a partir dela, como se trabalha com isso. Pode virar uma zona de alta produtividade para certas coisas, ou de alta diversidade, ou que tenha um valor em si mesmo, como no caso de nosso patrimônio ambiental. Tudo isso tem valor, dependendo da disposição de transformarmos esse valor em riqueza para a sociedade.

Portanto, a questão de o gigante levantar-se ou continuar deitado não está determinada por seu berço, por mais esplêndido que seja. Sem os devidos incentivos, ele não se levanta, e, como é muito grande, para se levantar é difícil, às vezes cai, tem de se levantar de novo. O fato é que, bem ou mal, todos sabemos e sentimos que temos enorme capacidade produtiva. Embora tenhamos conseguido aproveitar um tanto essa capacidade produtiva, podemos melhorar seu aproveitamento.

Como atender aos interesses do gigante que está se levantando nesse mundo que hoje é todo interconectado? Não adianta fechar os olhos para não ver a realidade e pensar que andando para trás se avança. Se você não enxergar com clareza seus interesses, como vai se projetar neste mundo global? Esse é o desafio, ou seja, como vamos usar todos estes recursos: a Amazônia, a riqueza mineral, os recursos agrícolas, em função de um mundo interdependente, no qual, ao mesmo tempo, alguns mandam mais do que outros. Como atuar neste mundo sem uma visão de longo prazo? Sem tal visão, nós ficamos paralisados, e talvez seja o que hoje está ocorrendo.

Não há como avançar se não entendemos o que está acontecendo no mundo. Se você for regular as suas ações pelo curso de quatro anos de mandato entre eleições, você não tem essa perspectiva de longo prazo, essa visão que ultrapassa até mesmo seus interesses e suas limitações políticas. Esse é o desafio da nova geração, porque continuamos com a mesma ambição. A situação não é tão fácil como foi em alguns momentos do passado, mas existe o potencial.

O que vamos fazer, olhando para a frente, com 200 milhões de pessoas? Com, neste momento, 13 milhões de desempregados, não sei quantos subempregados, quais vão ser os dínamos para mudar isso? E entendendo por dínamo não só a produção, mas a cultura também. Quais são os valores? Você vai acreditar no quê? Até que ponto você vai realmente achar que a realização de um projeto de país é algo que faz sentido para cada um? Como o que tem sentido para cada um pode resultar nesse projeto de país?

Eu venho da geração que acreditava no que mencionei antes: fecha o mercado, aumenta o Estado, e ele faz isso ou aquilo. Mas também venho de um setor dessa geração que teve uma visão do mundo. Trabalhei fora do Brasil, dei aulas em muitas universidades, tenho contatos. Sabemos hoje que o modelo de minha juventude precisa mudar, ele não cabe mais.

Não dá para ficar pensando que a história transforma as pessoas, as situações. É preciso projetar como você vai fazer e se convencer de que isso é bom. Não é fácil, pois as pessoas acham que bom é o que já foi, acham que o futuro é sempre incerto, e qualquer passo é uma aposta. Esse é o desafio. Sem uma visão mais ampla do futuro, você fica preso ao dia a dia, e o dia a dia é só confusão, a gente tem de enfrentar a confusão, não dá para escapar, mas ao mesmo tempo tem de ter o olhar mais adiante, como faço para chegar lá? Não vou falar de ponte para o futuro porque vai parecer coisa do governo Temer, mas temos de fazer uma ponte para alguma coisa, temos de criar, acreditar, esse é o desafio.

Aqui foi dito de várias maneiras que temos alternativas, tanto ao pensarmos a sustentabilidade, na questão da produção agrícola, que é crucial, como no setor de geração de energia. Temos muitas opções. O que falta, então?

Falta certa continuidade a noção de que é preciso pensar a longo prazo, de que a responsabilidade não se esgota no momento, se transmite de uma geração para a outra. E isso falta em nossa cultura, em nossas instituições, em nossa vida política. A noção de que tais problemas não se esgotam no curto prazo, que dependem do longo prazo, para não falar das ameaças maiores de sustentabilidade. Portanto, é fundamental buscar algum caminho de continuidade. E não vamos encontrar isso se não tivermos instituições melhores e lideranças melhores. Estamos vivendo um momento de descrença na ação das elites, mas temos que acreditar na possibilidade de criação de elites competentes.

A elite não é formada por aqueles que têm riqueza, há vários tipos de elite. No caso aqui, são elites de todo tipo, elites na pesquisa e no desenvolvimento, elites políticas, elites econômicas, elites empresariais. Mas elas têm de ter o mesmo espírito, ter visão, responsabilidade histórica, visar um período longo, ter método e saber se organizar para chegar lá.

Tem-se de ter paixão, temos que ser movidos pela paixão. Precisamos fazer com que se dissemine por toda a sociedade esse espírito de construção, de amor pela pátria, de vontade de realizar e construir. A nação é complexa, tem interesses contraditórios, mas é possível conciliá-los em função de um interesse maior. O líder político tem que ter a capacidade de buscar pactos, buscar consensos que permitam avançar. Não vai dar para contentar a todos, mas temos de formar uma maioria. E ninguém é capaz disso se não tiver uma visão, um pensamento, uma ação. É o que está faltando nesse momento.

No Brasil se costumava falar muito em projeto, dizer que falta um projeto nacional. No sentido antigo, um projeto não era verdadeiramente nacional, se fosse era algo definido por uma elite no poder. Na verdade, o projeto nacional se define no âmbito das várias elites da sociedade, ou seja, em função do mínimo denominador comum que une o conjunto de interesses da sociedade, um mínimo que possa ser expresso por uma liderança política, incluindo pessoas, partidos, organizações sociais em geral, e que permita dar um rumo ao país. Nós ziguezagueamos um pouco nessas questões.

Dei o exemplo patético de quando sabia existir gás na Bolívia, e, não obstante, a dúvida paralisou uma decisão por algum tempo, não é? Porque há incapacidade de ver para onde vai a força principal. Com os elementos aqui mencionados não é difícil dizer intelectualmente qual é o rumo, mas politicamente não é tão fácil. Porque, em termos políticos, não basta dizer que tal coisa é verdade. A questão é como transformar os comportamentos que afetam interesses. E no caso da energia, por exemplo, estamos diante de um problema que tem a ver também com a eficiência geral da sociedade. Na crise hídrica recente, causada pela falta de chuva, não se pensa no reúso da água, que é uma coisa mais ou menos óbvia. Dado que os recursos naturais são limitados, e que tanto a população como o consumo estão crescendo, como se resolve isso, senão buscando formas inovadoras de reutilização de processos, de produtos etc. etc.? E, não obstante, nessa crise ninguém pensa no reúso, que é um processo produtivo.

Ainda não conseguimos fazer com que haja uma espécie de permeabilidade entre os processos de decisão, que são políticos, os processos de produção, que são econômicos, e os processos de consumo, que são sociais. Aí está o nosso desafio, e é por isso que acho importante vocês se capacitarem para que possamos seguir com mais velocidade na utilização mais racional dos recursos disponíveis.

Capítulo 4

Onde pulsa o Brasil

Países não nasceram para dar certo, às vezes dão, em outras ficam para trás; sendo assim, não é possível desperdiçar as oportunidades. E é essa sensação que aflige um pouco no Brasil, a de oportunidades que se perdem.

Fernando Henrique Cardoso

Sintonize: os novos pioneiros na terra de contradições

Daniela de Rogatis

Vivemos com um sentimento contraditório raramente explicitado: de um lado, a percepção de que somos grandes e poderosos. De outro, a dimensão comparativa de nosso atraso, deixando-nos confusos e sem referências. É como se houvesse uma história oculta, uma pulsão desconhecida que não nos permite desvendar a verdadeira força e vencer os desafios da inserção de nosso país no desenvolvimento mundial.

De um lado assistimos ao resultado do atraso e, de outro, insistimos na ideia de que há uma saída. Há exemplos de excelência que nos mostram a qualidade e a força dos indivíduos de nosso país e que ilustram o avanço de que o Brasil é capaz. Mas por algum motivo estamos treinados a ignorá-los.

A narrativa convencional coloca o Brasil como uma colônia de exploração, desprovido de meios para avançar e dependente eterno do Estado. É a imagem de nosso atraso. No entanto, há hoje a possibilidade de uma releitura de nossa história, uma releitura que reconhece no espírito do brasileiro uma força de construção do país e um fator de crescimento, justificando nossa impressão de grandeza.

As pesquisas do historiador Jorge Caldeira, resumidas no livro a *História da riqueza no Brasil: cinco séculos de pessoas, costumes e governos,* trazem a visão daquele brasileiro comum: criativo, vigoroso e dedicado ao trabalho, à produção e ao comércio que, com sua atividade empreendedora, gera crescimento. Caldeira apresenta o valor da pequena unidade produtiva na construção da base econômica brasileira.

São pessoas comuns que fizeram e fazem a produção da riqueza em nosso país. É um erro ver somente na grande empresa o dínamo da economia brasileira, quando foi a base ampla e produtiva das pequenas propriedades que gerou o crescimento e o desenvolvimento brasileiro. Se ignorarmos a realidade prática de nossa história, não conheceremos a força invisível de nossa sociedade, o espírito das pessoas, os empreendedores que escancaram a vontade de um povo por construir a si próprio, e acabaremos por negligenciar políticas que ajudem a acelerar esse desenvolvimento distribuído.

O estudo de Caldeira também esclarece os momentos e movimentos que nos legaram o atraso e escancara nossa dificuldade de participar da dinâmica econômica com uma cabeça global, de fazer valer essa compreensão de que é importante nos integrarmos aos movimentos dos outros países. Foi justamente a relutância em mergulhar de vez na globalização capitalista que nos atolou em períodos de estagnação.

O Brasil deixou de olhar para fora, deixou de participar do fluxo global de desenvolvimento, se fechou em si mesmo. Mudanças aconteceram no resto do mundo e não as acompanhamos. O mundo reconheceu e participou da revolução do capitalismo, conheceu um novo padrão de crescimento do qual o Brasil optou por ficar distante. Não só não nos globalizamos, como caminhamos por vezes no sentido contrário, apostando em ideias como a do "conteúdo nacional", que nos limitam ao nosso próprio atraso ao não permitir o fluxo das ideias, das tecnologias e, consequentemente, do desenvolvimento.

Aprender com os próprios erros é um processo longo e vagaroso. Avança mais quem olha não só para a própria experiência, mas também para a dos outros; quem é capaz de aprender com o erro alheio. O Brasil, muitas vezes, optou por se fechar e incorrer em erros de percurso conhecidos e plenamente evitáveis de uma perspectiva internacional.

A abertura nos causa medo. Temos a impressão de que não podemos nos abrir, de que não saberemos competir, de que não teremos condições de evoluir nossas estruturas produtivas e acompanhar o desenvolvimento dos outros países. Isso se deve a uma visão limitada das nossas capacidades. A imagem que temos do brasileiro é a de alguém desprovido de talento e competência para gerar riqueza, cuidar dessa riqueza e revertê-la em benefício ao país.

LEGADO PARA A JUVENTUDE BRASILEIRA

Olhamos para os nossos 200 milhões de habitantes apenas como uma massa de consumidores. Ao pensar nossa economia, essa é a tônica dominante: a magnitude de nosso consumo como motor da economia, razão pela qual seria possível nos fecharmos e orientar a nossa indústria para o atendimento dessa demanda interna. Isso é um equívoco, uma vez que nossa acumulação de riqueza é baixa, e, portanto, não existem recursos suficientes para produzir uma indústria vigorosa e moderna em todas as frentes. Somos muitos, mas não somos ricos. Precisamos, enquanto sociedade, aprender a enriquecer. Nesse processo, o consumo é uma consequência. Se ele vira o objetivo único, temos nossas velhas conhecidas inflação e destruição de capital. Sacrificamos o futuro em nome de uma fugaz prosperidade no presente.

Chega de ver o brasileiro como mero consumidor, como eterno índio em busca de espelhinhos (mesmo porque os próprios índios foram e são muito mais do que isso). Nossas pessoas são elementos de nossa força produtiva, capazes de trabalhar, de produzir e de gerar valor e riqueza. São a força motora que pode dinamizar a economia, se tiverem acesso aos meios adequados. Falta dar a esse potencial a devida importância e alinhar as políticas nacionais para facilitar a geração de valor, muito mais do que políticas que estimulem o consumo, que é consequência — aí sim, duradoura — do investimento e do acúmulo de riqueza.

É admirável a capacidade do empreendedor nacional. Especialmente do pequeno e do médio, por sua resiliência de levar adiante negócios em cenários recessivos e vencer todo tipo de amarra e entrave de um sistema que parece feito para sabotá-lo. Para ser bem-sucedido, ele se vê obrigado a administrar todo um conjunto de variáveis desconectadas da produção e do comércio, que compõem o dia a dia da vida econômica no Brasil, e que vão desde a selva de legislações, regulamentações e impostos à precária rede de infraestrutura, à dificuldade de acessar tecnologia e à baixa qualificação da mão de obra. Aqueles que conseguem vencer as barreiras dos negócios nacionais e criam empresas capazes de avançar internacionalmente enfrentam todo tipo de dificuldade na competição por causa da legislação, dos tributos e das estruturas de logística e administração que precisam enfrentar. Precisam ser excepcionalmente produtivos para se tornarem competitivos globalmente.

O próprio espírito empreendedor paga o preço de nosso sistema fechado, que acaba gerando uma contradição. Empreendedores e empresários, que deveriam apostar na força criativa e na concorrência, muitas vezes se rendem ao desejo de se acomodar.

Trata-se de um conjunto de pessoas e organizações que subvertem a ordem capitalista, que acumulam riqueza não como prêmio pelo sucesso e pelo risco que tomam ao investir, mas como resultado garantido de se fechar. Foi nessa proteção que se organizou o ciclo do atraso, que impossibilita os avanços que garantiriam ao Brasil competitividade e capacidade de ingressar nas cadeias globais de produção. Uma faca de dois gumes, que, ao proteger a indústria nacional, ao mesmo tempo a atrasa.

Vamos precisar abandonar a nossa visão mais acomodada da produção de riqueza e a lógica de procurar soluções seguras, estabilidade garantida pelo Estado, e caminhar para uma organização produtiva mais orientada para o empreendedorismo, para a produtividade, para a criatividade, para a inovação em sintonia com o passo do mundo. O que precisamos revisitar em nossa sociedade é a ideia do empreendedorismo como aspiração.

O papel do Estado aí será implementar políticas que favoreçam o desenvolvimento, que criem um ambiente competitivo e livre, que procurem dar dinâmica para que possamos participar tendo em vista não somente as demandas de nosso país, mas as oportunidades do globo. Para isso, ele terá que fazer valer um marco legal eficiente, garantir o fornecimento — direto ou indireto — de infraestrutura atualizada e investir, quando necessário, no processo de geração de conhecimento e pesquisa de base.

O Brasil vai precisar de uma geração de jovens que escolha encerrar as contradições que orientam historicamente nossas políticas e nos mantêm presos ao atraso. Gente com conhecimento e coragem, com disposição de trabalhar, reconhecer seus méritos e suas fraquezas e buscar soluções que criem uma nova dinâmica entre conhecimento, tecnologia, mercado e indústria.

Temos a dinâmica do setor de agronegócios para nos inspirar e dizer que é possível, para nós brasileiros, empreender com magnitude e competitividade globais. Vamos precisar que nossos jovens, talentos empresariais e científicos que aqui se desenvolveram, encontrem um ambiente para fazer sua contribuição em nosso país, e que aqueles que tiveram a oportunidade de estudar fora aprendam com os que estão a nossa frente e tenham a coragem e disposição de retornar à casa e trazer o conhecimento adquirido no exterior para dinamizar nossa realidade.

Em paralelo, temos a oportunidade de olhar para nosso patrimônio nacional, os ativos que temos disponíveis no Brasil e que são alinhados à economia do século XXI, que permitem um desenvolvimento econômico sem que se entre em choque com a proteção da natureza, em que as atividades desenvolvidas possam levar nosso valor para ser ofertado ao mundo, respeitando os conceitos mais modernos da sustentabilidade, um desenvolvimento que dependerá de criarmos políticas, ambiente, condições e capacidade para empreender já na base tecnológica.

Estamos em busca dos novos pioneiros: aqueles que sabem olhar para o patrimônio nacional, transformar a aula de geografia em plano de geração de valor, que têm coragem de investir em tecnologia e produzir aqui as inovações, oferecendo o que temos de melhor para um mundo que neste momento busca tudo aquilo que temos para oferecer.

Temos nas mãos a oportunidade de equilibrar o tema do emprego, que será uma das grandes crises deste início de século, por meio da combinação da recuperação do atraso com o salto para o século XXI. Precisamos de uma geração que tome esse projeto nas mãos e, à revelia das políticas do atraso, rompa as barreiras e desenhe o trampolim que lançará o Brasil à frente. E como tem repetido o presidente Fernando Henrique: "Uma geração que não permita mais ao Brasil perder o bonde da história."

As pessoas e a construção do futuro

Fernando Henrique Cardoso

Tenho procurado traçar um retrato do que foi em grande parte a luta para promover as capacidades para que o Brasil aproveite seu potencial. Vou começar fazendo referência a um tema frequente nas conversas: o de que o Brasil sempre privilegiou mais o Estado. Há mais de cinquenta anos, escrevi um livro intitulado *Empresário industrial e desenvolvimento econômico no Brasil*. Foi minha tese de livre-docência, que defendi em 1962. Naquela época, assim como hoje, o que se discutia era o papel do Estado, o papel do empresariado, o papel do capital estrangeiro, e se era possível haver uma atuação relevante de cada um desses atores.

Havia uma visão tripartida: uns vislumbravam apenas uma saída, que era o Estado dar a mão aos empresários nacionais e, além de mantê-los sob controle, oferecer condições para que crescessem; outros diziam que não, que a saída única era mudar tudo isso, abolir a propriedade privada; por último, havia os que diziam que nem uma coisa nem outra, mas que talvez com o apoio estrangeiro fosse possível avançar.

A ideia por trás disso era que os empresários nacionais têm opções: eventualmente eles poderiam se aliar ao povo contra o poder do campo, o pessoal da agricultura que era considerado atrasado pelos que assim pensavam; ou poderiam se aliar ao povo contra o imperialismo, contra o capital estrangeiro. Essa era a visão predominante nas décadas de 1950 e 1960, período no qual o Brasil começava a exibir seu potencial econômico no setor urbano industrial, colhendo os frutos das guerras mundiais, que interromperam o fluxo de comércio mundial e provocaram enorme proteção à indústria nacional. A guerra interrompeu ou prejudicou o fluxo do comércio internacional, a opção era produzir aqui mesmo o que necessitávamos, uma vez que os navios estavam sendo torpedeados, as mercadorias não chegavam e os países exportadores se dedicavam mais e mais à produção bélica. Com isso, abriu-se um espaço para a produção local, que ficava naturalmente protegida, não precisava nem mesmo de uma taxa de câmbio favorável.

Os grandes empreendimentos nacionais — como, por exemplo, a Companhia Siderúrgica Nacional, criada em 1941 — mostram a dificuldade desse processo de desenvolvimento. De início, Getúlio tentou fazer algo com capitais internacionais. Conversou com os americanos, para que a United States Steel Corporation investisse no Brasil. A empresa, porém, relutou, pois considerava o Brasil um bom mercado consumidor, mas não um local de produção. Por outro lado, os alemães tinham também uma grande empresa no setor siderúrgico, a Krupp. E Getúlio acabou jogando com os dois adversários, fazendo de conta que se aproximava ora de um, ora de outro, a fim de extrair alguma vantagem. No fim, firmou uma aliança com os Estados Unidos e articulou um empréstimo para a criação da Companhia Siderúrgica Nacional.

Na verdade, havia pouco interesse dos empresários internacionais em investir na indústria local: estavam concentrados em outras atividades, na exploração de minérios, no comércio ou produção agrícola, café, gado etc. Não havia apetite externo para investir na indústria, e não se acreditava que fosse vantajoso, ainda assim fizemos alguma coisa. Tínhamos, por exemplo, um setor têxtil significativo, chegamos a exportar tecidos, conseguimos que as pequenas oficinas se transformassem em indústria, e já nos anos 1950 e 1960 aparecia claramente que o Brasil tinha um potencial grande, embora houvesse muitas dúvidas sobre como iríamos levar adiante esse processo.

O governo Juscelino, no final dos anos 1950, avançou em vários setores, fez acordos com empresas estrangeiras, implantou a indústria automobilística, tentou uma indústria naval, criou um fundo para o desenvolvimento, entre várias tentativas para consolidar um setor industrial. Havia a possibilidade de desenvolver a base industrial. Os capitais estrangeiros ainda não tinham a ver com a globalização, pois as empresas, então chamadas de multinacionais, estavam apenas começando a seguir nessa direção.

Ao mesmo tempo, o processo político avançava firme em direção das mobilizações de massa, e com a industrialização passou a haver presença mais ativa dos trabalhadores e a organização das grandes greves. Essa movimentação desembocou no populismo, quando alguns setores políticos

LEGADO PARA A JUVENTUDE BRASILEIRA

se deram conta de que, além das classes tradicionais (a classe média e o empresariado urbano e rural), havia uma nova massa urbana. Perceberam que podiam apelar para essa massa.

Esse processo havia começado com Getúlio Vargas. Seu ministro do Trabalho, Marcondes Filho, em suas aparições no rádio, quando transmitia a *Hora do Brasil*, dizia "boa noite, trabalhadores do Brasil". Uma vez por ano, no estádio do Vasco da Gama, no Rio, ele próprio, Vargas, repetia sistematicamente a frase "trabalhadores do Brasil". Getúlio era um homem do campo, fazendeiro, foi ministro da Fazenda, depois presidente da República, não era propriamente o tipo moderno, atual, de populista, mas fazia questão de se dirigir a uma camada que não era dominante, a dos trabalhadores. Seu sucessor político, João Goulart, acentuou ainda mais o apelo à massa urbana como base de poder. Essa massa cresceu com a migração do campo: as cidades explodiram, ruindo as administrações anteriores, que sucumbiram diante da demanda dos recém-chegados. Não havia escolas nem hospitais suficientes, tampouco saneamento e pavimentação, e surgiu uma demanda crescente para que se fizesse algo; o Estado a partir daí tomou uma série de medidas nessa direção.

A situação mundial estava confusa. Encerrada a Segunda Guerra, entramos de cara na chamada Guerra Fria. Havia a União Soviética, a China e o sonho, que parecia possível, de acabar com o sistema capitalista — tudo era muito complexo e os temas apareciam misturados. As duas coisas em paralelo, a explosão urbana e a confusão do mundo, sustentavam a hipótese de que poderia haver uma transformação mais profunda em nossa sociedade. Havia a expectativa, por parte de alguns, de que o governo aliado ao povo acabaria com o controle privado da produção e lutaria contra os latifúndios e o imperialismo, ou o país não iria para a frente. Já outros achavam o contrário, que era preciso parar com essas alianças com os populistas. Para se ter uma dimensão da confusão, imaginava-se que estávamos à beira de uma revolução socialista, sob a liderança de Jango Goulart, que na verdade era um fazendeiro bastante ligado às forças conservadoras. Por mais contraditório que possa parecer, essa era a visão política da época, que provocou uma agitação tremenda e acabou levando ao golpe de 1964.

Foi esse o contexto da minha pesquisa sobre os empresários nos anos 1960. Eu tinha formação sociológica e lera alguns livros importantes sobre o papel do empresariado, notadamente de um austríaco chamado Schumpeter, além de outros estudos sobre o que significava ser empresário. E fui conversar com vários deles, alguns dos quais eram líderes do empresariado nacional.

O empresariado no Brasil é bastante diverso desde sua origem, e nós já tínhamos grandes empresários no Brasil colonial. Quem ler os livros do historiador Jorge Caldeira vai verificar que o Brasil tinha uma estrutura produtiva bastante avançada e que o espírito empreendedor vem de longe. Por exemplo, no século XVIII, o homem mais rico de São Paulo era o barão de Iguape, da família Silva Prado, que vivia do financiamento do comércio de mulas, na feira de Sorocaba, em São Paulo. Se havia famílias tradicionais com empresários, o certo é que a classe foi primordialmente formada pelos imigrantes. Primeiro, os alemães, que vieram na época do Império, trabalhavam em colônias agrícolas e receberam terras no Rio Grande do Sul. Depois, os italianos, espanhóis, portugueses, japoneses etc. Embora tenham vindo para ficar no campo, os imigrantes, sobretudo com a crise de 1929, e mesmo antes disso, foram se mudando para as cidades, onde se tornaram comerciantes e acumularam riqueza.

Houve uma ascensão social importante e o grosso do contingente que formou a "classe média" se aninhou na administração pública. Outro grupo, entretanto, dedicou-se à indústria. A formação do empresariado, no caso da indústria, foi muito diversificada. Além dos imigrantes, ocorreu outro fenômeno, que, embora pouco conhecido, está documentado: muitos agricultores se transformaram em pequenos empresários industriais. Uma classe com pouca noção da sua inserção e importância social e que, pouco a pouco, acabou se integrando na sociedade mais ampla, até que, a partir de certo momento, alguns passaram a participar da cultura dominante e do ápice da sociedade.

Por definição, empreendedores são aqueles que inovam. Porém, na tipologia de Schumpeter e de outros, a inovação estava relacionada aos trabalhos na fábrica. O capitão de indústria inova, mas não vê além da fábrica, dele mesmo e da sua família, no máximo dos vizinhos, ou seja, tem uma visão restrita. A inovação no nível da fábrica não é nada trivial. Organizar um processo produtivo viável é uma conquista tremenda. Não basta recorrer aos conhecimentos tradicionais, é preciso inovar, criar, aumentar a produtividade, baratear o custo de produção, buscar uma margem maior de resultado, porque, se não há aumento da produtividade do trabalho e do capital, o negócio não tem sustentabilidade de longo prazo e a empresa morre.

A certa altura, esse horizonte limitado do capitão de indústria começa a se abrir. O empresário vira chefe de uma organização maior, vai além do chão da fábrica, ou da fábrica do vizinho, ou do negócio da família. As questões de organização são tão importantes quanto as de inovação tecnológica, e requerem uma perspectiva mais abrangente. O empresário tem de dar um passo adiante, compreender que não está isolado, que não dá para separar a produtividade da fábrica da produtividade global do país. Ou há condições gerais que permitem a todos avançar ou ninguém avança. É esse momento que pede um novo tipo de gente e de liderança, capaz de uma visão mais ampla.

Na época em que escrevi o livro sobre os empresários industriais, já havia gente com essa visão, mas eram poucos. No passado, levou um tempo para que os líderes empresariais se congregassem, o que só aconteceu com a criação da Federação das Indústrias, em São Paulo. Eles começaram por se organizar corporativamente, para defender seus interesses enquanto produtores, enquanto classe. Passaram a dizer que precisavam de condições para trabalhar e começaram a definir condições para que as coisas funcionassem melhor e dessem certo.

Convém ressaltar outro ponto: essas lideranças provêm de pessoas que ampliam o horizonte, que não estão apenas liderando dentro da sua fábrica ou da sua organização, mas atuando com perspectiva mais ampla, que inclui a sociedade, a política, o governo, o Estado. Quando fiz a pesquisa, predominava a visão que se provou não ser verdadeira: a de que existia uma separação nítida entre grupos dominantes da sociedade. O campo e a cidade, os empresários nacionais e os internacionais. Não foi o que afinal se constatou. Não havia — como se supunha e como nos queriam fazer acreditar os críticos da situação — uma separação tão rígida de ideais, o capital já estava bastante integrado. E mesmo com respeito às empresas estrangeiras, as opiniões não eram tão polarizadas entre os interesses nacionais e os estrangeiros. Havia, como até hoje, a ideia de que todo país deve procurar saber qual é o peso relativo dos produtores nacionais e apoiá-los, mas não a repulsa aos estrangeiros.

No caso do setor industrial brasileiro, os líderes queriam fortalecer a indústria nacional, e para tanto queriam a proteção do Estado com taxas cambiais favoráveis, assim como acesso a financiamentos, juros subsidiados e barreiras para a instalação de competidores. A defesa do fechamento da economia era muito comum, muito generalizada: era uma concepção partilhada por muitos setores e, em alguns casos, vigente até hoje. Por outro lado, também havia grupos que afirmavam ser necessário maior grau de competição, que o excesso de intervenção por parte do Estado impediria um processo de desenvolvimento e produziria distorções de outra natureza, como burocratização etc.

De qualquer maneira, o ponto crucial é que havia muita dificuldade para se entender que o exercício efetivo da liderança deve incorporar uma dimensão social e uma dimensão política mais ampla. A política vem primeiro, em geral de maneira canhestra, com o esforço para eleger um deputado ou um senador amigo. Em certos casos, envolvendo corrupção, que não é algo exclusivo do Brasil, mas um fato global. Obviamente isso não a torna aceitável ou legítima.

Na época da minha pesquisa, entre 1962 e 1963, havia um relacionamento incipiente entre os empresários e o mundo político; poucos tinham atuação política mais organizada e presença política mais forte. Porém, o empresariado como um todo já começava a formular e a explicitar suas posições por meio das federações e confederações de indústria. No Estado Novo, o regime ditatorial implantado por Getúlio Vargas em 1937, o empresariado já tinha íntima ligação com o governo, assim como a concepção do Estado como protetor de suas atividades. A partir de 1964, essa concepção se evidencia, de forma mais ampla, no decorrer do regime militar. Quer dizer, havia ligações entre os setores produtivos e o governo, que se constituíram de forma interdependente.

Mais adiante, no fim da década de 1970, quando se inicia a abertura política, de alguma maneira, surge uma nova geração de líderes empresariais, suscitados pelas lideranças políticas a opinar e a participar. Surgiram com mais força os nomes Ermírio de Moraes, Moreira Salles, Bardella, Lafer, Klabin, Setúbal e tantos outros. Um jornal da época, *A Gazeta Mercantil*, equivalente ao atual *Valor Econômico*, fez uma votação sobre os dez maiores líderes empresariais do Brasil. Os dez eleitos acabaram vestindo a camisa e passaram a atuar como líderes nacionais. No final do governo Geisel, muitos desses empresários passaram a criticar a ditadura e a se convencer de que era preciso outro regime político, com maior participação do povo na vida política.

No Brasil, o Estado sempre teve um peso muito grande no jogo do poder, mas nunca foi inteiramente dominado por um único setor da sociedade. Não da maneira como ocorreu em certo período nos Estados Unidos, quando era nítido o predomínio do capital financeiro e do capital industrial. Aqui sempre houve uma situação mais diversificada: houve um momento em que os militares tiveram muito peso, os juristas sempre tiveram muito peso, a classe média, por consequência, sempre teve algum peso, e, mais recentemente, a população em geral tem seu peso por causa do voto. Então, quando se ouve falar em lideranças empresariais, isso não significa que se esteja falando de uma classe hegemônica no poder. Mais recentemente, quem almejou tal hegemonia não foram os empresários, e sim os trabalhadores, ou melhor, o Partido dos Trabalhadores.

Importa ressaltar que ser líder, ter uma liderança empresarial, deixou de ser algo definido por inovações na fábrica, no comércio ou nas finanças, ou seja, não é só inovar na tecnologia, na organização, na forma de atendimento — é isso e alguma coisa mais. É preciso ter uma visão do país, uma visão que integre o papel de empresário no contexto maior da sociedade. Aos poucos, os empresários nacionais passaram a sentir responsabilidade pública, a compreender que não dá para crescer sem levar em conta os outros setores — ou o país todo melhora ou não avançamos como devemos. Em uma concepção atualizada, não basta ter uma visão da política nacional, é necessária uma visão da sociedade. Mais do que isso, não basta ter uma visão, tem-se de agir em função dela, essa é a transformação mais recente. Há responsabilidade social, e esta se reflete na prática.

Hoje, toda empresa inclui em sua missão algo sobre responsabilidade social, nem que seja da boca para fora, pois um bom empresário tem de estar atento ao que a sociedade precisa, ao que ela espera do setor produtivo. Estamos em pleno processo de transformação, e cada vez mais essas dimensões da política, sobre o que vamos fazer com o país, de como vamos construir um país melhor, passam a formar parte de nosso ideário. E esse processo acontece concomitantemente com o da globalização, ligado diretamente à revolução tecnológica nos meios de comunicação, nos transportes, no sistema financeiro.

Os governos têm menos capacidade de controlar o conjunto de ações que ocorrem no plano global, embora disponham de alguns meios de controle ou de influência. E a progressiva globalização das empresas será um desafio grande para o Brasil. Cada vez mais há empresas nacionais que passam a operar em nível global, algumas até transferem o comando para fora do país, às vezes por questões fiscais, às vezes por razões de eficiência, mas, de qualquer modo, trata-se de um tremendo desafio.

Não podemos continuar presos às visões obsoletas de que é possível caminhar de forma isolada, de que abrir o país para a realidade da globalização significa que estamos nos vendendo aos dragões internacionais e a crer que não temos capacidade de nos tornar competitivos. Tal concepção, na qual os movimentos da globalização são vistos pela lente de um nacionalismo atrasado e pouco adaptado à realidade, não nos leva ao futuro. Não se trata de debater se o Brasil está ou não sendo "vendido", o que seria inadmissível; trata-se de outra coisa: ou o país se integra, e com vantagem, na economia global, ou fica isolado e, nesse caso, perde o bonde da história.

No passado, o Brasil cresceu em função do isolamento, sobretudo após o fechamento do mercado global pela Segunda Guerra. Mas agora a situação mudou, e quem fizer a mesma coisa vai perder o fluxo do mundo, pois a produtividade depende da dinâmica gerada pelas novas tecnologias, que não estão localizadas num único país, mas dispersas pelo mundo. Isso não quer dizer que não existam assimetrias a serem levadas em conta. Hoje, quem controla o capital e a capacidade criativa são os que imprimem o ritmo à dinâmica global — e esta é a realidade que temos de enfrentar.

Se quisermos que o país tenha peso, será preciso aumentar a nossa capacidade tecnológica e de acumulação. Não há como escapar disso. O que a China fez? Copiou muita coisa, ainda não inova completamente, e aumentou muito sua taxa de acumulação, agora tem um capital financeiro gigantesco e começa a inovar. Ou seja, não adianta não ver a realidade, dizendo que está tudo errado com o modelo do mundo, com a realidade global. É melhor e mais eficiente nos prepararmos para participar ativamente das dinâmicas globais. E não se trata apenas de uma interação das empresas entre si, mas também das nações, dos povos.

Em função disso, deveríamos estar muito mais preocupados com a qualidade de nossa educação. Estamos produzindo gente competente? Sem gente competente, como vamos reunir as condições para competir com êxito? Isso não quer dizer que as empresas vão acabar, mas vão ser internacionalizadas, as grandes se internacionalizam mais e perdem interesse pelo que está acontecendo localmente. É natural. Não é o melhor. O melhor é você tentar fazer com que o conjunto avance.

Claro que o Brasil tem um interesse distinto do interesse dos chineses, dos colombianos, americanos ou dos europeus. Entretanto, diferente não quer dizer contraditório. E todos os países têm de defender seus interesses no plano global. Os interesses nacionais continuam a existir, mas de outra maneira. Enquanto antes você fechava o mercado para assegurar seus interesses, hoje não dá mais. Então, como fazer? Aumentar a tecnologia própria, olhar a questão das barreiras não tarifárias, como as sanitárias, tipos de financiamento, as tendências cambiais, enfim, estar o tempo todo acompanhando com atenção o que está acontecendo além do próprio umbigo, além da fábrica.

Hoje, a liderança empresarial é muito mais complicada do que foi no passado. E já era complicada nas circunstâncias da época, mas agora é muito mais difícil entender o que está em jogo. E é preciso entender com base no que foi feito no passado. Se você não conhece a história, se não tem noção do processo, também não consegue imaginar o que vem pela frente. Mas se você ficar olhando só para trás, para a tradição, também não vai dar certo. Precisamos combinar as duas perspectivas.

No mundo contemporâneo, a função principal é lidar com pessoas, é preciso entender isso, não se pode pensar que se vai conseguir fazer tudo. Temos que saber lidar com os outros, o que requer algum jogo político. Não político-partidário, não político no sentido eleitoral, mas tem-se que entender os interesses que estão em jogo, como compor ou não seus valores e interesses com os valores e interesses dos outros. Essa dimensão da vida contemporânea é muito mais complicada do que foi nas gerações anteriores. Ao mesmo tempo, é mais fácil porque há mais informação que pode ser adquirida. Nenhuma empresa hoje é autossuficiente, mas ela pode contar com fontes de apoio, de informação, de conhecimento, não apenas em termos locais, mas no mundo todo.

Quando estava na Presidência, me lembro de que houve uma crise grande no setor de calçados, e em parte a responsabilidade era minha porque tínhamos reduzido as tarifas para aumentar a competitividade. Alguns vieram reclamar. Mas já havia empresas brasileiras produzindo na China, com desenho desenvolvido aqui, para vender no mercado dos Estados Unidos. Não era mais a dinâmica do passado, em que as medidas e os efeitos eram locais. Hoje você faz o desenho, manda produzir na China, vende nos Estados Unidos, e o capital vem para cá. E depois você faz o que quiser. Claro que nem tudo é assim, mas em muitos setores é o que acontece.

Onde está a tecnologia? O know-how? Isso é o que conta. A acumulação de capitais e o processo de produção podem ser dispersos, e, sendo assim, como é que você compete, como avança, como inova? É assim que o mundo funciona hoje, para o bem ou para o mal. Não adianta querer voltar para o passado. Temos de olhar para o que virá, para o futuro. O que vai requerer cada vez mais visão, entendimento do processo, atenção para a direção dos ventos. E, como eu disse: os países não nasceram para necessariamente dar certo; às vezes dão, em outras ocasiões ficam para trás; sendo assim, não é possível desperdiçar as oportunidades. E é essa sensação que nos aflige no Brasil, a de oportunidades que se perdem. Podia ser melhor. E por que não foi? Temos que analisar, temos que fazer um exame permanente.

Recentemente, depois de 2014, levamos um choque com a taxa de crescimento negativa. Estávamos acostumados a reclamar muito quando a taxa média de aumento anual do PIB era de 2,5% a 3%, achávamos péssimo, e agora são três pontos negativos. Aí nos assustamos. E quando isso dura dois, três anos, pior ainda. Na década de 1970, nós brasileiros criticávamos muito a Coreia, porque, com visão nacionalista, estatista e desenvolvimentista, achávamos que a Coreia não passava de uma plataforma de exportação, e que o bom mesmo era desenvolver um mercado interno forte. Claro que é bom ter um mercado interno pujante, é uma vantagem para ser bem usada, mas ter incentivado o desenvolvimento da tecnologia a fim de exportar e competir não foi prejudicial para a Coreia. Na época, a Coreia não era quase nada em comparação conosco. Hoje, está na nossa frente. E, quando digo nós, me refiro a muitos setores da sociedade, inclusive o governo. Tínhamos uma visão acanhada desses processos. Hoje a gente sabe que também é importante exportar, e não só commodities, mas manufaturas e serviços.

É evidente que um país com 200 milhões de habitantes tem uma tremenda vantagem do ponto de vista de mercado. Mas só se tiver renda, porque o mercado não depende só da quantidade de pessoas, mas, sobretudo, da capacidade de absorção de produtos. E se a renda for mal distribuída, o tamanho da população já não é tão vantajoso. Se muitos tiverem renda adequada, o mercado interno torna-se de fato um elemento

LEGADO PARA A JUVENTUDE BRASILEIRA

importante. Em certos momentos, é vantajoso contar com um grande mercado interno. Em outros, isso pode ser um problema. Quando há desemprego, como é o nosso caso agora, vira um problemão, porque temos 12 ou 13 milhões de pessoas desempregadas, e gerar 13 milhões de empregos é uma tarefa hercúlea.

Tudo isso requer que os empresários saiam da sua casca e atuem com o espírito mais aberto, defendendo o que lhes parece essencial para si e para o país. Em nosso caso, agora, essencial é garantir as condições de competitividade, o que significa melhorar tudo, inclusive a educação e as instituições, sem esquecer a liberdade, porque sem ela não há criatividade e não se avança na velocidade necessária. Hoje, para dar certo no mundo, é indispensável dispor de dimensão política. Se não há consciência da necessidade de criar um clima favorável à inovação, não há como avançar.

No mundo atual, temos de ser multidimensionais, pois é arriscado demais concentrar toda a criatividade numa única área e depois constatar que não se tem como competir nela. Então, é preciso ficar atento ao dinamismo e à pluralidade do mundo. Em outros termos: o empresariado e o empreendedorismo continuam sendo requisitos fundamentais e implicam atualmente em mais trabalho e maior amplitude de vistas do que no passado, pressupõem dimensões que vão muito além da mera capacidade de ganhar dinheiro.

Ganhar e acumular dinheiro continua sendo mais do que necessário, mas outros valores se tornaram igualmente relevantes. É preciso contemplar todas essas dimensões. Isso requer que o espírito empresarial seja mantido e que contagie os outros setores, porque a inovação não depende apenas do empresário. O líder político também tem de inovar; a burocracia tem de inovar. A empresa, o Estado, a família, tudo muda, e tudo requer espírito de inovação. Para tanto, é preciso que haja a disseminação desse espírito criador entre os distintos setores.

Termino com um exemplo singelo. Quando fui ministro das Relações Exteriores, tive de comparecer a uma reunião no Uruguai, em uma organização que discutia regras de comércio entre os países da região. A certa altura, tínhamos de decidir a alíquota de determinado imposto. Eu não entendia nada do assunto, muito menos o ministro da Fazenda. Por coincidência, ou por sorte, estava presente uma senhora que era técnica, e então aproveitei para lhe perguntar como funcionavam as coisas. Ela me explicou. Voltei para o Brasil com a certeza de que não daria para continuar sendo ministro das Relações Exteriores sem manter algum contato organizado com as forças produtivas do Brasil.

Criei um conselho empresarial dentro do Itamaraty. Como alguém recebe a missão de defender o país e não sabe como funcionam as coisas na prática? Você tem de saber. Quer dizer, hoje não é possível governar nem dirigir uma empresa sem ouvir os outros setores. Sobretudo, não dá para governar sem dispor dos conhecimentos relevantes. Não há mais lugar para o amadorismo, a boa vontade e o bom senso são insuficientes em um mundo interconectado e com tantas informações disponíveis.

Isso tudo requer maleabilidade de espírito, num caso, e, no outro, capacidade institucional. E, se você é governo, tem de ter cuidado, porque não pode estar a serviço de um setor particular, de um segmento ou, menos ainda, de uma única empresa. Cabe a você o trabalho de mediação dos mais diversos interesses, e há os que vão ganhar e os que vão perder — é preciso avaliar como fica a empresa, o trabalhador, o acionista, a sociedade como um todo.

Tudo isso pressupõe uma formação cultural muito mais ampla do que a formação que no passado se esperava de um empresário. E como, queira-se ou não, o empresário tem de atuar em âmbito global, ele precisa ser uma pessoa cosmopolita. Agora, não se deve ser cosmopolita e esquecer do local de origem. Ninguém nasce no cosmos, todo mundo nasce num lugar específico, numa família determinada. É preciso ter, ao mesmo tempo, uma visão cosmopolita e reconhecer as próprias raízes — e encontrar uma equação que leve tudo isso em conta.

Em minha opinião, é isso que significa ser empresário atualmente. E não faz tanta diferença ser um empresário nacional ou global ou ser um pequeno empreendedor que dirige algumas pessoas. Não se dirige uma equipe sem convicção, sem inspiração e sem persistência. Por outro lado, essa visão não se traduz nas estruturas hierarquizadas do passado, nas quais um dava as ordens e os outros obedeciam; atualmente as organizações empresariais precisam dispor de mecanismos de comunicação mais horizontais, pelos quais a liderança deve contaminar o conjunto das pessoas com a vontade de seguir em determinada direção.

Capítulo 5

Política institucional: sonhos possíveis e ideais de transformação

*É na base da tentativa e erro, é acertando e errando que a gente vê como **se** preserva a liberdade, as instituições, o movimento social e a individualidade — o que voltou a ser fundamental.*

Fernando Henrique Cardoso

Sintonize: a qualidade dos políticos

Daniela de Rogatis e Joel Pinheiro da Fonseca

Vivemos o ponto mais baixo da história da política democrática nacional. As instituições que a compõem padecem de um descrédito recorde por parte da sociedade. E não é à toa: a política, que supostamente existe para resolver problemas da vida social, hoje em dia não só tem sido incapaz de resolvê-los como também os agrava, ao sugar recursos da sociedade e tomar decisões com base exclusivamente nos interesses de quem ocupa a máquina, que são naturalmente diferentes dos interesses de quem está fora dela.

Originalmente, a política era o âmbito do pensar mais amplo sobre a ordem social: a formulação de leis e medidas que ajudassem a sociedade a caminhar de seu estágio atual para aquele estágio que os cidadãos — no caso da democracia — desejavam. Legislar e governar eram consideradas as mais altas ciências, uma vez que lidavam diretamente com a felicidade — e com a finalidade das vidas — de todas as pessoas. Desequilíbrios estão sempre vindo à tona e exigem uma resposta rápida da política; erros e omissões podem ter consequências drásticas. E, para completar, se a política perdia seu referencial do bem da sociedade — ou bem comum — e passava a pensar apenas em si mesma, transformava-se num fator de degeneração do conjunto: em vez de um governo legítimo, a sociedade ficava à mercê de uma oligarquia ou mesmo de uma tirania — no primeiro caso, um governo que espolia a sociedade em prol dos interesses de classe dos poderosos; no segundo, um governo que torna a sociedade inteira escrava de um único indivíduo. O Brasil de hoje ainda não chegou a esse extremo, mas, se nada for feito, caminha para ele.

Esse modelo clássico nunca foi puro, pois política também sempre foi, ao mesmo tempo e paralelamente, uma coisa diferente: o campo da briga pelo poder dentro da sociedade. O controle da riqueza e das armas sempre atraiu o desejo humano, e era inevitável que quem detivesse o poder de transformar a sociedade também deteria a supremacia social e hierárquica nessa mesma sociedade. As duas coisas sempre andaram e andam juntas. Sempre houve pessoas mal-intencionadas, dispostas a subverter os meios de servir a sociedade para seus próprios fins. Mas também sempre houve aqueles que, preocupados com o bem comum, não deixavam que a política fosse completamente descaracterizada.

No Brasil de hoje, essa noção de que a política pode ser algo mais do que o simples jogo de poder foi perdida. Vivemos uma situação anormal — que, infelizmente, se tornou comum — na qual a troca de apoio por cargos e por emendas parlamentares é o único jeito de governar, e na qual o discurso de um político em campanha — as ideias que ele supostamente seguirá uma vez eleito — não tem mais rigorosamente nada a ver com o que será feito quando chegar ao cargo.

Dada essa base, os escândalos de corrupção de magnitude inédita na história mundial que foram escancarados no Brasil são uma consequência previsível. São o arremate, a chave de ouro de uma estrutura toda ela eivada de interesses venais e mentalidades pequenas, incapazes de, por um momento que seja, colocar os interesses do Brasil na frente da carreira individual, do crescimento do partido ou, quando muito, de uma concepção ideológica estreita e limitadora, que visa a conceder benefícios a uma classe enquanto tira de outras.

Até algumas décadas atrás, fazia sentido ver nos diferentes partidos — PT, PSDB e outros — diferenças ideológicas importantes; ou seja, diferentes visões para os rumos do Brasil. Hoje, nem isso. Os membros da classe política perderam o pudor de mostrar claramente que se reduziram a nada além de despachantes de grupos de interesse.

É natural e esperado que um político tenha que, entre suas muitas atribuições, agir de forma a avançar sua carreira e a acomodar os interesses do partido a que ele pertence. A política jamais será o palco de ações puramente altruístas de seres abnegados. Contudo, é igualmente importante que, em algum momento de sua atividade, na hora de decidir um voto, uma nomeação ou uma medida, o representante dê importância a critérios de uma outra natureza. Que ele seja capaz de sentar para conversar sobre uma certa proposta e, em vez de negociar cargos e apoios,

LEGADO PARA A JUVENTUDE BRASILEIRA

responda estas perguntas: será que esse projeto terá realmente o efeito pretendido? Será que ele atende aos interesses da população? Será que o candidato a preencher essa vaga é quem vai desempenhá-la da melhor maneira possível? Se em nenhum momento o representante se faz esse tipo de pergunta ao formular ou se posicionar perante um projeto de lei, algo está profundamente errado; perdeu-se uma prerrogativa básica sem a qual a política se torna apenas um conflito de projetos, não de nação, mas de poder.

A política no Brasil precisa ser reconstruída. Perdemos qualquer nexo dela com uma visão maior de sociedade. Pelo contrário, as instâncias do poder conseguiram a façanha de apequenar nossas aspirações. Temos sonhos e projetos para o país, até que lembramos que as castas do poder político constituem entraves muitas vezes letais às melhores aspirações, e somos levados a desistir.

O Brasil tem a vocação da grandeza. A vocação a ser um país com desenvolvimento, qualidade de vida, ciência e respeito ao meio ambiente. Para sermos esse país, a política será uma ferramenta essencial. E atualmente o estado dessa ferramenta inviabiliza qualquer mudança. A política no Brasil deixou de ter qualquer relação com a discussão de um Brasil melhor, com a visão de um país possível.

Sem dúvida, o nosso sistema poderia — deveria — ser mais bem desenhado para incentivar condutas virtuosas dos políticos. Contudo, a mudança que queremos só começará a acontecer quando pessoas melhores entrarem na política. Ou os jovens de hoje começam a se engajar também com a política, ou deixaremos como legado uma política ainda pior e mais inoperante do que a que recebemos.

No passado, uma formação mais uniforme garantia que os homens públicos viessem imbuídos de certos valores partilhados e esperados de todos. Honra, senso de dever, apreço pelo bem comum eram algumas das características esperadas de um líder político da sociedade (nem sempre praticadas, é claro). Hoje não podemos contar com essas expectativas. As referências e os valores se fragmentaram e se perderam de tal maneira que um representante quase não precisa mais dissimular intenções venais: se ele está ali, então obviamente está pensando no interesse dos seus e nada mais. Enquanto aceitarmos esse estado de coisas com o cinismo de que nada poderia ser diferente, nada mudará.

Entrar na política é uma decisão difícil. Não é à toa que, desde muitos anos, seja uma escolha vista com maus olhos: o caminho de pessoas suspeitas, de forma alguma admiráveis. Ia para a política quem não tinha encontrado um caminho bem-sucedido e honesto em outras áreas. Por mais que esse tipo de perspectiva faça sentido em um ambiente político corrompido, trata-se de uma perspectiva ultrapassada e limitadora. A política sempre exige bons quadros para representarem bem a sociedade. Em tempos de crise, especialmente, ela exige não raro os melhores indivíduos de uma sociedade.

Ao mesmo tempo, ela não é para qualquer um. Não é só porque alguém é famoso, ou trabalha em um setor que esteja em evidência, que ele deva entrar na política. Ter um grupo de pessoas que ouvem sua mensagem ou entender de uma pequena área da vida social não qualifica ninguém para representar toda a sociedade. Para isso, é preciso tanto a capacidade de um raciocínio mais amplo sobre os problemas e dinâmicas sociais como a disposição de falar com e por todos os cidadãos. É preciso ter uma visão ampla e engajada dos caminhos da sociedade para poder trazê-la à esfera pública.

O jovem que queremos ver na política é aquele que tem clareza de seus ideais e do potencial irrestrito do Brasil, há tantos séculos adiado. Ele entende o funcionamento da realidade e busca seus ideais com propostas calcadas na experiência e nas melhores evidências disponíveis. Ele é alguém que sabe negociar e ceder quando necessário, ciente de que, numa democracia continental como a nossa, diferentes interesses e diferentes propostas terão que chegar a um acordo ao redor de bens consensuais para que todos possam ganhar.

O jovem de que precisamos na política é alguém que tem clareza daquilo em que acredita e que busca. Que não tem medo de tomar partido nas discussões importantes sobre os rumos do país. Ele é alguém que sabe conciliar sua ambição pessoal por sucesso — uma disposição admirável e inclusive necessária para qualquer grande empreitada — com um firme compromisso com o bem comum de toda a sociedade. Mais ainda: que tem no bem geral da sociedade uma parte importante de sua própria realização pessoal.

Por fim, o jovem de que o Brasil precisa sabe liderar com a força do exemplo e da visão que ele projeta para os demais. Ninguém governa sozinho. Qualquer mudança em larga escala exige a cooperação ativa de milhares de pessoas. Para movê-las, é preciso ser capaz de inspirá-las a trabalhar por algo maior. Intermináveis conversas e discussões não têm o efeito que um líder tomado por um grande projeto é capaz de exercer em quem o segue.

LEGADO PARA A JUVENTUDE BRASILEIRA

Não tenhamos ilusões. Muito do velho sistema tentará barrar o avanço do novo. E não adianta se desanimar ou sustentar a ilusão de que dá para mudar o país sem passar também pela política. É uma lei implacável: aqueles que não se interessam pela política serão governados pelos que se interessam. E se forem justamente os melhores de uma sociedade a deixar a política de lado, não é preciso muito esforço para concluir qual será o resultado.

Em alguma medida isso será um aprendizado válido para aqueles que ainda não têm o traquejo e o know-how da articulação e do jogo necessário para conciliar interesses numa realidade de recursos escassos. A renovação pela renovação não é necessariamente uma melhora. A experiência tem muito a ensinar ao idealismo verde dos que se julgam prontos para mudar tudo. A política é uma profissão e assim deve ser pensada. Mas ela é uma profissão que, hoje, encontra-se rebaixada, não por falta de experiência, e sim pela falta de qualquer valor que eleve o olhar para além dos próprios pés.

A máquina da política brasileira é lenta e recheada de interesses menores; para que ela se mova em uma direção, é preciso que lideranças críveis e conscientes de sua responsabilidade tomem seu lugar de protagonismo. Quando a escolha de entrar na política não for mais vista como suspeita e sim como a escolha por uma responsabilidade elevada e admirável, aí sim estaremos no caminho certo. E quando a população puder olhar com orgulho para as lideranças que a representam ou buscam representar, aí saberemos que o Brasil poderá, finalmente, almejar ao tamanho que é seu por natureza.

Utopia viável

Fernando Henrique Cardoso

Considerando que política é muito complexa, para falar dela é melhor começar pelos aspectos mais gerais, para estabelecer a base que vai nos permitir, pouco a pouco, hierarquizar os temas históricos e contemporâneos e explorar as pautas relevantes para a nova geração e para a elaboração de uma visão da política no país.

Em qualquer organização social, desde que haja divisão do trabalho e certa hierarquia, temos uma distinção entre quem manda e quem obedece. Em todas as organizações sociais é assim: na família, nas casas, nas empresas, em toda parte são firmados pactos implícitos para assegurar o funcionamento geral das coisas. Existem regras desse tipo mesmo nas sociedades mais simples, em que não há divisão de classes. Entre os índios tupinambás, nossos ancestrais juntamente com os negros e brancos, havia uma hierarquia — na verdade — uma gerontocracia — com a ordem sendo pautada pela experiência dos mais velhos. Nas sociedades menos complexas, os mais velhos têm em geral um peso grande; mas esse sentido de hierarquia varia de acordo com o contexto: em épocas de guerra, por exemplo, o comando passa dos mais velhos para os mais aptos como guerreiros.

Tanto nas sociedades mais simples como nas mais complexas, é preciso levar em conta a existência de um jogo baseado no cumprimento das regras. Quem é o guerreiro mais capaz? Às vezes, isso é discutível, com muitas opiniões a respeito, e pode até não haver regra para se chegar a um consenso por meios pacíficos, e, no fim, aquele que se impõe e elimina o outro acaba comprovando sua aptidão na prática. Nas organizações sociais mais complexas esse jogo é chamado de política, e está presente em vários níveis da vida, definindo como se distribui o poder, quem manda e quem obedece — e também de que maneira as regras vão se estabelecendo, se consolidam formalmente ou permanecem apenas como tradições, memória. Seja qual for a situação, contudo, o importante mesmo é o entendimento de que se busca a definição e a aceitação tácita e consensual de certas regras para distribuir o poder.

Há muito, as sociedades ocidentais têm um pacto formal que é a Constituição, instrumento jurídico que surgiu na Inglaterra para limitar o poder do rei numa época em que se acreditava que tal poder era de origem divina, sagrada. Ungido por Deus, o rei detinha poderes amplos e irrestritos de ordem mística. A ideia de Constituição vem inicialmente para restringir o arbítrio do monarca, para enquadrar esse poder por meio de regras. E esse objetivo passa por uma evolução no mundo contemporâneo, com sociedades divididas e organizadas em classes, com grupos de gênero, grupos profissionais e etários, e essa complexidade cada vez maior requer regras explícitas para se saber quem manda e no que manda. Cabe à Constituição definir esse pacto social de distribuição do poder. Na medida em que as sociedades são democráticas, o pacto constitucional é firmado por representantes escolhidos pelo povo, com o poder outorgado por ele na hora do voto: o constituinte, então, se empodera para definir a regra a ser adotada.

Portanto, com a adoção da Constituição, o povo passa a ser chamado de soberano, substituindo a concepção anterior, na qual a soberania concentrava-se num único indivíduo que, pela graça de Deus, havia recebido o título de rei. Hoje, o verdadeiro soberano é o povo, e, se alguém quiser assumir o comando da nação como presidente, precisa compreender-se como um delegado do povo, como alguém que exerce seus poderes nos limites pactuados pela Constituição — ou seja, como alguém submetido a regras, sem deter um poder absoluto.

Embora essa seja a situação ideal, ainda há países nos quais não vigora a regra constitucional, seja porque vivem sob ditaduras militares, outros ainda porque vivem monarquias absolutas, para não mencionar os regimes resultantes de golpes civis e militares. Todavia, em termos de desenvolvimento democrático, mesmo nos países socialistas, o mais comum é haver uma Constituição, ainda que muitas vezes esta não seja plenamente obedecida, como assistimos agora na Venezuela. Teoricamente, nas sociedades democráticas, há uma norma pactuada por todos através de seus representantes,

LEGADO PARA A JUVENTUDE BRASILEIRA 113

que definem, sobretudo, os mecanismos pelos quais alguém tem legitimidade para mandar. Em nosso caso, a regra para essa legitimidade é o voto popular, que escolhe o presidente da República e os parlamentares.

A partir de Montesquieu, passou a prevalecer a ideia de que o equilíbrio na sociedade depende de se ter uma regra não só para definir o chefe, mas também para determinar os vários poderes distintos — o Poder Legislativo, o Poder Judiciário e o Poder Executivo —, que, em sua coexistência, garantem o equilíbrio político. E como sempre é necessário alguém para dirimir as dúvidas, essa função é desempenhada pelo Supremo Tribunal Federal. Como dizem os próprios juízes do Supremo, "temos o direito de errar inapelavelmente", ou seja, o que decidirem está decidido, porque em tese o Supremo tem o poder de interpretar a regra constitucional e de decidir se ela está sendo bem ou mal aplicada.

Normalmente, nas sociedades democráticas, além dessa diferenciação de poderes e da predominância das regras, há também a necessidade de os governantes justificarem os seus atos. Assim, quando o presidente assina um decreto, sanciona uma lei aprovada pelo Congresso, ele tem de dizer: "Estou fazendo isso porque o artigo tal da Constituição me dá o poder para tanto." Não é a vontade individual que define a capacidade de mandar, mas são as regras estabelecidas que definem o que pode ou não pode ser feito, e sempre deve haver um fundamento que embase a decisão tomada pelo governante. Se estivermos falando de governos democráticos, o que se espera, portanto, é uma prática na qual impera a lei, e não a vontade pessoal do governante.

O Brasil tem uma longa tradição de Constituição. Nossa primeira Constituição remonta ao princípio do século XIX, ao ano de 1823, ainda na época do Império. O espírito democrático, constitucional, é, portanto, uma tradição em nosso país. Em apenas alguns momentos — períodos que, somados, não ultrapassam uma década — os Parlamentos deixaram de funcionar. Mesmo na época da ditadura militar, o Parlamento permaneceu aberto: embora isso fosse uma simulação de uma regra a ser acatada, tal simulacro, de certo modo, mantinha vivo o embrião democrático.

Também no que se refere ao voto, ainda que poucos se deem conta, o Brasil tem uma longa tradição, que vem desde o século XVI. Claro que não era um voto como o atual, não englobava toda a cidadania, havia restrições e só podia votar quem tivesse certo nível de renda. Estavam excluídos os escravos, assim como as mulheres. Porém, fomos evoluindo nessa matéria, com a progressiva ampliação do direito ao voto: as mulheres passaram a votar na década de 1930, e, na Constituição de 1988, que é o marco da política brasileira atual, veio a grande e última ampliação, com a decisão de incluir também os analfabetos e, facultativamente, os maiores de 16 anos.

No caso das democracias, é muito importante que existam regras relativas ao modo como se mudam os governantes. Qual é a duração dos mandatos, definir se o governante pode ser reeleito, e também as formas para Congressos e Tribunais afastarem o governante do cargo — processo que no Brasil pode ocorrer por meio de impeachment. Quer dizer, o governante exerce um mandato provisório; no dia da eleição, o povo soberano expressa sua vontade e escolhe quem vai comandar a nação em um novo ciclo.

Tudo isso é um objetivo a ser alcançado e preservado pelo conjunto da sociedade, e, como toda sociedade abriga os mais diversos interesses e valores, é crucial haver regras relativas ao modo de atuar para decidir, para legislar, e os mandantes deve obedecer as leis. Em tese, o Congresso é o local onde se expressa a vontade do povo. Nos países, como é o caso do Brasil, compostos por federações de estados, precisa-se não só de uma assembleia dos representantes do povo, os deputados na Câmara Federal, mas também de um Senado. Embora eleito pelo povo, o Senado não representa diretamente a população, e sim o interesse dos estados da federação. Por isso, o número de senadores é igual para todos os estados, sem importar o tamanho ou a população destes, pois em uma federação cada estado tem peso político igual. Essa é uma forma de deixar claro que cada Estado vale tanto quanto qualquer outro.

Na Câmara é diferente. Em tese, como a casa legislativa representa diretamente a população, a regra democrática é que o número de deputados deve refletir a dimensão demográfica de cada região. Essa regra em geral tem limites, a fim de evitar que alguns Estados acumulem uma força desproporcional; em função disso, estabelece-se um mínimo e um máximo de deputados por estado. No Brasil, essa regra resulta em forte distorção: como o máximo é de setenta deputados (e o mínimo, de oito), em casos como o de São Paulo, por exemplo, o estado acaba sendo claramente sub-representado, pois o número de deputados não corresponde ao tamanho da população. Tal distorção ocorre na maioria dos países, mas no Brasil parece ser mais pronunciada. De qualquer maneira, a ideia é que o povo está representado na Câmara, e os estados da federação no Senado.

LEGADO PARA A JUVENTUDE BRASILEIRA

Trata-se não somente de garantir o direito da sociedade por meio da representação dos partidos, mas de assegurar aos cidadãos certa ingerência nos processos decisórios. Se as coisas não estão conforme a lei, grupos organizados de indivíduos ou instituições, como sindicatos ou partidos, recorrem ao Supremo Tribunal com uma Adin, ou Ação Direta de Inconstitucionalidade, dizendo que, "embora aprovada pelo Congresso, tal legislação fere o meu direito constitucional". O Supremo Tribunal pode anular a lei se ela ferir a Constituição, dando às pessoas uma série de garantias que, em tese, permitem aos cidadãos se defenderem. Aos poucos se vai criando uma cultura e um corpo de pessoas, formando o que chamamos de cidadania, com a participação institucionalizada daqueles que realmente são os responsáveis pela República, os cidadãos.

Nosso sistema é democrático, e o poder político se distribui de maneira mais ou menos equilibrada, de acordo com regras e visando certa harmonia. Claro que isso tudo é teoria. Na prática, o que se vê é uma briga muito grande, com cada um puxando para o seu lado, com a influência dos vários atores. O fundamental nesse tipo de organização é que, além da existência de regras que garantam certo consenso em meio às discordâncias da sociedade, existam também garantias da preservação de um clima de liberdade no qual os direitos possam ser exercidos.

Na prática, é inevitável conviver com uma realidade na qual proliferam visões diferentes do mundo. Quando os partidos significam algo mais do que simplesmente um agrupamento de interesses, quando eles têm valores e lutam por ideias — por objetivos que pressupõem valores, como, por exemplo, a educação pública e gratuita; ou a plena liberdade religiosa; ou o ensino religioso nas escolas; ou uma nova reforma agrária —, dizemos que os partidos estão vivos e buscam objetivos dotados de conteúdos valorativos, o que permite debater preferências e alinhamentos.

Nas sociedades mais complexas, são poucos os partidos que expressam, em termos genéricos, uma orientação ideológica, de ideal de sociedade, de país. Nos Estados Unidos, existem muitos partidos, mas são apenas dois os que contam: o Democrata e o Republicano. Dividem-se efetivamente, não só em objetivos, mas em termos de apoiadores e de presumíveis beneficiários. Nas eleições, assistimos a discussões sobre o apoio dos negros, das mulheres, dos latinos, dos estados do Sul ou do Norte, mostrando claramente as diferenças. No entanto, apesar das diferenças concretas, tanto os republicanos como os democratas são obedientes à Constituição, e não são revolucionários. A despeito das diferenças sensíveis, há pontos de convergência que o conhecimento histórico e a experiência consolidaram na sociedade, uma base sobre a qual os partidos constroem suas propostas de futuro.

Num passado mais recente, na Europa, havia partidos que não aceitavam o sistema produtivo capitalista, baseados na propriedade privada: eram os partidos comunistas, que agiam em função de instituir a propriedade coletiva dos meios de produção. A União Soviética foi o esteio desses partidos comunistas, o que, a certa altura, transformou toda a política numa oposição entre a União Soviética e os Estados Unidos, apoiada na fusão entre a busca do coletivismo e o nacionalismo. Originalmente, os ideais nacionalistas vinham da direita, mas, a partir daquele momento histórico, passaram a ser propagados pela esquerda, devido à defesa feita pela União Soviética da luta anticolonialista e anti-imperialista.

Tais ideias foram sendo abrandadas com o avanço da globalização, e principalmente os países europeus ingressaram em uma etapa pautada por uma visão mais pragmática da produção. Ainda ocorrem retrocessos, como a saída do Reino Unido da União Europeia, o chamado Brexit, ou, em Portugal até pouco tempo, antes da "geringonça", com o Partido Comunista, contrário à integração econômica e favorável à retomada da moeda antiga — ambos os casos refletindo uma ressurgência do apreço pela independência nacional. Embora haja resquícios desses ideais pelo mundo, não é o que vem prevalecendo no Brasil, onde assistimos a uma atenuação da dicotomia entre esquerda e direita. Até os mais tradicionais partidos da esquerda — como o PCdoB, que no passado era pró-China, o PT ou o PPS, antigo PCB — diminuíram suas diferenças básicas em relação aos outros partidos, pois deixaram de propor o controle coletivo dos meios de produção. A bipolaridade que organizou o mundo ocidental a partir das utopias revolucionárias transformou-se de tal forma que hoje é difícil saber o que significam os ideais de esquerda e de direita.

No passado, a diferença mais notável estava no tema da propriedade privada. Os partidos mais à esquerda eram contra a propriedade privada, enquanto os mais à direita entendiam a propriedade privada como único caminho viável. Nos Estados Unidos, essa discussão não existe mais, nem democratas nem republicanos debatem a natureza da propriedade. Até certo ponto, também no Brasil esse debate ficou esmaecido, assim como a

LEGADO PARA A JUVENTUDE BRASILEIRA

definição da identidade, de esquerda ou de direita, em função da defesa ou não da propriedade privada. Em vez disso, temos partidos mais ou menos repressores da democracia, mais ou menos sensíveis ao tema da inclusão social, sem que nenhum deles proponha uma transformação radical da ordem social e econômica.

No século passado, havia no Brasil um leque partidário mais tradicional. Até o golpe de 1964, o espectro político era mais parecido com o que havia na Europa, com partidos de esquerda, de direita e de centro. O PSD (Partido Social Democrático), criado por Vargas, era o partido do governo, formado por pessoas que tinham habilidade para manipular a máquina pública — era um partido de Estado, mais conservador. Do outro lado, a UDN (União Democrática Nacional) representava na época o que se conhecia como direita, mas na realidade representava muito mais a classe média urbana que havia frequentado universidades e que tinha uma visão mais estritamente democrática. E, em uma terceira posição, havia outro partido criado por Getúlio Vargas, o PTB (Partido Trabalhista Brasileiro), que seria o partido correspondente à social-democracia europeia.

Uma das singularidades do Brasil é que talvez seja o único país do mundo em que dois partidos, o PTB e o PSD, tinham o mesmo presidente de honra, Getúlio Vargas. Por aí se vê como é complexa essa questão de partido: ninguém via como contradição o fato de Getúlio ser presidente desses dois partidos, que estavam unidos contra a UDN.

Além desses três partidos, até a Constituição de 1988, havia ainda de expressivo o PDC (Partido Democrata Cristão), que refletia uma ala do catolicismo com sensibilidade para a população mais pobre, de viés social e democrático, um pouco à maneira da democracia cristã europeia. Na Europa, não havia nada equivalente ao PSD, o partido do Estado, que estava vinculado às corporações, aos sindicatos, aos interesses do governo etc. Fora disso, além do PDC, igualmente significativa foi a criação do PSP (Partido Social Progressista), por Adhemar de Barros, então governador de São Paulo. Visto de uma perspectiva sociológica, o PSP incorporava os novos contingentes de classe média, constituídos por imigrantes e seus descendentes, fossem italianos, judeus, árabes ou de qualquer outra origem. Representavam setores novos, que ganhavam certo peso.

Pouco a pouco, esses partidos foram sendo contaminados por nossa cultura tradicional, marcada pelo corporativismo e pelo clientelismo. Isso significa que, paulatinamente, eles passaram a ser agrupamentos que usavam o poder a fim de obter vantagens junto ao Executivo — processo que, mais tarde, seria conhecido pelo mote "é dando que se recebe".

Desse modo, até pouco tempo atrás, no Brasil, havia alguma correspondência entre os partidos e a base social, no sentido de o eleitor de um partido estar de certa forma alinhado aos objetivos e valores da organização na qual votava. Em função de nossa cultura, a representação política, por meio de eleições, vige há muito tempo, como já disse, a tal ponto que até mesmo no período autoritário do regime militar o governo permitia o funcionamento dos partidos. Eram dois os partidos autorizados, o MDB (Movimento Democrático Brasileiro) e a Arena (Aliança Renovadora Nacional), os quais organizavam a opinião, com a Arena sustentando o governo autoritário, e o MDB atuando na oposição.

O regime militar forçou essa bipolarização. Com a redemocratização, um dos primeiros atos do Congresso, antes mesmo da convocação de uma Assembleia Constituinte, foi votar uma emenda constitucional eliminando o bipartidarismo e abolindo, também, o que a Constituição nunca havia posto em prática e que fora criado durante o regime militar: o voto distrital. Eu era membro do Congresso nessa época, e lembro muito bem que votamos com grande alegria o fim do bipartidarismo, no esforço para viabilizar o que hoje conhecemos como pluralidade partidária.

A Constituição de 1988 nasceu sobre a égide da liberdade, era "a Constituição cidadã", na expressão de Ulysses Guimarães, que queria definir e defender os direitos da população e tinha horror às imposições autoritárias, razão pela qual a nova Carta conferia plena liberdade à criação de partidos. Este é o principal motivo pelo qual, toda vez que o Congresso tenta restringir a proliferação de partidos, o Supremo Tribunal Federal rechaça a tentativa, porque a Constituição não permite limitações. Como tínhamos horror ao regime autoritário, criou-se um sistema que previa a plena liberdade.

Na época, os partidos tinham um aspecto ideológico acentuado, e era mais fácil dizer o que significavam, mesmo que imperfeitamente, pois de alguma maneira existia uma simbologia, que representava as diferentes posições na sociedade. Não necessariamente da base social, o que às vezes gerava contradições. Por exemplo, no ABC, a base da industrialização brasileira, os trabalhadores votavam frequentemente na Arena.

Com a redemocratização, mesmo antes da nova Constituição, começaram a surgir novos partidos. Houve um momento em que, para enfraquecer o MDB, o governo militar decidiu que todos os partidos deveriam incluir no nome a palavra "partido". Assim, o MDB botou um P antes da sigla e virou o PMDB (Partido do Movimento Democrático Brasileiro), em uma tentativa de manter a imagem oposicionista; já a Arena, como estava muito marcada, preferiu mudar de nome. Até certo ponto o que se entendia por esquerda estava associada à busca de maior liberdade, o que não tinha nada a ver com a esquerda europeia. Desse modo, aos poucos, fomos criando partidos conceitualmente diferentes dos existentes no espectro político tradicional dos países europeus.

Na redemocratização, o candidato da oposição ao regime militar foi Tancredo Neves. Com base na emenda constitucional Dante de Oliveira, procurava-se restabelecer a eleição direta. Essa foi uma luta enorme, com a campanha das Diretas Já, que nada mais era do que chamar o soberano — ou seja, o povo como um todo — para forçar a decisão no Congresso, mudando a Constituição para permitir que o presidente da República fosse eleito diretamente, em vez de escolhido pelo Congresso. Até então, não havia propriamente uma eleição, o alto-comando militar decidia qual general iria assumir a Presidência e o nome era homologado pelo Congresso, que se ampliava em um Colégio Eleitoral. Na medida em que o regime militar foi se enfraquecendo, tanto pelas mudanças internas, principalmente pela ação da mídia, quanto pelas externas, houve um sopro mais democrático.

O Congresso votou o tema da eleição direta, entretanto, a proposta, mesmo recebendo a maioria dos votos, foi derrubada porque não se atingiu o total de dois terços dos parlamentares, que era o quórum mínimo necessário para alterar a Constituição. Mas ficou claro que a maioria era a favor de um governo mais democrático e que, mesmo não sendo possível mudar a Constituição, havia condições para eleger indiretamente no Congresso um presidente contrário ao nome indicado pelo regime. Tancredo Neves foi o escolhido para ser o candidato daqueles que queriam o fim do regime autoritário. Ganhou no Congresso, mas, para tanto, precisou fazer alianças, porque, numa situação em que são muitos os grupos e os interesses, não dá para ganhar no Congresso sem alianças, tampouco se pode governar, mesmo depois de instituído o voto direto para eleger o presidente, sem alianças, porque muito depende do Congresso, e o governo precisa ter e manter a maioria para aprovar sua agenda.

A aliança que viabilizou a candidatura de Tancredo Neves foi entre o PMDB e uma facção da antiga Arena que havia formado o PFL (Partido da Frente Liberal). Sarney representou essa parte do PFL. Ele tinha sido presidente da Arena, havia apoiado o regime militar e, como senador, fizera um contundente discurso contra a proposta de Ulysses Guimarães em apoio das Diretas Já. No entanto, alguns meses depois deste discurso, acabou sendo o candidato a vice-presidente da República do movimento democrático. Com a morte de Tancredo, Sarney, que era representante de um lado, assumiu o papel de liderança do outro lado e tornou-se presidente, com mandato para comandar o processo de abertura, o que cumpriu, e convocou uma Assembleia Constituinte, devolvendo o poder ao povo, que elegeu diretamente os parlamentares que iriam criar a nova Constituição.

A partir desse momento, a proliferação de partidos foi muito grande. A Arena queria se dissolver, porque carregava as marcas do regime militar; foi-se recriando divisões e outros nomes: primeiro foi a Frente Liberal, que depois virou o Partido da Frente Liberal (PFL), depois o PDS e assim por diante.

Em 1988, encerrados trabalhos da Constituinte, era visível que o antigo PMDB, que havia sido o partido de todos nós na luta contra o regime autoritário, estava muito dividido. E era uma divisão muito clara em matérias fundamentais, com uma parte contra e outra a favor da reforma agrária, uma parte a favor de mais intervenção do Estado, enquanto outros queriam o oposto e assim por diante. Eram divisões importantes, e tanto Mário Covas como eu, assim como outras lideranças da época, achamos necessário criar uma nova fórmula política, mais coesa e mais fiel a certos princípios. Então criamos o PSDB (Partido da Social Democracia Brasileira). Eu fui contra esse nome, pois a social-democracia é uma instituição partidária que surgiu na Europa, organizada por sindicatos, como nos casos do Partido Trabalhista inglês ou do Partido Social-Democrata alemão, e nós tínhamos uma situação diferente do cenário europeu. Havia outros líderes que queriam dar um nome mais fiel à nossa realidade, mas fizemos uma votação, ganhou o nome Partido da Social Democracia Brasileira, PSDB, e assim ficou.

Após a Constituinte, o movimento político mais importante foi a criação do PT (Partido dos Trabalhadores), que, no início, nasceu como um partido ora com características de partido social-democrata, ora de partido revolucionário. Não se sabia muito bem que natureza teria. Muitos dos que

LEGADO PARA A JUVENTUDE BRASILEIRA

participaram da formação do PT depois foram para o PSDB, e vice-versa, mostrando que havia certa proximidade entre ambos.

A partir desse momento, havia o PFL, um partido mais tradicional, que abrigava a maior parte do pessoal da antiga Arena; o PMDB, que se manteve; o PT; e o PSDB, além do PTB e de uma dissidência, o PDT, o PDC e alguns outros de menor expressão. Com isso se retomava o espectro político que havia existido antes do regime militar: partidos que, grosso modo, corresponderiam a distintas posições ideológicas, com alguma correspondência entre eles e sua base social. Com o tempo, isso foi mudando.

Embora nosso sistema eleitoral pressuponha a existência de partidos, na prática a população, nas eleições para os cargos majoritários, acaba votando não em partidos, mas em pessoas. Ou seja, quando fui eleito, votaram em mim, e não no PSDB, que era então um partido fraco. O Lula foi eleito por ele, depois a Dilma foi eleita pelo Lula, Collor veio de um pequeno partido, não foram os partidos em si que elegeram os nossos presidentes.

Eu pude ser presidente porque fui ministro da Fazenda de um governo de transição, quando Itamar Franco substituiu Fernando Collor de Mello. Collor foi o primeiro presidente eleito, veio depois de Sarney, fez algumas mudanças importantes, abriu a economia, baixou as tarifas externas para permitir maior dinâmica comercial, mas não tinha muitas condições de governar o Brasil. Se isolou muito e surgiram elementos de corrupção que em conjunto levaram ao seu impeachment. Foi então que assumiu o vice-presidente, Itamar Franco, que havia sido nosso companheiro no PMDB.

No governo de Itamar, fui primeiro ministro das Relações Exteriores e, depois, ministro da Fazenda. Naquela época, o grande problema era a inflação, uma inflação de 20% ao mês na média, uma loucura, pois em termos anuais chegava a milhares por cento. Era fundamental acabar com a inflação, e tive a sorte tanto de poder contar com um grupo de economistas competentes, como de ter crédito político junto ao presidente da República. Como havia sido senador, eu tinha acumulado experiência e relacionamentos políticos para conseguir aprovar medidas necessárias, às vezes duras na hora de sua aprovação, mas que resultaram em aumento real de salário para o povo. Com uma inflação daquela ordem, quem ganhava cem, no final do mês recebia o equivalente a oitenta unidades de moeda. Só o fato de baixar a inflação já proporcionava uma enorme melhoria de vida à população e começava a criar condições para colocar em ordem as coisas, e para que as

122 FERNANDO HENRIQUE CARDOSO E DANIELA DE ROGATIS

pessoas e as empresas se organizassem. Em função desses resultados, pude reunir as condições para disputar com êxito a eleição. Quando estávamos em campanha, uma das empresas de pesquisa me disse: "Olha, o senhor vai ganhar a eleição." Embora eu mesmo não achasse que iria ganhar, eles afirmavam que não só ganharia, como ganharia sozinho. O que se revelou uma meia verdade, pois quem ganha sozinho não governa sozinho.

Como tinha experiência de senador e ministro, eu sabia que ganhar a eleição é um passo, mas o presidente precisa do Congresso para governar. Então, fiz uma aliança com o PFL, que fora o partido do Sarney quando este e outros romperam com a Arena, o que tornou possível que Marcos Maciel ocupasse a vice-presidência na minha chapa. Essa aliança foi muito discutida, inclusive no meu partido. Eu somente faria a aliança com o PFL se todos concordassem — porque ganhar a eleição era uma coisa, mas, para governar, era preciso dispor no Congresso de uma organização mais forte e estruturada; eu não teria como governar só com o apoio de meu partido.

No sistema brasileiro, se o presidente se elege e o seu partido tem 20% do Congresso, o eleito fica sem condições de governar. O presidente da República sempre se elege com pelo menos 50% dos votos, mas não é o que ocorre com a representação de seu partido no Congresso. Depois de 1988, nenhum partido dos presidentes do Brasil teve mais que 20% da Câmara. Logo, necessariamente, nosso sistema obriga a coligações. Coligações que podem ser estabelecidas antes ou depois da eleição, mas é impossível governar sem maioria, pois sem ela não se aprova medida alguma, nem mesmo as contas públicas. Assim, desde o começo do jogo na Constituição de 1988, havia a questão dos partidos. No começo, o MDB tinha maioria. Quando o presidente Sarney sucedeu a Tancredo, a votação se deu no Colégio Eleitoral, não foi voto direto, mas o partido maior do Congresso continuou a ser o MDB. Houve uma época, na qual fui líder do MDB no Senado, em que bastava o meu voto, como líder, o meu ou de qualquer outro que fosse líder, para aprovar uma lei, quer dizer, eu representava a maioria. Até então era mais fácil encontrar maneiras de equilibrar o jogo político no Congresso com a proliferação dos partidos isto ficou bem mais difícil.

De forma que era importante que eu pudesse fazer alianças antes da eleição; naquele tempo ainda era possível organizar o governo a partir de dois ou três partidos. Eu achei que era insuficiente a aliança já firmada com o PFL, e forcei o PMDB, que tinha perdido a eleição com Ulysses Guimarães, a participar do que

LEGADO PARA A JUVENTUDE BRASILEIRA

viria a ser o meu governo. A vantagem de estabelecer alianças antes das eleições é que as regras ficam mais claras. Cabia a mim, como futuro presidente, nomear os ministros, fazendo as escolhas sem me preocupar com indicações diretas de nomes feitas pelos partidos aliados. Esse movimento de busca de alianças, que fiz quando comecei a governar, é chamado de "presidencialismo de coalizão", ou seja, o presidente se elege, mas, como o seu partido não tem maioria no Congresso, ele tem de formar uma maioria para governar. Esta maioria não implica que o partido aliado decida quem vai ser seu representante — ou seja, o presidente mantém nas mãos o controle do Poder Executivo, alinhando as escolhas dos ministros à sua agenda de trabalho.

Pouco a pouco isso foi se transformando, sobretudo na era Lula. A certa altura, Lula enfrentou o mesmo problema que outros presidentes. O PT era fraco e ele era forte: embora eleito, não tinha deputados suficientes na Câmara para governar. Para compor sua maioria, Lula podia optar por aliar-se a um grande partido, como o PMDB, ou optar por aliar-se a vários partidos pequenos. Lula optou pelos pequenos e o resultado foi o chamado "mensalão". Na atual realidade brasileira, com a Câmara composta de mais de 25 partidos, chegou-se a ver um governo com 39 ministérios, pois cada um dos partidos aliados quer participar do poder. Muitas dessas agremiações nem sequer funcionam como partidos: a pauta que as une é a distribuição dos ministérios, um pedaço do orçamento, o controle de uma agência importante, a Caixa Econômica ou a Petrobras — tudo visando construir mecanismos que lhes permitam se reeleger.

Houve uma corrosão do que no início era de fato um presidencialismo de coalizão, quando alguns partidos se juntam em torno de um programa, de uma agenda definida, elencando as reformas necessárias para o avanço da sociedade e que se transformou em um sistema de "alianças de balcão". Nas coalisões, os partidos estavam comprometidos com um programa; mesmo que não o cumprissem integralmente, tinham o compromisso formal de trabalhar a favor de determinada agenda. Nunca dei a um partido — nem mesmo ao PSDB — um dos ministérios principais, porque, para mudar de fato alguma coisa, é necessário manter, à frente dos principais ministérios, gente com uma visão de mudança alinhada ao programa proposto. Pastas como educação, saúde, economia e planejamento devem ficar sob o controle de uma agenda, um propósito integrado, nas mãos de pessoas que tenham condições de desenhar e executar o futuro proposto.

Hoje, no Brasil, há muitos partidos que não representam nada além de grupos de interesse, que vão negociar com o presidente da República, ou a quem o presidente delegar, a distribuição de cargos para assegurar a votação dos projetos de interesse do governo. É algo insustentável em longo prazo, desconectado do sentido maior de construção de uma nação. E, obviamente, a população cada vez menos se sente representada, porque os interesses que se negociam são pautas muito distanciadas das decisões que possam resultar em melhoria da vida do cidadão.

Isso vem de longe. Sempre houve a tendência de os interesses dos grupos se alinharem a partidos somente depois da eleição, buscando, então, seus representantes. Como ninguém faz campanha dizendo que representa o poder do setor empresarial, o poder da burocracia, o poder da religião, ou que representa o contrabando, ou o crime organizado, a indústria de armas etc., depois da eleição, esses fatores de poder, que em espanhol se dizem "fatores fácticos", poderes que não dependem do voto, e tampouco aparecem nas narrativas de campanha, depois da eleição tais poderes saem atrás dos parlamentares que se dispõem a defender as pautas que atendem aos interesses desses grupos. Com o esmorecimento dos valores que orientavam os partidos políticos, estes passaram a ser, muito mais, canais de mobilização de interesses. Na vida real, os interesses estão sempre presentes e podem ser legítimos, mas, quando a política se restringe aos grupos de interesse, ela acaba por se transformar na expressão daquilo que costumamos chamar de lobbies.

Certa vez, ainda presidente da República, fui ao México e fiz uma conferência no Colegio de México, uma instituição de ensino de muito prestígio, e disse: "O Congresso brasileiro está prestes a virar uma casa de lobistas." E, embora o Congresso tenha reagido a minha colocação, eu tinha razão, porque assistimos paulatinamente esmaecer a natureza do que é um partido e do seu sentido original — o de uma organização que propõe um projeto para o que considera ser uma boa sociedade. Os gregos diziam que a função do poder era assegurar a felicidade aos povos, um conceito subjetivo, que hoje se traduz em qualidade de vida, e está claro que os partidos há muito deixaram de indicar à sociedade caminhos viáveis para melhorar a qualidade de vida.

A grande distorção em nossa democracia ocorre porque os candidatos, ao longo da campanha eleitoral, não dizem o que vão fazer, preferindo alar-

LEGADO PARA A JUVENTUDE BRASILEIRA

dear pautas que impactam o eleitor, com o agravante de termos um sistema eleitoral uninominal e proporcional. Estas palavras complexas querem dizer que o cidadão vota em deputados a partir de uma lista de pessoas apresentadas pelos partidos. Verifica-se pela proporcionalidade dos votos quantos deputados se elegem por partido em cada estado e, pelo número de votos obtidos, quem em cada partido foi eleito.

Pela regra eleitoral, cada partido pode indicar como candidato até um terço a mais dos deputados a que cada estado tem direito. Por exemplo, como São Paulo tem direito a setenta deputados, cada partido pode indicar uma centena de candidatos. Supondo que existam vinte partidos, isso quer dizer que, para a Câmara de Deputados, podem concorrer até 2 mil candidatos, que vão obter votos em todo o estado de São Paulo. São muitos candidatos e muitos eleitores, mas o verdadeiro eleitor não é o cidadão, porque o candidato nem conhece o cidadão. Assim, resta ao candidato buscar apoio junto a clubes de futebol, lideranças religiosas, empresas, prefeituras — ou no próprio partido. O parlamentar, ao se eleger, vai servir aos seus verdadeiros eleitores, que são esses grupos organizados. E o povo sente que o candidato em quem votou não demonstra o menor comprometimento com o que alardeou durante a campanha. Na verdade, a grande maioria não tem mesmo esse comprometimento. Na eleição seguinte, os candidatos vão buscar o mesmo apoio, de grandes intermediários; dependem mais deles que do cidadão eleitor. Nosso sistema é complicado, e poucos, se é que existe algum, são os países avançados que têm esse tipo de votação. Existem muitas fórmulas para melhorar esse sistema, mas nenhuma se implanta de um dia para o outro.

No mundo contemporâneo, há várias formas de organização do poder, além da democracia pelo voto direto ao presidente. Uma delas é o parlamentarismo. Neste sistema, o presidente até pode ser eleito pelo voto direto, como na França e em Portugal, mas tem poderes restritos, em geral cuidando da política externa e das Forças Armadas — às vezes, é apenas uma função simbólica, como se fosse a rainha ou o rei. Manda de fato quem tem a maioria da Câmara, com o poder exercido pelos partidos através da figura do primeiro-ministro. Nesses casos, os partidos precisam se definir com mais nitidez; em geral o que se vê são dois, três, quatro ou cinco partidos no máximo, onde comanda quem tem maioria; quando esta se perde, cai o primeiro-ministro. Na Itália, em certa época, o primeiro-ministro caía a toda hora; já em Portugal isso se deu com menor frequência; e na Espanha, menos ainda. De qualquer modo, é o chefe do partido, ou seja, o deputado que lidera o partido, quem se torna o primeiro-ministro, e sua permanência no poder depende de manter a maioria no Congresso, caso contrário ele tem de sair. Esse sistema também refreia nos parlamentares a eventual vontade de derrubar a "situação": quando derrubam o primeiro-ministro, também eles se arriscam a perder, assim como o seu partido, pois é comum chamar novas eleições nessas circunstâncias.

No passado, encaminhei uma proposta de mudança do nosso sistema de voto, tornando a votação por distritos, para começar com a eleição dos vereadores. Sugestões dessa natureza foram retomadas pelos senadores Aloysio Nunes Ferreira e José Serra. Trata-se da tentativa de criar um sistema que, sem ser totalmente parlamentarista, comece pela instauração do voto por distrito para a Câmara Municipal. No caso de vereador, a ligação entre o cidadão e quem vai representá-lo é mais óbvia. Diante das dificuldades para avançar com uma ampla reforma política, talvez esse seja um primeiro passo, possível de ser aprovado.

É muito difícil aprovar mudanças no sistema eleitoral porque os deputados temem não se reeleger pelo novo sistema. Se começarmos pelos vereadores, talvez seja viável. No Brasil, o mais prudente é caminhar devagar, dar início ao processo e ver se dará certo. É mais prático e convém deixar de lado as tentativas de mudar tudo de uma vez. É melhor testar os diferentes modelos e avaliar seus impactos efetivos.

Certa vez, na Inglaterra, quando eu dava aulas em Cambridge, bateu em minha porta um senhor que era candidato a vereador na região — havia, portanto, um contato direto e pessoal entre candidato e eleitor. Claro que na Inglaterra é outro sistema, o país é menor, com votos por distrito, o que permite essa relação mais direta. No Brasil, é mais difícil, até pela nossa índole, mas há vantagens inegáveis em se buscar a distritalização do processo eleitoral. No entanto, isso requer uma campanha de esclarecimento da população.

Com a introdução do voto distrital, a cidade de São Paulo, por exemplo, formaria um grande distrito, que poderia ser subdividido em pequenos distritos, nos quais cada partido concorreria apresentando um único candidato a vereador. Reforçaríamos a identidade entre o partido, o candidato e o eleitor, substituindo a confusão gerada pelo sistema atual, com uma lista

LEGADO PARA A JUVENTUDE BRASILEIRA

infindável de candidatos por partido em cada estado. Em suma, existem mecanismos para melhorar o sistema de representação, e cabe à nova geração sair em busca dessas soluções.

Atualmente, um candidato se elege em função do número de votos recebidos pelo seu partido e do número de votos recebidos pelo candidato, ou seja, se um partido tiver 20% dos votos, ele vai ter catorze dos setenta deputados em São Paulo. Os mais votados dentro do partido serão escolhidos para ocupar essas catorze cadeiras. Em consequência disso, durante a campanha eleitoral, os candidatos do mesmo partido brigam uns com os outros, criando um ambiente de conflito e desunião; quando chegam a Brasília, as próprias bancadas partidárias estão fragmentadas.

O Brasil avançou em muitas áreas: a sociedade avançou, o setor empresarial avançou, a imprensa avançou, a universidade avançou e o poder central ficou muito forte. Quando o deputado chega ao Parlamento, vira uma espécie de despachante dos interesses dos que o elegeram, para o bem ou para o mal. E o presidente não recebe apenas as pressões de um partido, e sim de uma frente de deputados ligados a determinada pauta, vinculada a valores materiais ou imateriais. De qualquer modo, não está mais lidando com um partido, porque ele foi sumindo no decorrer da história.

Na prática, o resultado é o caos partidário. Mesmo somados, os partidos maiores — PT, PMDB e PSDB — não chegam a ter nem 40% dos deputados na Câmara. Mesmo que houvesse a convergência dos três maiores partidos, não seria possível obter nenhum tipo de maioria — ou seja, as condições para se governar são dificílimas. Seja quem for que estiver na Presidência, é muito difícil governar, em função dessa enorme distorção do quadro institucional e partidário, com dificuldades tremendas para manter o relacionamento com um Congresso fragmentado, não por causa de oposições valorativas reais, mas pela presença de interesses tão diversificados.

Este problema é crucial no Brasil de hoje: temos um Congresso cujo manejo é muito complexo, independentemente das virtudes ou dos defeitos do presidente. Quando há condições, o presidente maneja, mas a um custo alto. Não é uma coisa simples de fazer, e as pessoas, quando não têm noção dos problemas que enfrentamos, pouco compreendem as consequências da fragmentação do poder que ocorre na Câmara em função de nosso sistema partidário-eleitoral. Poucos realmente sabem os nomes dos partidos e muito menos o que significam, mas os partidos existem e mantêm o sistema. Os políticos têm uma relação mais instrumental com os partidos. Se um deles, por qualquer motivo, não vê possibilidade de se reeleger, muda para outro partido. Na prática, na maioria das vezes o político não tem propriamente um partido, não há relação com o conteúdo valorativo e, portanto, não há compromisso partidário.

Há ocasiões extremas que ressaltam as posições entre os partidos, trazendo à luz divergências mais profundas. Nesses casos, fica mais claro quem está de um lado e quem está de outro — e a imprensa diz que certo partido não deu apoio, o outro deu, ao governo ou a uma lei, dando uma aparência mais formalizada às decisões. Na verdade, entretanto, raramente os partidos funcionam de fato como partidos políticos, no sentido de terem uma orientação explícita, de terem coesão em matérias fundamentais e sensíveis. O partido que mais funcionava nesse sentido era o PT, porque era mais próximo ao que haviam sido os partidos europeus. Com o tempo, também ele passou a ser menos coerente com seus princípios e com sua proclamada ética. Há no Brasil três partidos — PT, PSDB e PMDB — com maior expressão numérica e alguns outros com alguma expressão, mas a realidade nua e crua é que dizemos isso unicamente porque são organizações que ainda têm algum comando sobre os seus partidários. O PMDB sempre foi muito mais uma confederação. O PT ainda é mais fiel à ideia tradicional de partido, e o PSDB tem se empenhado, nem sempre com êxito, para manter alguma homogeneidade e coerência.

Nosso sistema político é democrático, todos nós votamos e, de certa forma, estamos representados nas casas do poder. Porém, no fundo, não é bem assim. A despeito dessa arquitetura democrática, dos andaimes da democracia, falta alma aos partidos, quer dizer, falta clareza quanto ao valor pelo qual eles lutam. É o que nesse momento causa insatisfação na sociedade, que passa a descrer de todos os políticos e a rejeitar em bloco a classe política. Por outro lado, como sabemos que sem partidos não há democracia, cabe a nós enfrentar a tarefa inevitável, que é reformular o entendimento do que podem vir a ser, de fato, os partidos brasileiros.

Outro tema que surgiu com força durante o impeachment da presidente Dilma é o da qualidade de nossa representação. Anos atrás, quando eu ainda era senador, veio ao Brasil um amigo meu, o sociólogo e politicólogo americano Alfred Stepan, que fez muitas pesquisas sobre os regimes militares e as forças armadas, e naquele momento estava interessado no funcionamento

LEGADO PARA A JUVENTUDE BRASILEIRA

de nosso Congresso. Passou um tempo em Brasília e, no final da estada, comentou: "Fiquei surpreso com o nível do Congresso brasileiro, é melhor que o do americano". Isso aconteceu na década de 1980, e provavelmente ele tinha razão, porque tínhamos no Parlamento algumas dezenas de pessoas do calibre do Afonso Arinos de Melo Franco, um grande nome e uma pessoa de fato extraordinária em termos de cultura.

Mesmo naquele cenário, mais elitizado, quando passei a exercer funções mais públicas, meus colegas da academia, da universidade, diziam: "Ah, não sei como você tem coragem de lidar com aquela gente." Bem, "aquela gente" é o Brasil, apesar de todas as distorções, são eles os nossos representantes.

O choque que todos sentimos durante o processo de impeachment, quando se olhou de perto o atual Congresso, nada mais foi do que ver nele um reflexo de nosso país; o choque mostra desconhecimento da realidade. Hoje, o Congresso tem um nível sociocultural médio provavelmente mais baixo em comparação com o de outras épocas; até sumiu a diferença entre o alto clero e o baixo clero. Porém, mesmo diante dessa observação, que nos traz muito desconforto, não podemos deixar de considerar que o Congresso atual é representativo do país. No passado, havia no Congresso poucos nomes que não fossem de famílias tradicionais, ou relativamente tradicionais, com predominância de advogados, alguns fazendeiros, quase todos com curso superior.

Só que o Brasil não é assim, e a gente leva um susto quando se dá conta da desigualdade. O choque que sentimos é o choque diante da cara real do Brasil. Assusta, sem dúvida, mas não há outra solução; temos que melhorar o país. Não adianta querer que só as pessoas de melhor nível estejam no Congresso, porque nesse caso muitos não vão se sentir representados. É sempre bom lembrar que, no passado, só os que eram educados faziam leis, e estas se provaram tão ruins quanto as atuais. Nós brasileiros temos de aceitar que somos aproximadamente como a realidade que aparece nos programas eleitorais de TV e, a partir desse reconhecimento, refletir sobre as formas de melhorar o país, pois é preciso melhorar o conjunto todo, o que não se faz de um dia para o outro.

O caminho passa pela educação cívica, pela educação formal e pela participação política e cívica. Estou convencido de que o Congresso hoje em dia, por ruim que seja, tem mais representatividade do que no passado. Basta considerar as ocupações, há muito líder sindical, ainda são poucas as mulheres, pouquíssimos os negros, mas já há mais do que no passado. Precisamos entender como é o país, a realidade nacional, e isso não é fácil, sobretudo para os que pertencemos a certa camada de renda média mais alta e vivemos nas áreas mais desenvolvidas. Não é fácil entender e aceitar a realidade do país.

Todos vão ter de lidar com o Brasil tal como ele é. Não estou defendendo que seja assim; claro que temos de mudar, que é preciso educar mais o povo, educar civicamente. Nós nunca prestamos atenção a isso, e um dos motivos já foi mencionado: não é o eleitor quem escolhe, escolhem por ele, quem escolhe é o prefeito, é o padre, é o pastor, e o cidadão acaba não tendo participação real.

No Brasil, o eleitor não sabe muito bem por que está realmente votando em um candidato. Não esqueçamos que o povo votou na Dilma Rousseff dois anos antes do impeachment, e dois anos depois foi para a rua a fim de derrubar a mesma Dilma. Isso significa dizer que ele não tinha compreensão adequada quando votou, e provavelmente também não quando derrubou. Esse é o problema de não se ter consciência política e cívica. Daí a importância de discutir política, porque, no limite, tudo desemboca numa ação que é política. A tendência que se vê agora, de valorização do bom gestor, é algo bom, em termos instrumentais, mas não é o que o Brasil precisa. O Brasil carece de política boa, não é de não política, é de política boa, que por sua vez implica gestão, conhecimento.

Tudo o que estamos discutindo não é algo que afeta somente o Brasil. A questão de fundo é que a sociedade mudou muito, e a sociologia disponível ainda é a do passado. Existem apenas alguns trabalhos que buscam traduzir a realidade contemporânea e apontar um caminho. O principal deles, enfocando a sociedade em rede, é o de Manuel Castells, cujos resultados são interessantes, mas insuficientes para resolver as questões. Eu costumo citar sempre, não por serem meus amigos, mas porque fizeram coisas importantes, o Manuel Castells, que é um sociólogo espanhol que vive nos Estados Unidos, e um venezuelano que também vive nos Estados Unidos, o Moisés Naím, autor do livro *O fim do poder*. Para Castells, a sociedade moderna vai mudar por meio de sucessivos movimentos sociais, os quais aos poucos vão alterando as formas culturais e melhorando a sociedade. No fundo seria uma idealização do que foi, em certa época, o maoísmo, a Revolução Cultural. Castells é democrata, mas acredita menos nas instituições e mais

LEGADO PARA A JUVENTUDE BRASILEIRA   131

no movimento. Já Naím pensa mais em termos das instituições. Segundo ele, se não resolvermos o nó institucional, não teremos como levar adiante uma política de futuro. Eu penso mais como o Naím, mas também não tenho uma resposta boa, até hoje ninguém soube encontrar uma solução para conciliar movimento e instituições representativas, temos de especular na base do acerto e erro, para ver como se preserva a liberdade, as instituições, o movimento social... E a individualidade, uma vez que esta se tornou de novo um elemento importante: os indivíduos querem participar como pessoas e não como parte de uma massa de manobra amorfa. Conseguir juntar esses quatro fatores não é uma tarefa nada simples, é uma tarefa histórica. A história terá de encontrar formas de acomodação, e não será a mesma em toda parte.

Mesmo quando se pensa em formas democráticas, a democracia na França é uma coisa, na Inglaterra é outra, assim como nos Estados Unidos, no Brasil, no Japão e por aí afora. Bem ou mal, o que se tem é um conjunto de características restrito ao mundo ocidental, explicitado por Montesquieu, e com raízes históricas nas revoluções inglesa e americana. Há certa homogeneidade, mas não podemos dizer como vai ser nosso relacionamento no futuro. Nesse período de transição, que pode durar décadas, ou mesmo um século, um olhar retrospectivo, histórico, é mais consolador. Com o olhar do político, a perspectiva é desesperadora, pois em cem anos estaremos todos mortos, e é tremendo pensar com esta medida de tempo. Com o olhar do historiador, a gente se conforma com a ideia de que vai levar algum tempo para decantar formas de convivência política que sejam simultaneamente institucionais e abertas aos movimentos sociais. Esse é o dilema a superar no mundo contemporâneo.

Quando vejo as pessoas entusiasmadas com a China, porque ali aparentemente o programa político deu certo, me ocorre que, no fundo, a sociedade quer mesmo é que o governo, democrático ou não, entregue resultados, o importante para as pessoas é que os resultados sejam alcançados. Pessoalmente, acho preferível que tais resultados sejam buscados pelo lado mais democrático e da liberdade, mas a coisa não é simples. Faço parte de um grupo de ex-presidentes, o Clube de Madri, que é formado por democratas, por adeptos de uma democracia que dê resultados, *a democracy capable to deliver*. Não há dúvida de que, atualmente, a população quer saber mais dos resultados do que do resto.

Não basta só fazer a crítica das circunstâncias políticas ou avaliar a qualidade da democracia. As questões são muitas e complexas. No passado, havia uma correspondência mais unívoca entre a base social, o partido e a ideologia. O partido como tal, na acepção moderna, é algo recente na história, remontando na prática ao século XIX. Antes havia facções das classes dominantes, em geral de natureza familiar, umas mais conservadoras, outras menos, sem maior enraizamento na sociedade. No século XIX, com a industrialização e a urbanização, aqueles que não faziam parte das classes dominantes começaram a sentir que podiam ter influência no poder e passaram a se organizar em partidos. De início, os partidos, tal como os entendemos hoje, eram constituídos basicamente pelos socialistas e, em menor proporção, pelos comunistas. No início do século XX, quem se filiava ao Partido Trabalhista na Inglaterra, ou aos partidos Socialista ou Comunista na França, era geralmente trabalhador; além disso, havia os partidos liberais, mais da classe média, assim como os conservadores, que agrupavam os donos de terras e das finanças — portanto, havia certa correspondência, nunca perfeita, entre o que os partidos pregavam, suas bases sociais e as instituições políticas.

Hoje é necessário ter em mente que a fragmentação não é somente do setor político, mas de toda a sociedade, e os valores e as identidades culturais se misturam. Se dissermos "fulano é da classe média", não está mais claro o que se quer dizer com isso. A maneira como vota, o que acha de temas como integração racial, homossexualidade, liberdade religiosa, criminalidade etc... Em suma, há todo um universo de questões que não se definem pela posição de classe. Não é que inexistam posições de classe, elas existem e têm certo peso, mas não constituem a base forte de uma identidade. Então você tem uma realidade e, do outro lado, uma representação quase ficcional dessa realidade, quando pensa que os partidos de hoje são como os de antigamente.

Quando, em textos da imprensa ou mesmo acadêmicos, alguém é classificado como sendo de esquerda, de direita ou de centro, surge a questão de saber o que exatamente querem dizer tais conceitos. No passado, era mais tranquilo: o significado desses termos tinha como referência a base social e a ideologia. Hoje, porém, a sociedade é muito mais fragmentada, muito mais dinâmica e, paradoxalmente, as pessoas fazem diferença. Na última campanha presidencial nos Estados Unidos, quem acompanhou o debate entre Hillary e Trump sabe o quanto é difícil classificar essas discussões em

LEGADO PARA A JUVENTUDE BRASILEIRA

termos de classes sociais. Trump acusava Hillary de servir aos poderosos, ao pessoal de Wall Street, um ataque que leva em consideração a inserção social da sua adversária, mas na verdade é uma contradição quando se pensa na situação do próprio Trump. Todavia, em outras questões, as diferenças eram nítidas, objetivas e concretas, com Trump colocando-se como anti-imigrante, antilatino, antinegro e anti-homossexual. O corte, portanto, é outro — e, curiosamente, sem relação direta com a base social, que só posteriormente se cola aos candidatos. Na época, o que se imaginava era que os mais pobres votariam na Hillary, mas não foi o que se viu. Outras circunstâncias entraram em causa, porque também nos Estados Unidos há uma sociedade fragmentada. Toda sociedade moderna tende a se fragmentar e encontrar modos de relacionamento e de coesão social que não têm a ver só com o mercado ou só com a estrutura de classe.

A internet é um elemento essencial dessa transformação, porque favorece a criação de tribos, de grupos nos quais você fala com os seus iguais, iguais na crença ou descrença de certos valores, tornando obsoletas as concepções estabelecidas sobre a vida política. Ainda estamos vendo o mundo político em função de categorias passadas e buscando organizar a sociedade como imaginamos que ela foi na primeira metade do século XX. No entanto, as formas de comportamento não são controladas pelos partidos. Não apenas é impossível prever o comportamento valorativo das pessoas a partir da base estrutural na qual ela está inserida — classe média, classe alta, classe baixa, industrial, fazendeiro, embora isso possa ter o seu peso —, como há, na sociedade contemporânea, a possibilidade de múltiplas coesões sociais, nacionais e internacionais, nas quais as pessoas se conectam diretamente, saltando as estruturas organizadas de representação e manifestando-se de forma independente.

Vimos recentemente no Brasil manifestações importantes que já não eram mais coordenadas por nenhum partido. Com o avanço da sociedade contemporânea, sobretudo dos meios de comunicação e de disseminação de informações, as pessoas têm acesso mais fácil aos conhecimentos de que necessitam e mais capacidade de se moverem sem intermediários. Nas recentes manifestações que aconteceram no Brasil, em geral não se viam os movimentos mais antigos, como a CUT e o MST, pois a mobilização pode se fazer pela internet, de forma descentralizada, como ocorreu na greve dos caminhoneiros.

Talvez nas manifestações durante o processo de impeachment da presidente Dilma tenha havido um pouco mais de militância partidária, mas na luta pelo impeachment pesou muito mais a internet do que o Parlamento. Há, portanto, uma desconexão entre a representação institucional e o movimento social. O movimento social não é completo, é relativo, não dá para exagerar, mas não é mais possível entender a dinâmica da sociedade contemporânea simplesmente por meio da análise da dinâmica partidária. E também não adianta querer criar outros partidos como os de antigamente, porque não vivemos mais no passado. Em resumo, vamos assistir durante muito tempo à convivência de um setor mais institucionalizado da sociedade e de outro setor mais espontâneo, vinculado aos movimentos sociais.

Antes, eram os partidos que controlavam os movimentos sociais. Agora, mesmo quando criam esses movimentos, eles não conseguem mantê-los sob controle, porque as pessoas passam a ter certo peso — o que, de maneira paradoxal, no mundo contemporâneo, leva à necessidade de pontos de referência. Daí a importância da liderança, porque, no passado, esperava-se que o processo fosse conduzido pela instituição. Mas, hoje, não. A instituição continua a ser importante, mas de repente fica à mercê de um movimento. Ou, pelo menos, o movimento rompe o que foi decidido institucionalmente, confundindo as pessoas. Cada vez mais, na sociedade complexa, de base ultratécnica, favorável a uma infinidade de relacionamentos, o que ressalta é a importância dos valores e das pessoas identificadas com tais valores. Estamos diante de algo que coloca em risco — e não digo isso com satisfação — a própria ideia de democracia representativa.

A capacidade cada vez maior que as pessoas têm de tomar decisões não passou despercebida pelos ocupantes do governo. Contei que fui senador pela primeira vez durante o governo do general Figueiredo, ainda no regime militar, ao qual obviamente me opunha. Quando cheguei ao Senado, os corredores estavam vazios, como de costume. Não havia gente circulando, somente os senadores, e o mesmo ocorria na Câmara. Ou seja, até mesmo em termos físicos, a sociedade estava distante do Congresso, porque o Congresso tinha pouca força efetiva, era mais simbólico, e aqueles que tinham algum tipo de interesse dirigiam-se diretamente aos ministros, aos ministérios e ao governo. Agora é outra história: no Congresso, hoje, há muita gente circulando de um lado para o outro, e a sociedade pressiona diretamente o Congresso. Já na época da campanha pelas diretas começou essa pressão, com o aumento do número de audiências públicas. Hoje em dia, quando o governo vai apresentar uma lei, se esta for importante, em geral ele primeiro a divulga pela internet, para avaliar a reação. Claro que são os interessados que reagem, e obviamente nunca haverá democracia via internet, pois nesse caso somente os interessados é que iriam participar, e parcelas da sociedade nunca vão representar o conjunto. Sempre vai ser necessário ter um momento de consulta à vontade geral, ao conjunto da população — e o Congresso deveria ser a casa que abriga este espírito, este momento de conjugação.

Cada vez mais, as leis passam a ser submetidas a um crivo rigoroso, pois, toda vez que um cidadão ou um grupo organizado sente-se prejudicado em seu direito, ele se manifesta, ou pode manifestar-se. Diferentemente do que ocorria até a Constituição de 1988, quando somente o advogado-geral da União tinha o poder de apelar ao Supremo a respeito de uma lei, a nova Constituição conferiu a outras instituições a legitimidade para fazer isso, como no caso da Procuradoria-Geral da República. Assim, hoje em dia, além do advogado da União, que defende o governo, há também o procurador-geral da República, que defende a lei em nome da sociedade. No mesmo sentido, a Polícia Federal deixa de atuar como o braço do Executivo e torna-se instrumento do Judiciário. Todas essas mudanças foram passos muito importantes, cujos frutos estão sendo colhidos agora. As instituições passaram a ter maior autonomia, representando o amadurecimento do Estado e da sociedade. Se estivéssemos no passado, a esta altura, com as crises que estão por aí, estaríamos discutindo o nome de generais, em vez do nome de ministros do Supremo. É um avanço enorme. Ninguém, diante das crises que vão se tornando corriqueiras, está pensando em golpe militar, o que se discute é a condução do Supremo. Isso significa uma consolidação das instituições democráticas, com as pessoas reconhecendo que contam com mecanismos de interação.

Este é o jogo de poder, e, onde há poder, há pessoas que querem participar dele para realizar algo. No momento em que se diminui a grandeza de objetivos, e mesmo seu sentido, aparecem as distorções e surgem as pessoas que simplesmente querem se manter no poder pelo poder. E como uma das formas de se perpetuar no poder depende de dinheiro, abrem-se espaços para processos que desvirtuam o sentido da democracia.

Assim, um dos pontos cruciais para se repensar o sistema político é o que se refere ao financiamento da democracia. É notável a repulsa para discutir esse tema central. Quem paga a democracia? Como lidar com os custos da democracia? Com que recursos funciona um partido? Como se conduz uma campanha eleitoral? Tudo isso requer financiamento, e no Brasil, de alguma maneira, essa questão sempre foi resolvida com base em recursos públicos.

Um dos mecanismos existentes é o chamado Fundo Partidário, para o qual o Congresso votou em 2017 a disponibilidade de 3 bilhões de reais, destinados ao financiamento dos partidos, o que é uma montanha de dinheiro. Esse fundo é uma das causas da fragmentação partidária, pois todo partido, ao ser criado e aprovado pelo Tribunal Eleitoral, tem automaticamente direito a uma parte dos recursos do fundo. Há aí um problema evidente na alocação desses recursos.

Além do Fundo Partidário, houve, na prática, uma espécie de delegação do financiamento da vida política a dois setores privados, o dos bancos e o das empreiteiras. O grosso do dinheiro dos partidos, como se comprovou no chamado "petrolão", desvendado pela operação Lava Jato, era fornecido pelas empreiteiras e pelos bancos, e por outras grandes empresas, apelidadas de "campeões nacionais" e alavancadas com empréstimos fornecidos por bancos governamentais.

Havia uma lei que dizia que se o partido declarasse o montante recebido até determinado limite, a doação, o doador e o partido operavam sob o manto legal. A questão que se coloca é o motivo de ter existido tanto financiamento ilegal quando havia a possibilidade de se fazer tudo dentro da lei. No começo, havia dois motivos principais: primeiro, nem o partido nem muitas vezes o candidato queriam que se soubesse a origem do dinheiro, de que empresa provinha, ou então o partido não queria mostrar que recebia dinheiro de determinada fonte; e, segundo, a empresa tinha recursos não contabilizados, no caixa dois, e usava os recursos para o financiamento dos partidos.

Como vimos, os partidos surgiram em certa época, e no Brasil foram poucos os que se organizaram organicamente, e quase todos eram de esquerda. O mais organizado deles foi o PT, que logo descobriu que precisava de dinheiro, porque há um custo de manutenção em todo partido, que precisa de escritórios, assessores, carros, sistemas de som etc. Cito o PT, mas os desvios não se restringem a ele, ainda que tenha sido o mais bem-sucedido nesse sentido, o de angariar recursos por meios ilegítimos, começando pelas prefeituras, nos setores das empresas de transporte urbano, coleta de lixo, assim como do jogo. Tais fontes ilegais de financiamento tinham de permanecer ocultas, e tornaram-se essenciais porque a luta para se manter no poder tem um custo, a vida partidária tem um custo e os partidos precisam assegurar a própria sobrevivência e a capacidade de construir suas plataformas.

A certa altura, o Supremo Tribunal proibiu o financiamento das campanhas eleitorais por empresas. Há, portanto, um grande risco de que os partidos saiam em busca de recursos ilegais onde obviamente existem, ou seja, junto às organizações criminosas e a algumas igrejas. No caso das igrejas, são recursos mais legítimos, recolhidos por meio do dízimo, mesmo assim mal contabilizados. Na Colômbia e no México, o narcotráfico foi financiador de campanhas. No Brasil, que eu saiba, a penetração do crime organizado no financiamento de campanha é marginal, com exceção aparentemente do Rio de Janeiro e de outras poucas regiões.

Então esse é um jogo cujas regras precisam ser explicitadas, sobretudo a questão de como se financia a democracia. Será o governo, integral ou parcialmente, quem arcará com os custos? Qual o papel da iniciativa privada? E a participação dos filiados aos partidos? No Brasil, em geral, nenhum deles pagou nada, o militante participa, mas não contribui financeiramente. O PT resolveu o tema do associado obrigando o filiado que seja funcionário público a repassar ao partido um percentual de sua remuneração. Mesmo nesse caso trata-se de certa forma de dinheiro público. O fato é que não estamos discutindo a fundo o tema, nos entrincheiramos em uma posição moralista e contrária ao financiamento empresarial muito por conta dos últimos eventos escancarados pela Lava Jato. Seria preciso discutir para valer, definir regras e limites, por exemplo, estabelecendo um teto que os conglomerados empresariais poderiam doar, e explicitando que tais doações seriam restritas a um único partido ou candidato. Quando uma empresa doa para dois, três candidatos, é uma forma sutil de propina, pois ela está comprando garantias de futuro e não opinando, escolhendo um candidato de tal ou qual partido, como seria o esperado em uma democracia legítima.

Apresentei uma proposta, que nunca foi aceita, pela qual, em vez de o dinheiro ser doado diretamente ao partido, fosse criado um mecanismo, via Tribunal Superior Eleitoral, em que se abriria uma conta em nome do partido. Para acessar os fundos, o partido encaminharia as contas ao TSE, e este cuidaria para que somente fossem feitos pagamentos relativos à campanha. Quero dizer com isso que há mecanismos para lidar com a questão financeira, que entre nós continua não resolvida. Essa decisão do Supremo, no sentido de impedir o financiamento pelas empresas privadas, é a solução do momento, mas ainda é preciso ver se funciona a contento.

Resoluções desse tipo são importantes por seus efeitos: reduzindo o volume de recursos, diminuem-se os gastos com propaganda e rompe-se o monopólio do marketing, que é muito forte e transformou o político em uma ponte entre as empresas e o marqueteiro. Como circula muito dinheiro, vai ser necessário definir regras de campanha que não permitam o que ocorre atualmente: a produção de candidatos como se fossem marionetes. Os debates entre os candidatos têm de ser mais importantes que a propaganda, tal como acontece nos Estados Unidos. Embora complexo, este não é um tema insolúvel, existem saídas, mas elas dependem de uma discussão sem falsidade, sem hipocrisia, porque não há como escapar do fato de que alguém tem de responder pelo custo financeiro da democracia. Aparentemente, o povo está disposto a pagar através de imposto. Se for assim, então vamos estabelecer as regras, porque senão todo mundo vai sair por aí criando partidos apenas para ter acesso aos recursos.

Outro ponto da reforma eleitoral que me parece viável e relevante, com base em projeto de lei do senador Ricardo Ferraço, do Espírito Santo, tem a ver com as coligações partidárias. As regras atualmente são uma verdadeira confusão, sobretudo nas eleições proporcionais. Na eleição de um vereador ou um deputado, pelo sistema proporcional, se formam alianças para ampliar o tempo na televisão, que aumenta conforme o número de partidos que apoiam o candidato. Então, aquele que controla um pequeno partido vende de certo modo o seu apoio, trocando os vantajosos minutos de televisão por dinheiro, cargos ou posições. Segundo, um pequeno partido, quando faz a coligação, concentra o voto em uma ou duas pessoas, e, como ele não tem quociente eleitoral suficiente para eleger deputados, a aliança com um partido grande lhe proporciona a oportunidade de ampliar o quociente, elegendo-se com menos votos do que no caso de outros partidos. É uma distorção tremenda: não há por que permitir coligações nas campanhas proporcionais, pois isso deturpa o resultado e dá ensejo à mera venda do tempo de televisão. No caso das eleições para cargos majoritários — para governador, presidente —, o caso muda de figura, mas, se for proporcional, não é correto.

Há um mecanismo a ser definido: qual o percentual mínimo de votos obtidos para um partido ser reconhecido como tal e ter acesso aos recursos do Fundo Partidário e a uma representação própria no Congresso. Nesta condição, os partidos reconhecidos terão líder, salas, assessores e recursos para financiar sua atividade. Isso significa que é necessário que um grupo tenha um mínimo de votos que reflita a sua real expressão na sociedade civil para ser reconhecido como partido. Uma pequena organização pode existir e ter sua expressão na sociedade civil, mas, se não tiver um tamanho mínimo, não vai ter acesso aos recursos públicos somente pelo fato de se dizer um partido. Hoje, existem cerca de 27 partidos no Congresso, e outros trinta estão esperando para ser aprovados. Como não existem sessenta posições políticas no mundo, quatro, cinco ou seis partidos á seriam uma configuração de bom tamanho. É impossível imaginar um Parlamento com sessenta grupos organizados. Portanto, a introdução da cláusula de barreira vai ajudar muito, e a proposta do senador Ferraço é até moderada, prevendo uma representação mínima para a primeira eleição a ocorrer, que nas próximas eleições será aumentada. É óbvio que demanda um tempo para que os partidos se ajustem à nova regra, mas, ao final do ciclo de transformação, se o partido não for capaz de obter um percentual de votos em uns tantos estados, não será reconhecido.

O Partido Novo e a Rede não surgiram do impulso de obter acesso aos recursos públicos. Ambos têm consistência, e resultaram de estratégias diferentes. Basicamente, o Partido Novo foi criado por um grupo ligado ao mercado, sobretudo o financeiro, pessoas que tomaram a decisão de se organizar a partir de um ideal mais liberal. Já a Rede teve outra estratégia, seguindo o caminho de ficar sob uma liderança importante, a de Marina Silva. São partidos novos e legítimos, que vão se construindo aos poucos, consolidando suas posições de forma transparente e com conteúdo valorativo.

No entanto, o atual ambiente partidário é o de um balcão de trocas generalizadas, com os vinte e tantos partidos organizados, sobretudo como grupos de interesse. Camuflados de partidos, tais grupos dependem dos intermediários com capacidade para juntar as assinaturas requeridas para o reconhecimento oficial, os chamados caciques locais, que são movidos por vantagens. Então, havendo dinheiro ou poder, não há dificuldade para se criar um partido. Diante disso, o que me parece mais sensato e possível é tentar aprovar no Congresso essa reforma modesta, que cria a cláusula de barreira e proíbe a coligação nas eleições proporcionais. Mais tarde vamos discutir uma forma de financiamento legítima e transparente. Por fim, seria conveniente chegar a certa distritalização do voto, de modo a reforçar o vínculo entre o eleitor e o seu representante, e encerrar este capítulo de nossa história, no qual a política é dominada por intermediários de reputação duvidosa.

Em decorrência das experiências dos últimos anos, estou convencido de que discutir a possibilidade de candidaturas avulsas, por parte de indivíduos desvinculados de partidos, mas com projeção suficiente, é uma das maneiras de conciliar o movimento da sociedade com o jogo institucional, embora seja muito difícil compatibilizar um sistema de partidos com o voto individual.

Outro tema complicado a enfrentar é o do recall, e neste caso há certa urgência. Basta ver como foi dramático o impeachment da presidente Rousseff. Qualquer impedimento desse tipo é traumático, porque é dramático tirar do poder alguém que foi eleito e colocar nele alguém que, embora também eleito, ninguém conhece de fato, que é o vice-presidente. Trata-se de um processo dramático, por mais que esteja previsto na Constituição e baseado nela. Na prática, no Brasil, a própria reeleição funciona quase como um recall, mas o instituto do recall é perigoso, porque cria instabilidade no poder. Como nenhum dos problemas aqui tratados é de fácil solução, tampouco adianta imaginar que será possível reformar tudo de uma vez. Por mais que eu próprio seja favorável a, como dizem os americanos, mexer nos *"tipping points"*, os pontos que, uma vez alterados, acabam influindo sobre os demais, não dá para imaginar um plano miraculoso nem que alguém vá salvar o Brasil. Sobretudo porque o Brasil já está salvo, o que precisamos é melhorá-lo. Precisamos ter realismo e ver que, fazendo alguns ajustes, ele melhora progressivamente. Agora mesmo, exatamente por terem ocorrido tantos desastres, estamos diante de uma boa oportunidade de levar adiante reformas significativas. Sofremos uma crise econômica tremenda, houve a Lava Jato, e também a judicialização da política desde a Constituição; tudo isso está nos obrigando a refletir sobre a natureza de nossa política, está forçando a sociedade a olhar as bases da política. Isso cria condições para mudanças que, mesmo que não sejam extraordinárias, têm um efeito transformador. Cabe a nós aproveitar esse impulso e seguir adiante.

LEGADO PARA A JUVENTUDE BRASILEIRA

Aqueles que se propõem a liderar uma nação precisam ter em mente o altíssimo custo das ações que provocam o enfraquecimento da democracia, devido à enorme dificuldade de reconstruir a boa política em uma sociedade de massas, sobretudo em nosso caso, em que as massas são pouco educadas. Não quero dizer que faça muita diferença quando há massas educadas. Basta ver o exemplo da Alemanha, cuja população era educadíssima quando Hitler e sua visão de mundo desastrosa chegaram ao poder. Não há relação direta entre uma boa formação e uma boa política, mas há seguramente um vínculo entre falta de educação e populismo: em uma sociedade pouco educada, sempre é maior a possibilidade de se personalizar.

A sociedade contemporânea, por mais espantosa que seja toda a sua complexidade, requer também desempenho de pessoas, de líderes. E, como ficou entredito, também requer valores. As pessoas querem resultados, é verdade, mas só os resultados não bastam para infundir convicção. Elas têm de acreditar, têm de reconhecer alguns valores.

Criado pela Constituição de 1988, o nosso sistema institucional foi sendo adaptado, modificado e mesmo absorvido pela cultura tradicional — e implicou até certo ponto uma valorização da cidadania. Até certo ponto por causa das limitações já mencionadas, mas, bem ou mal, ocorreu algum avanço, e não puramente teórico. No caso brasileiro, não somente em termos de política, mas de sociedade, passamos de um contexto basicamente agrícola e rural para outro predominantemente urbano em pouquíssimo tempo, cerca de cinquenta anos, ao mesmo tempo registrando um extraordinário aumento da população. E quando a população cresce muito e há grandes deslocamentos, são inevitáveis os efeitos no campo da política.

Em termos demográficos, o primeiro grande deslocamento, à parte a chegada dos portugueses, deu-se com a escravidão, quando os negros não eram cidadãos plenos e assim permaneceram por muito tempo, com a classe dominante resistindo a oferecer a eles a cidadania. Depois vieram os imigrantes europeus e asiáticos, que, de início, também foram discriminados e se integraram pouco a pouco. Por fim, a migração interna de mineiros, nordestinos, os "baianos", como eram todos chamados, e que se concentraram, sobretudo em São Paulo. Quando a gente vê o impacto que teve atualmente a migração na Europa, o medo que produziu, porque vem o estranho para o ninho, percebemos o quanto tais deslocamentos são traumáticos. No Brasil, esse deslocamento demográfico ocorreu com muita rapidez, e não parou até hoje. De várias maneiras isso afeta as instituições e a infraestrutura — como serviços de educação, saúde, transporte e energia —, porque elas foram pensadas para a população original, e tudo precisa ser adaptado às novas condições, o que nem sempre é viável.

Quando se dá o colapso da administração, surge o populismo, cujo líder, no fundo, é alguém que expressa o desejo de serem atendidos pelos serviços públicos por parte daqueles que não têm meios ou que foram despojados dos que tinham. Claro que o fornecimento de serviços públicos para um contingente em crescimento exponencial não é facilmente resolvido, mas somente a ideia já é algo mobilizador. Veja o caso de Jânio Quadros, que disse: "vou calçar toda São Paulo". Calçou, mas não preparou o terreno e simplesmente passou asfalto em cima da terra. O asfalto acabou se mostrando de baixíssima qualidade e teve de ser refeito, mas Jânio foi eleito. Por trás disso há um fenômeno real: a modificação atual da sociedade é de tal ordem que clama por outras formas de fazer política. Se o caminho tomado por minha geração foi errado — e, em certos casos, dramaticamente equivocado, ainda que não em todos —, o fato é que sempre foi assim: em épocas nas quais há muita gente para ser incorporada à vida política, quem de fato incorpora, ou diz que vai incorporar, tende a ganhar a eleição e comandar a nação.

O caso mais recente é o do PT e de Lula. Não é que este tenha começado do zero, pois sua atuação é anterior, vem da época da Constituinte. Getúlio assegurou os direitos sociais. Eu próprio, quando presidente, incorporei o que pude, por meio da reforma agrária e os programas de Bolsa Escola, que depois viraram o conhecido Bolsa Família. Quando o Bolsa Família é transformado em instrumento político, quem o faz leva uma vantagem, por seu impacto no cotidiano de uma massa considerável de pessoas. Mesmo que o objetivo seja demagógico e que depois não se cumpra, quem comanda os programas de incorporação social leva a vantagem. É da vida, do jogo político, mesmo que mais tarde o programa possa entrar em crise.

Numa sociedade mais homogênea, é mais fácil organizar o sistema político representativo para que funcione melhor; já numa sociedade de massas pouco educadas e pobres, ansiosas por participarem das decisões e dispondo da conexão das redes sociais, há sempre um risco de demagogia perversa. Demagogia, na Grécia antiga, não era necessariamente algo negativo: o demagogo era a pessoa que falava bem e convencia os outros.

No Brasil o termo adquiriu outro sentido, designando aquele que convence o outro por razões menores, que conta uma inverdade para alcançar seus objetivos. De qualquer maneira, excluída essa conotação negativa, sempre tem de haver demagogia no sentido grego. Em política, sempre é preciso convencer o outro do caminho que se propõe; então, se quisermos mudar, temos que ter primeiro uma proposta melhor para nossa sociedade, com as mudanças necessárias para levar a sociedade a um patamar de melhor qualidade de vida.

As mudanças fundamentais não são rápidas, e por isso dependem das novas gerações. Estas são menos comprometidas com o que se faz atualmente e, ao mesmo tempo, querem ter voz e exercer certo protagonismo — e, principalmente, terão mais capacidade de formular os ideais do futuro. Cabe à nova geração a responsabilidade crucial de pensar os assuntos contemporâneos de grande complexidade, de tomar posição em relação a eles e de comunicar o novo ideal a ser perseguido pela sociedade.

Costumo dizer que o mal de nossos partidos é que eles não tomam partido. Na maioria das vezes, não abordam os temas mais espinhosos porque temem perder votos. Quem toma partido e explicita a sua posição também restringe a amplitude da sua voz, angariando simpatia e votos apenas daqueles que estão de acordo. Por exemplo, estou convencido de que se deve descriminalizar e regulamentar o uso da maconha, mas, como isso afasta muita gente, os partidos preferem não tocar no tema. O mesmo se dá em outros casos, como na questão da mulher: em vez do debate e do diálogo, preferem ficar calados.

A nova geração vai ter que tomar partido se quiser mudar a realidade. Não estou dizendo que ela deve ingressar em um partido, e sim tomar partido, assumir uma posição, dizer o que de fato pensa, tendo plena consciência dos problemas e das dificuldades. Para mudar alguma coisa, a nova geração vai ter de se interessar pelos debates em torno dos temas cruciais de nossa sociedade. Na vida política, há um momento em que você tem que se jogar, não adianta esconder o jogo, tem que manifestar sua posição e seguir até o fim, assumindo o risco, em função dos valores em que acredita. Se não acreditar em nada, não há como mudar as coisas, pois estas não caminham sozinhas, mas são conduzidas pelos interesses. Como no Brasil de hoje não se toma partido, são os interesses que, de um jeito ou de outro, vão impondo um rumo ao país.

Agora, para qualquer modificação da sociedade, há certas regras a serem seguidas, e entre as impostas pela democracia está a de alternância do poder. Além disso, a certa altura da história, há também a questão da alternância de gerações e da participação do jovem na política. Essa é uma questão que preocupa até mesmo os regimes não democráticos: há algum tempo, por exemplo, os chineses tomaram a decisão de mudar os dirigentes a cada tantos anos. Muda a geração, muda todo mundo. Nos regimes democráticos não é assim, não se muda a cada geração, mas também eles têm de ter consciência da importância desse movimento.

O problema se coloca de modo mais agudo quando não há muitos jovens dispostos a fazer algo pelo chamado bem público. Sempre tivemos esse problema. No regime autoritário, a política não despertava o interesse dos jovens porque a carreira dependia ou dos burocratas ou dos militares. Com o fim do regime militar e a abertura, a atividade política passou a competir com outros setores atraentes para os jovens. Na verdade, nos últimos vinte ou trinta anos, vem aumentando a atração exercida pelo mercado. A política está de certo modo em desvantagem competitiva, porque o talento é mais bem recompensado pelo mercado, não só em termos econômicos, mas também pela abertura de possibilidades e pela rapidez do avanço nas carreiras. Além disso, os partidos não se mostraram sensíveis às grandes mudanças ocorridas na sociedade; as pessoas mais talentosas passaram a buscar satisfação em outras áreas.

Não obstante, se quisermos de fato mudar algo, teremos de promover uma mudança de geração, o que não é simples, sobretudo numa sociedade na qual há pouca motivação para essa mudança. É fundamental que os jovens se interessem pelo bem comum, sem que isso implique dizer que vão ser políticos profissionais. O mundo atual oferece muitas possibilidades de realizar ações em prol do bem-estar da sociedade, mesmo que não se entre na vida partidária, na política profissional. Claro que sempre se precisa de gente disposta a exercer funções partidárias, mas, independentemente disso, há muito o que fazer, com efeito sobre a sociedade, a vida e até a política, e que não são ações propriamente partidárias.

No passado, os partidos tinham escolas para a formação de quadros. Hoje, os grandes partidos brasileiros têm institutos de formação cultural, e alguns até se empenham no treinamento de seus membros, mas há sempre o risco, visto do ângulo do jovem, de que isso seja mais um instrumento de

LEGADO PARA A JUVENTUDE BRASILEIRA

manipulação do que de formação. Bem ou mal, contudo, há cada vez mais mecanismos pelos quais as pessoas, mesmo não almejando fazer parte da vida eleitoral, possam se realizar na vida pública. E é fundamental estimular as gerações mais jovens para que entendam os mecanismos da vida institucional, e saibam que certas decisões somente são possíveis pela via institucional.

Muita gente no Brasil, muitos jovens e muitas famílias se preocupam com a educação, e o primeiro impulso é criar uma escola de excelência, o que é bom, melhor ter uma escola de excelência do que não ter nada, porém não se resolve nada apenas com escolas de excelência isoladas. No Brasil, temos milhões de estudantes, e somente o setor público é capaz de atingir essa população — então é preciso que pelo menos algumas pessoas estejam convencidas de que o caminho está na melhoria da gestão pública. O exemplo isolado é importante, mas não basta ter ilhas exemplares de excelência no setor privado, é preciso uma ação efetiva no setor público, porque neste se atende a maior parte da população.

Pouco tempo atrás, ocorreu no PSDB a chamada Onda Azul, um movimento com alguma repercussão de setores mais jovens que quiseram entrar em massa para ver se mudavam alguma coisa. Confrontadas com a fossilização acentuada das estruturas partidárias, as pessoas logo se desiludem, pois os jovens, em geral, são motivados por valores, por causas, e os diretórios partidários não discutem causas, e sim questões internas de poder, o pequeno poder. Quem está interessado em uma causa não descobre nenhuma afinidade com um diretório, preocupado apenas com questões partidárias internas e em geral dominado pelos caciques. Então, a onda se forma e se desfaz, porque não encontra condições de expressar seus anseios no ambiente partidário.

Quando criamos o PSDB, durante a Constituinte, por causa de discordâncias com a direção do MDB, decidimos que haveria dois tipos de organização: um deles seria o diretório, e o outro, não lembro o nome que demos, era o núcleo ou algo assim. Esse segundo tipo, a ser implantado nos locais de trabalho para a discussão de problemas concretos, nunca foi levado adiante. Tão grande é a força das instituições fossilizadas que tudo virou diretório, ninguém viu a necessidade de criar esses espaços de discussão. A mesma coisa vale para a internet, quer dizer, os partidos não aproveitam os seus próprios mecanismos para criar âmbitos de discussão. Não obstante, esse é o cotidiano dos jovens, que vivem metidos em "tribos" cibernéticas, só que desconectados do âmbito institucional.

Por outro lado, não adianta imaginar que é possível fazer política só fora das instituições. Claro que, em certa medida, é possível, mas não basta. Estou convencido de que continua sendo crucial a motivação para chegar às instituições, a crença de que as instituições políticas podem voltar a funcionar. Num país como o nosso, com as instituições políticas no estado de descrédito em que se encontram, não é nada fácil manter a convicção de que vale a pena lutar por elas. Mas, se não acreditarmos que podemos melhorar, não vamos sair do lugar. Então, quando as pessoas me perguntam: "Ah, quero me empenhar numa atividade política, para qual partido devo entrar?", eu digo: "Não vou nem falar de partido. Antes de tudo, você tem de ter clareza sobre os seus motivos. Quer entrar para fazer o quê? Seguir uma carreira e se dar bem? Nesse caso, há outras atividades melhores, nas quais você ganha mais ou, pelo menos, pode ficar rico sem roubar. Então é preciso pensar bem." Ou a pessoa entra na política institucional porque se considera capaz de dar uma contribuição ao bem comum e, portanto, se orienta por determinados valores, ou então nem vale a pena entrar.

O pensador alemão Max Weber tem ensaios clássicos sobre o que chama de "política como vocação", que é no fundo o que estou defendendo aqui — a grande política como vocação. Mas a política moderna requer também certa especialização. Não creio que o líder saia dessa especialização, e sim da vocação, mas por outro lado ele não consegue conduzir a máquina sem profissionalização. São as áreas técnicas que garantem a continuidade das instituições, sob a orientação das lideranças vocacionadas. No recrutamento para a vida política, sempre houve uma competição para atrair os jovens, arrastando esses para um lado, aqueles para outro. E o que se nota é que, no Brasil, houve um momento de pouca vocação, porque não havia motivação na política, e multiplicaram-se as oportunidades fora do setor público. Em consequência, os jovens se mantiveram afastados dessa atividade. Agora, porém, chegou o momento de despertar essa vocação, de fazer com que os jovens vislumbrem que a política não é uma atividade menor nem desprovida de sentido. Ou encontramos novos talentos capazes de servir ao público por vocação ou então não haverá como progredir.

Entre aqueles que afirmam não querer saber de política, a situação é pior, porque serão objeto dela, vão fazer parte da chamada massa de manobra.

LEGADO PARA A JUVENTUDE BRASILEIRA

Por isso, é melhor tomar consciência do que acontece e, sobretudo, tomar posição diante do que acontece. Embora a responsabilidade seja de todos, as gerações mais jovens têm menos comprometimento com o que já foi feito. Chegou a hora de fazer alguma coisa, para corrigirmos o que sabemos que está errado. É muito difícil convencer lideranças mais antigas de que vale a pena mudar, e também é muito difícil elas se arriscarem. Há as exceções, daqueles que continuam tentando mudar — afinal, não é exclusividade dos mais jovens perseguir o bom caminho —, mas vejo maior possibilidade de êxito na geração mais nova, e não entre os mais velhos, porque estes estão presos ao que conhecem, têm hábitos e uma visão consolidada. Então, em certos aspectos, há resistência para mudar, custa-nos aceitar, e eu me incluo nisso. Não é verdadeira a ideia de que as pessoas sempre querem o novo, todo mundo fala em inovação, mas as pessoas não gostam de se lançar no desconhecido. A coisa muda depois de dar certo, quando a inovação obtém reconhecimento e validade, mas antes as pessoas tendem a não mexer no que está errado. E o ímpeto maior para mudar vem com a nova geração, e graças a ela é que vamos conseguir avançar.

No exercício cotidiano da política, é preciso lidar com todo tipo de gente. Simplesmente não dá para fazer como alguns dizem: "Só quero tratar com os meus", porque aí não se sai do lugar. A política não é uma questão de ver quem é bom, quem é mau, e sim de ver como transformar os maus em bons. Admitindo que os seus próprios valores sejam bons, como você muda o outro, porque, se não for assim, não se muda nada. Sendo só categórico, quem é bom vai para um lado, quem é mau vai para o outro, é preciso ter a capacidade de não se deixar corromper pelo mal, mas tendo de conviver com ele. Para a filosofia chinesa, o bem e o mal estão sempre presentes. Isso não significa que você tem de se render ao mal, mas que é preciso se empenhar o tempo todo em fazer o possível para melhorar. E também é preciso relativizar, pois quase tudo em julgamento depende do ponto de vista, tem--se de explicitar, de deixar claro os critérios. Na verdade, não é nada banal ser Político com P maiúsculo, e quando os jovens se derem conta disso, se dispuserem a sair da zona de conforto e passarem a exercer atividades, que não precisam ser partidárias ou eleitorais, mas que tenham efeito sobre o conjunto da sociedade, é nesse momento que a sociedade começará a mudar.

Todo líder precisa ter firmeza de propósito, coragem e persistência. Sem acreditar em algo, não se faz grande coisa, e, sem coragem e persistência, logo se desiste, porque toda mudança topa com a resistência da maioria. A maioria das pessoas sente-se segura reafirmando o que já conhece. Só se consegue mudar o estabelecido com persistência, fazendo com que um número cada vez maior de pessoas perceba o valor de determinada inovação. Até lá não há como esperar reconhecimento. Assim, na formação de lideranças, cabe reforçar a determinação de não ir atrás do que pensam os outros, nem de se deixar influenciar pela opinião das massas. O líder inova imaginando o que é para o bem. O líder é justamente aquele que consegue fazer com que uma inovação seja aceita, o que não é nada fácil, porque muito frequentemente a maioria vai querer que tudo permaneça como está. Este é o exercício da liderança, um exercício árduo e solitário. E, quando se está na liderança máxima, as decisões são exclusivamente suas, porque afinal a responsabilidade é unicamente sua, e isso demanda muita força interior. Nesse caso importa, sobretudo, obedecer aos valores, àquilo em que se acredita, e devemos nos arriscar pelas soluções compatíveis com nossos valores. E sempre, claro, levando em conta a realidade, reconhecendo o impacto de nossas ideias na realidade prática, avaliando os resultados concretos na sociedade, positivos ou negativos, assumindo integralmente a responsabilidade.

Em 2013, quando viajei à África do Sul com outros presidentes, por ocasião do funeral de Nelson Mandela, achei que tinha a obrigação de dizer à presidente Dilma e aos demais ex-presidentes que esse sistema político que conhecemos acabou. E, na condição de ex-presidentes e presidente, caberia a nós propor ao país uma saída, uma solução que contemplasse uma espécie de mínimo comum dos interesses nacionais. Não obtive resposta. O único que se interessou e aceitou conversar foi o presidente Sarney, que me disse: "Fala com o Lula que ele te ouve." Chamei o Lula e fui bastante incisivo, mas ele me disse que tinha outras prioridades — que hoje sabemos quais são.

Diante da falência do sistema político e da sua dificuldade em se regenerar, acho bom o surgimento da Lava Jato, porque nos obriga a alguma ação. Quando tentei mobilizar os ex-presidentes em 2013, já dizia que a política ia para o buraco se não nos organizássemos em prol do Brasil. Hoje, o Poder Judiciário e a crise estão forçando essa mudança, porque a liderança não quis assumir responsabilidades e não percebeu que o buraco era enorme.

As boas intenções, por vezes, não bastam. Para um pregador religioso, talvez sejam suficientes, mas o político não é um pregador, o político tem de explicitar um caminho viável, tem de ser capaz de construir esse caminho. Não adianta ter a verdade, ele precisa ser capaz de transformar o que acredita em algo valorizado pela coletividade — e que dê certo na prática, que funcione. E tudo isso sabendo que, quando errar, quem errou foi ele, e, se acertar, os outros é que vão ficar com os méritos. Esse é o sentido de uma liderança: a capacidade de assumir a responsabilidade. E é algo tremendo. Pois quando um político assume plenamente tal responsabilidade, sente-se, por assim dizer, impelido pelo vento da história. Caso contrário, não se é um político no sentido pleno da palavra.

Aqui chegamos ao conceito principal, o da grandeza implícita no exercício da política, algo que me parece crucial transmitir aos jovens. A política não se resume ao toma-lá-dá-cá, não há apenas esse lado escuro. Um político não é um pregador, para ele não basta ter a razão abstrata: ele é um fazedor que precisa criar o caminho e, portanto, precisa ter uma noção acurada da realidade. O líder, no fim das contas, é alguém capaz de propor uma utopia viável, capaz de transformar o sonho em realidade.

Capítulo 6

O Estado e a gestão pública

Nossa cultura política, tradicional e ibérica, é a do clientelismo, com o governo encarregando-se de tudo. Já no mundo moderno, das empresas e do trabalho, não é assim. Então há um choque entre, de um lado, esse mundo moderno que inova, muda e tem capacidade, e, de outro, a máquina pública que, com a sua letargia e os seus constrangimentos, se mostra pouco apta para responder de forma satisfatória.

Fernando Henrique Cardoso

Sintonize: servir a nação

Daniela de Rogatis e Marina Amaral Cançado

O Brasil é um país mal gerido. Um país em que se paga mais impostos do que em países de renda equivalente e no qual o setor público captura mais de 40% do PIB, e que, no entanto, oferece um retorno precário em termos dos serviços básicos e do ambiente para o desenvolvimento empreendedor e empresarial.

Preso na burocracia da máquina, no corporativismo das carreiras públicas e no excesso de controle, o Estado não tem sido nem capaz de fazer aquilo que assumiu em seu pacto com a sociedade, nem aquilo de que o Brasil precisa para se inserir na dinâmica global do século XXI.

Entre os intelectuais, muito tempo é gasto na discussão sobre qual o papel que o Estado deveria ter; quais funções deveria — e quais não deveria — desempenhar na sociedade. Esse é um debate central, mas o fato é que, se o Estado não for minimamente funcional e responsivo, toda essa discussão será tempo perdido. Um Estado que não crie um ambiente favorável para o desenvolvimento dos cidadãos e de suas iniciativas, e que não seja capaz de implementar aquilo a que se propõe, é ruim do ponto de vista de qualquer ideologia.

O Estado é a principal ferramenta de uma sociedade para garantir que os desafios da convivência e do bem-estar coletivo sejam endereçados. No caos não há condições para que as pessoas vivam bem, nem para que uma nação prospere; por isso o Estado é necessário. Porém, na prática, o atual Estado brasileiro é uma ferramenta quebrada.

Uma máquina que consome muita energia para sua própria manutenção e crescimento, utilizando e distribuindo mal a riqueza gerada pela sociedade, dedicando poucos recursos e autonomia para as atividades-fim que acontecem na ponta e sendo lento demais para se moldar às demandas dos cidadãos e do mundo.

Para que seja possível restabelecer o pacto entre Estado e sociedade, visando que cada uma das partes assuma sua responsabilidade e a exerça da melhor maneira, é preciso coragem, visão e disposição para dar os primeiros passos. O sucesso depende de nossa capacidade de aproximar os diferentes setores — público, privado com fins de lucro e sem fins de lucro — e de criar coalizões capazes de repensar como o Brasil irá lidar com os grandes desafios nacionais e globais de forma transparente, aberta, estratégica, sustentável e efetiva.

Para que essa aproximação seja possível, antes de mais nada, é preciso reconhecer que o transatlântico que se tornou o Estado brasileiro só se moverá se os setores privado e social/filantrópico identificarem e somarem esforços com os profissionais públicos de excelência, que também compreendam a necessidade de ajustes de rota. Por mais espalhados que estejam, precisamos encontrar, reunir e apoiar esses empreendedores públicos, ou seja, aqueles que efetivamente dedicam sua vida para melhorar sua localidade ou país — muitas vezes, ainda pagando um preço pessoal alto pelo risco moral, administrativo, jurídico e político que enfrentam.

Além de valorizar e destacar a "prata da casa", a cada dia aumenta o número de cidadãos — de diferentes fases de vida — que estariam dispostos a contribuir para a resolução dos grandes desafios de nossa sociedade. Portanto, está mais do que na hora de encontrarmos as estruturas adequadas e possíveis de colaboração e trabalho conjunto de empreendedores de todos os setores.

Para dar um novo significado ao ato de se trabalhar no Estado, ou melhor, de servir à sociedade, precisamos repactuar o que é política ou serviço público, o que pressupõem, quais as expectativas e resultados almejados, bem como qual a melhor forma de resolvê-los.

Essas reflexões e decisões de caminho passam por romper com a velha concepção do Estado brasileiro que concede direitos e regalias aos seus funcionários muito acima das práticas do mercado. Em muitas carreiras, o funcionário público entra ganhando mais do que alguém com qualificação semelhante trabalhando no mercado, tem estabilidade na função — praticamente, a garantia de que não será demitido —, e ainda, quando se aposenta, goza de uma aposentadoria muito mais generosa do que a que o próprio Estado garante aos trabalhadores do setor privado.

Isso às vezes é até pintado como uma espécie de serviço social: o Estado tem que garantir o bem-estar dos trabalhadores e evitar deixar pessoas desempregadas. O que não se diz é que esse bem-estar é direcionado a pessoas que costumam vir das camadas mais altas, com mais oportunidades — afinal, passar em concurso não é fácil. O ponto é que os profissionais públicos são pagos por toda a sociedade e, portanto, devem responder aos cidadãos brasileiros dedicando seu tempo para entregar aquilo que a população espera do setor público.

O Estado tem, em um país como o Brasil, a missão de distribuir melhor a renda da sociedade, para garantir alguma coisa aos que carecem de oportunidades elementares para viver e se desenvolver. Só que esse tem que ser o resultado de suas atividades, e não a lógica de funcionamento interno dele; mesmo porque, como já foi dito, aqueles que conseguem entrar nos quadros do funcionalismo raramente são as mesmas pessoas que precisam de distribuição de renda.

Por tudo isso, a cabeça de quem entra no serviço público costuma ser o oposto do que deveria ser. O concurso é visto não como uma oportunidade de servir, mas como um bilhete premiado para a vida estável. Em geral, essa pessoa presta todo e qualquer concurso em que tenha chance de passar, não importando a área ou sua expertise; seu intuito é ter um emprego, e não trabalhar com algo específico. Ela se esforça agora, antes de entrar — num estudo e trabalho que não beneficiam diretamente a ninguém —, para, uma vez lá dentro, finalmente ter vida fácil, justamente no momento em que está na condição de beneficiar a sociedade. Todas as prerrogativas de que o emprego vem munido são vistas como direitos inegociáveis, pelos quais o funcionário público irá lutar, paralisando o sistema e sabotando as intenções das lideranças políticas que contrariem seus interesses, se for necessário.

O Brasil precisa urgentemente mudar a sua concepção do que é ser funcionário público, resgatando, para isso, o sentido original do termo "servidor": aquele que serve. Ou seja, aquele que se coloca a serviço da sociedade; que tem em sua cabeça a missão de servir. O profissional público que buscamos é aquele movido pelo espírito público, ou seja, aquele que escolheu a carreira pública não porque sonhava com vida fácil e bem remunerada, mas porque enxergou no Estado a melhor oportunidade para usar seu potencial e promover o bem comum. Sendo assim, naturalmente, ele não é alguém que presta concursos variados para ver se passa em alguma coisa, e sim um indivíduo dotado de foco e senso de missão.

O serviço público não é o caminho para quem busca enriquecer, acumular fortuna e ter vida fácil. Ele tem que ser, evidentemente, bem remunerado, para atrair profissionais de excelência — que não são nem nunca serão mártires —, mas não pode ser jamais um espaço de privilégio e corporativismo, em que muito tempo é dedicado para que os interesses das carreiras prevaleçam, mantenham-se ou se ampliem.

Estamos falando em substituir o Estado como aspiração de uma classe — à custa do restante — pelo Estado que entrega resultados para toda a sociedade. De funcionários públicos que servem ao corpo social, e não de um Estado que, tirando da sociedade, serve ao funcionalismo.

Essa mudança exigirá decisões difíceis, negociações duras. Mas são passos necessários para que o nosso Estado se aproxime de sua finalidade, hoje negligenciada. Para que se torne um instrumento preciso e eficiente de colocar em prática os desígnios da sociedade determinados pela política democrática. Para que deixe de ser um elemento de resistência e passe a ser um fio condutor. Para que abra o espaço para as coalizões de solucionadores de problemas de todos os setores.

Até hoje, "funcionário público" tem sido uma expressão que designa mediocridade, encosto e tédio. Se o Brasil quiser avançar, isso terá que mudar, seja pela visibilidade que os talentos do setor público precisarão ganhar, seja pela reorganização de nosso corpo de funcionários, de modo que o padrão seja prezar pela excelência das ações que nossas aspirações nacionais demandam. O meio do funcionalismo público deve ser também exigente, que convoque indivíduos capazes, determinados e com o espírito do serviço. São as pessoas com esse perfil que construirão o futuro de nossa gestão pública e, com ela, o futuro do Brasil.

Uma outra dimensão que precisa ser considerada e modificada é a governança do Estado e as formas de controle dos poderes entre si, e da sociedade sobre o Estado. O funcionário público precisa de um meio propício ao seu trabalho, coisa que ele não encontra quando o sistema busca puni-lo a cada passo. É preciso urgentemente endereçar as extrapolações dos órgãos de controle e do Judiciário que, em muitos casos, têm não só reforçado os procedimentos burocráticos, mas também influenciado o conteúdo das polí-

LEGADO PARA A JUVENTUDE BRASILEIRA

ticas públicas e, em alguns casos, até legislado sobre elas. Naturalmente, são essas carreiras dos órgãos de controle as mais bem remuneradas do Estado brasileiro e as que têm mais fortemente atuado em prol de seus interesses corporativistas.

Precisamos repactuar um novo equilíbrio entre controle e confiança na administração pública. A partir disso, poderemos restabelecer o equilíbrio entre os poderes, bem como identificar e construir uma forma possível de participação da sociedade na governança do setor público. A grande questão que se coloca é qual a estrutura de governança e de controle adequada para o Estado desempenhar o que foi pactuado com a sociedade da melhor maneira.

Um outro elemento que pode acelerar bastante a reconfiguração das políticas e dos serviços públicos, bem como trazer novas possibilidades para a relação Estado e cidadão, é a tecnologia. Por meio dos avanços tecnológicos, é possível cruzar bases de dados, ter evidências sobre o resultado das ações na realidade, acompanhar em tempo real uma série de processos, dar transparência aos procedimentos burocráticos e oferecer os serviços públicos dos mais variados tipos de forma mais acessível, ágil e centrada no cidadão. A despeito do novo mundo que a tecnologia possibilita, infelizmente, o Estado brasileiro em geral ainda atua de forma analógica, totalmente desconectado do século XXI. Enfrenta a resistência de alguns órgãos ou grupos em dar transparência aos procedimentos internos e resultados das políticas, e o receio quanto ao redimensionamento do funcionalismo que se fará necessário se a automação e a digitalização dos processos e serviços se expandir por toda a máquina pública.

A análise de dados e o uso de tecnologia são instrumentos poderosos para que os resultados, os entraves, o custo/benefício das ações do Estado sejam visualizados e discutidos. Portanto, se queremos resolver com mais agilidade e efetividade os inúmeros desafios que temos, é fundamental discutir e criar novos arranjos de colaboração, contratação e empreendedorismo setorial. Talvez seja hora de uma abordagem mais pragmática, isto é, de levantar os problemas mais urgentes a serem endereçados e identificar quem tem a capacidade de resolvê-lo da melhor forma.

Sem dúvida, muita coisa tem que mudar. A tecnologia que o Estado utiliza precisa ser atualizada para que a realidade seja conhecida e transformada com eficiência. O controle burocrático que o Estado exerce sobre seus quadros precisa ser rediscutido para não sufocar as iniciativas positivas que partem de dentro dele. Por fim, a mudança principal. Tecnologia e controle não são fins em si mesmos, mas apoios para que a peça central, o elemento humano, possa desempenhar seu papel com eficácia e ética. O servidor público, essa figura tantas vezes pisoteada pela opinião pública, é um fator indispensável para construir o Brasil que queremos.

Mudar a filosofia do serviço público, bem como atrair pessoas que miram alto e estão dispostas a entregar o seu melhor, é a missão que se coloca à nossa frente. Só assim poderemos repactuar as expectativas da sociedade para o Brasil e o papel de cada setor em fazer sua parte para avançarmos como nação e como país.

Tornar o necessário possível: a Presidência da República e a gestão pública

Fernando Henrique Cardoso

Vamos agora conversar um pouco sobre a gestão pública e sobre como se apresentam as questões mais práticas em termos políticos, sempre que possível associando isso à minha experiência como presidente da República.

Na verdade, ao chegar à Presidência, eu já contava com alguma experiência em gestão da máquina. Tive a sorte de fazer uma espécie de escolinha para presidente. Comecei na carreira pública quase que por acaso, ao ser eleito senador por São Paulo, porque ainda estávamos sob o regime autoritário, contra o qual eu me opunha. Como eu tinha certo reconhecimento internacional, isso me dava abertura para dizer as coisas com maior liberdade, sem ter tanto medo, e pouco a pouco fui criando um círculo de influência.

Em 1964, quando os militares tomaram o poder, fui obrigado a sair do país. Naquele momento, eu não queria mesmo ficar aqui, porém depois não pude mais voltar devido a uma série de impedimentos. Com isso, acabei fazendo parte de minha carreira universitária fora do Brasil, e só mais adiante, quando consegui retornar, assumi por concurso a cátedra na Universidade de São Paulo. Logo em seguida, porém, um novo decreto presidencial me excluiu da cátedra, com o Mário Schenberg, um professor de física muito importante na época, o também sociólogo Florestan Fernandes, e outros que renunciaram em solidariedade a nós, como o historiador Sérgio Buarque de Holanda. O fato é que não tínhamos condições de opor qualquer resistência àquela decisão arbitrária e imperativa.

Um aspecto curioso é que fiz carreira muito rapidamente: entrei aos 17 anos na universidade, e, aos 21 anos, comecei a dar aulas na Universidade de São Paulo, como professor assistente de história econômica na Faculdade de Economia. Portanto, comecei muito cedo, e, a despeito de todas as dificuldades daquele período, quando cheguei à cátedra, estava com 37 anos e havia feito toda a carreira de professor, quatro teses, mestrado, doutoramento, livre-docência e afinal a cátedra. Depois dessa trajetória acabei sendo aposentado compulsoriamente. Assim, quando pela primeira vez fui receber o cheque da aposentadoria, na reitoria da Universidade de São Paulo, a funcionária comentou: "Mas como é que conseguiu isso?", porque conseguir se aposentar tão cedo era, e continua sendo, o ideal de muita gente.

Depois do afastamento da cátedra, como eu havia sido professor na França, no Chile e em outros lugares, fui convidado a retomar as aulas em Paris e também em Yale, mas achei que já tinha estado muitos anos fora do Brasil com a família, e, como sempre tive forte compromisso com o país e no exterior havia muita gente que poderia fazer as pesquisas que eu faria e aulas que eu daria, e, ao mesmo tempo, o conhecimento que eu tinha obtido não era tão comum no Brasil da época, acabei optando por ficar aqui. Criei então um centro de pesquisa privado que existe até hoje: o Centro Brasileiro de Análise e Planejamento (Cebrap), uma espécie de ONG. Enquanto estava trabalhando nesse instituto de pesquisa, o chefe da oposição, Ulysses Guimarães, me procurou e sugeriu que eu me candidatasse ao Senado pelo MDB, pois assim arregimentaria o apoio dos mais jovens, dado o prestígio que na época eu desfrutava no meio cultural e especialmente entre os jovens.

Em 1978, o sistema eleitoral era o de sublegendas, ou seja, cada partido podia indicar até três candidatos para o mesmo posto. No caso do Senado, o candidato mais importante do MDB era o Franco Montoro. A minha função seria a de agregar votos, que se somariam aos dele. O candidato opositor, pela Arena, era o Claudio Lembo, que depois veio a ser governador de São Paulo interinamente. O Montoro teve mais votos que todos, mas o que me surpreendeu foi receber mais de 1 milhão de votos, ficando em segundo lugar, acima em número de votos do candidato da Arena. O que eu não sabia era que, com isso, automaticamente me tornava suplente do senador eleito. E não sabia mesmo, posto que eu tinha um suplente e o Montoro tinha outro, mas naquela época tudo era muito arbitrário e pela regra eleitoral era assim. Pouco depois, em 1982, voltei a dar aulas nos Estados Unidos, na Universidade da Califórnia, em Berkeley, e lá me convidaram para ficar na condição de catedrático (*full professor*). Até brinquei com o diretor do departamento

LEGADO PARA A JUVENTUDE BRASILEIRA

de Sociologia que me convidou, dizendo que eu ficaria, mas queria um lugar no Capitólio, ou seja, no Senado americano, porque, se voltasse ao Brasil, eu viraria senador, que foi o que ocorreu quando Montoro se lançou candidato a governador do estado de São Paulo e venceu.

Assim, há um elemento casual na minha chegada às funções políticas. Não houve uma escolha deliberada no sentido de trocar a vida acadêmica pela vida política, mas o fato é que acabei acumulando bastante experiência política. Cheguei a ser líder do governo Sarney, participei da Assembleia Nacional Constituinte, ajudei na redação da nova Constituição, e, quando o presidente Itamar Franco se elegeu presidente, fui designado ministro das Relações Exteriores e depois ministro da Fazenda. Pude ver de perto o funcionamento da máquina pública durante meu mandato no Senado ao longo de todo o governo do presidente Sarney e da parte final do general Figueiredo. Mais tarde, como ministro das Relações Exteriores e, sobretudo, como ministro da Fazenda, vi mais de perto como era coordenar e gerenciar a máquina do governo. Eu não tinha a ilusão de achar que era possível fazer qualquer coisa relevante no Brasil sem contar com o apoio de setores da burocracia e, ao mesmo tempo, sem influir, na medida do possível, nas decisões do Congresso.

Muitos enfatizam a incompetência na gestão do país. Não há como negar isso, mas também não se pode ver o problema só do ângulo empresarial, pois existem diferenças significativas que, se mal compreendidas, não permitem que se tenha êxito na gestão da coisa pública. Eu conheço de perto casos de gestores bem-sucedidos na iniciativa privada que, não obstante, não se saíram bem na gestão pública. Embora o presidente da República seja tido como o todo-poderoso, o que até certo ponto é verdadeiro, sobretudo em nossa tradição de presidencialismo imperial, em que quase tudo passa pela Presidência, isso é enganoso e nem todo o poder está concentrado nas mãos presidenciais. Sem dúvida, no Brasil, o presidente concentra muito poder, mesmo quando comparado ao presidente dos Estados Unidos. Então, temos a sensação de que basta querer que as coisas acontecem; na prática não é bem assim, porque há uma enorme distância entre a decisão do presidente e o resultado concreto.

Para começar, o presidente tem de manter um bom relacionamento com o Legislativo. Quando não se presta atenção a esse relacionamento, não há como governar, porque no mínimo o Legislativo tem a capacidade de bloquear. Ele não toma as decisões que lhe cabem e, com isso, acaba paralisando uma iniciativa. Aliás, os impeachments que ocorreram no Brasil ocorreram em função disso, de governos que perderam a capacidade de governar e de se relacionar com o Congresso, o qual vai se distanciando do presidente. O exercício da Presidência, portanto, supõe um entendimento claro de sua própria posição no sistema institucional e, ao mesmo tempo, a capacidade de dar respostas a uma sociedade que considera a Presidência onipotente. É preciso ter capacidade de diálogo tanto com o Congresso como com o país, e isso é muito difícil, porque são diálogos diferentes e em geral um está em contradição com o outro. O país não gosta quando o presidente se perde muito nas manobras do Congresso, e este não gosta quando se acha desconsiderado pelo presidente, o que demanda a busca de um equilíbrio que não se dá de antemão. Por isso, é preciso ter habilidade para navegar por entre esses pontos: governar não se resume a tomar decisões, mas entender que tais decisões têm reflexo sobre os outros, e há que esperar destes uma contrapartida, um feedback.

As dinâmicas do poder na esfera pública são construídas ao longo da trajetória da pessoa para se tornar presidente, tendo início já no período em que se lança a candidatura. Por mais que se ambicione ser presidente, o processo depende dos outros, os quais, em dado momento, têm de querer que você seja candidato. E é óbvio que, para chegar à Presidência, é preciso contar com um partido, o que já é em si uma experiência complexa. Além disso, há também as relações na sociedade, não só com as empresas, mas também com os sindicatos, com as igrejas etc. Então, para uma candidatura à Presidência ser viável, o candidato precisa ter de antemão alguma experiência de conexão com outros setores da sociedade, que talvez seja o fator mais importante para o exercício do cargo: a capacidade de manter ou de criar conexões com as instituições, com a sociedade, com pessoas e com as várias organizações no plano nacional e internacional. Em suma, a condição indispensável é o estabelecimento de uma rede, de uma teia de relações.

Pelo menos na democracia, a arte de governar não depende apenas do conhecimento e da ciência, mas também da eficácia com que se mobiliza e se convence os outros. Numa ditadura é outra história: o governante tem a espada e impõe sua vontade, mesmo assim não é tão simples. No tempo do regime militar, o Congresso continuou de certa forma a funcionar, e, em paralelo, mantinham-se ativos os interesses da sociedade — mesmo no regime fechado, o ditador tem de prestar atenção às circunstâncias e ao conjunto. Enfim, essa dinâmica do exercício do poder não é algo que paira solto no ar: sempre depende da capacidade de mobilizar o conjunto para obter certo resultado.

Na época do autoritarismo, como sociólogo, eu criei o conceito dos anéis burocráticos. Segundo este conceito, os partidos não eram os únicos caminhos para o poder: havia outras práticas democráticas que se davam por meio de anéis, ou elos, com as empresas, os sindicatos, a sociedade mais ampla. A política não passa apenas pelos canais da política partidária. Em nosso caso, o processo decisório ficou mais amplo em razão desses laços, tornando necessário levar em conta a conexão com as outras instituições. O Executivo é parte do sistema de poder, mas temos também o Legislativo e o Judiciário, os quais, como estamos vendo agora, podem ter um poder enorme. Poder não é algo que se dê por decreto, o poder se exerce na prática e tem de ser sustentável. Na democracia, não é simples a manutenção do poder, ela depende do voto, depende do Judiciário e depende do Legislativo, depende do desempenho — ou seja, é preciso avaliar o tempo todo para saber se dá ou não para seguir adiante.

Sem estratégia e agenda, o exercício da Presidência é consumido em manobras constantes para se apagar incêndios de um lado e do outro. Diante disso, o povo fica confuso, sem saber para onde o presidente está conduzindo o barco, muitas vezes com a sensação de que o país não sai do lugar. Então, a condição prévia e essencial é ter uma agenda, mas esta só funciona quando está integrada à sociedade. O presidente assume a agenda como própria, mas o Congresso só se move, de fato, quando sente que a sociedade vai na mesma direção. Não é matemática, não é preto no branco, mas é assim que funcionam as coisas. Se não se tem a capacidade de conversar com o Congresso, o presidente não consegue nada. Se ele não fala com a nação, também não consegue avançar, porque o Congresso não se sente obrigado a nada e passa a exigir cada vez mais. Como o sistema político se estrutura como um jogo de pressões e contrapressões — um jogo legítimo que, nas democracias, é mais aberto e se exerce através dos partidos e da opinião pública refletida na mídia e nos movimentos sociais —, o presidente deve, antes de tudo, ter uma agenda, e que não seja só dele. Ele também tem de mostrar ao país o que está fazendo, convencer o povo de que está fazendo algo positivo, e isso em meio às inevitáveis pressões da mídia, das empresas, do Congresso, dos sindicatos.

164 FERNANDO HENRIQUE CARDOSO E DANIELA DE ROGATIS

Assim, o mais importante é ter rumo, ter objetivos claros. Quando se perde o rumo, a coisa complica. Ter um rumo não quer dizer que se vai seguir na mesma direção o tempo todo: muitas vezes há certo vaivém, tentativas de corrigir a rota. E, como em toda navegação, é preciso ter um mapa que nos permita saber onde estamos, pois essa é a condição de se alcançar um bom porto. E só quando existe vontade de mudar, quando se tem uma agenda e clareza quanto aos pontos fundamentais, só aí é possível estabelecer um diálogo com os partidos e com a sociedade — sempre levando em conta que no meio disso tudo está a burocracia, a máquina pública, que vai dar as condições concretas para a agenda avançar. Portanto, a função de presidente não se restringe ao aspecto burocrático, basicamente ela exige que ele tenha a habilidade de motivar a burocracia, o próprio governo, o Congresso e a população.

A certa altura da minha trajetória, Tancredo Neves me nomeou para uma função que não existe, a de líder do Congresso. Com isso, ele tentava me agradar, mas acabou por me colocar numa posição difícil, porque não dá para ser líder do Senado e da Câmara ao mesmo tempo. Nenhum deputado gosta de ser liderado por um senador, nem os senadores por um deputado, mas, enfim, durante um tempo fui o líder do Congresso. Quando Tancredo morreu, eu, como líder do governo, assisti à formação do que veio a ser o governo Sarney, de quem ouvi uma frase que jamais esqueci. Ele me disse: "Ah, vocês pensam que eu mando aqui? Antigamente, no governo militar, o Delfim dizia 'vamos fazer Itaipu', mandava uma carta e se fazia. Agora damos uma ordem e nada acontece." E era a mais pura verdade, porque no regime democrático o presidente não pode impor nada, ele tem que negociar no Congresso, e em seguida ainda é preciso convencer a burocracia a tirar o projeto do papel. Quando a burocracia não está do seu lado, ela sabota o governo, porque é uma máquina enorme, com gente competente nas funções mais altas e normalmente uma base pouco treinada e muito permeada por interesses clientelísticos.

Para mim, era claro que, para as coisas se enraizarem na função pública, tínhamos que fazer alterações no governo, na estrutura do Estado. Quando fui eleito, tive de tomar uma decisão prévia, uma vez que sempre estive convencido de que só valia a pena desempenhar a função de presidente para fazer algo, de que não se tratava simplesmente de ganhar a eleição. E, além dos efeitos que queria obter na área política e no campo das relações

LEGADO PARA A JUVENTUDE BRASILEIRA

internacionais, era urgente uma mudança na própria estrutura do Estado, por meio de reformas de ordem interna e administrativa. E de fato nos empenhamos ao máximo nessa tentativa de transformar muita coisa. Mas, como eu já disse, embora as pessoas se digam favoráveis às mudanças, no fundo elas não as querem, e os que inovam sabem que têm de motivar, têm de insistir, para só depois do sucesso obter algum tipo de reconhecimento. Até a coisa dar certo, toda mudança é vista com desconfiança, e, quando não entendem as propostas de transformação, as pessoas preferem não se comprometer. No Congresso, por exemplo, é essa lógica que prevalece. Então, se não se tem uma agenda para o país, não há como configurar o governo, mesmo que essa agenda seja implícita e varie conforme o momento e as circunstâncias. No meu caso era muito óbvio que eu tinha três objetivos fundamentais: primeiro, a estabilidade econômica; segundo, o reforço institucional; e, terceiro, a área social.

A primeira agenda, e a mais conhecida, é a econômica: era essencial manter a estabilidade conquistada no governo Itamar, em que eu havia sido ministro da Fazenda. Com o Plano Real, conseguimos controlar e derrubar a inflação. Mas isso não queria dizer muita coisa: mais importante era manter baixa a inflação, o que era um jogo pesado e demandava uma agenda extensa e explícita, pois só assim se mantém o rumo na economia e um processo de desenvolvimento saudável. Precisávamos assegurar a continuidade de medidas, de modo a eliminar a inflação, algo que não acontece em um passe de mágica. Criar uma nova moeda por decreto é relativamente fácil, mas o que está por trás dessa nova moeda, o que vai lhe dar lastro, implica em uma mudança nas práticas de governo e exige, antes de tudo, recuperar a credibilidade dos contratos. No Brasil do passado, a falta de controle fazia com que os devedores adiassem o pagamento das dívidas, corroídas pela inflação. No caso das contas governamentais, não se sabia direito quem devia a quem, quanto o estado de São Paulo devia à União, quanto a União devia aos estados, quanto cada prefeitura devia à Caixa Econômica. Era uma confusão tremenda, e foi necessário construir um caminho para se recuperar a noção de contrato, de segurança jurídica, para que fosse possível reconquistar adiante a confiança que permitiria atrair os investimentos.

Diretamente ligada à necessidade de reconquistar a confiança, a segunda agenda concentrava-se no reforço do ambiente institucional. Estávamos saindo de um longo regime autoritário, com o presidente Sarney tendo conduzido uma transição, mas ainda convivendo com instituições antigas. O presidente Collor jogou fora o quanto podia sua credibilidade, enquanto o presidente Itamar lutou para manter funcionando o sistema democrático, com a estabilização da economia. Também a mim cabia preservar a democracia, preservar a dinâmica entre presidente, Congresso e tribunais, uma dinâmica que tem implicações no sistema econômico, por causa da estabilidade jurídica. Sem estabilidade nas instituições e no Judiciário, não há estabilidade jurídica. E, sem estabilidade jurídica, as pessoas têm medo de investir.

O terceiro aspecto importante da agenda era a área social, que no caso do Brasil é uma agenda permanente e inescapável, por conta das desigualdades que foram se acentuando historicamente em nossa sociedade. Todos sabem que a grande preocupação é com o emprego. Naquele momento havia possibilidade real de crescimento econômico, tratava-se de criar novas oportunidades de emprego. Porém, havia outras questões, mais agudas, ligadas ao acesso ao mercado de trabalho, uma vez que boa parte da população não tem a menor condição de exercer as funções que uma economia moderna requer. A amplitude da pobreza iria demandar um bom tempo de adoção de políticas ativas de redistribuição de renda para que uma redução aparecesse nas estatísticas. No meu caso, tomamos decisões bastante nítidas na agenda social, concentradas em três aspectos.

Obviamente, o primeiro era a educação, um setor que no Brasil depende em grande medida do Governo Federal. Quase todas as verbas federais, no entanto, são destinadas ao ensino superior, e a nossa preocupação estava em reforçar o sistema de ensino fundamental, também por conta da agenda democrática. Isso não significava pôr de lado o ensino universitário, importante em qualquer sociedade contemporânea, mas sim buscar uma redistribuição melhor dos recursos. Procuramos mudar essa dinâmica, propondo uma emenda à Constituição que permitiria ao Governo Federal repassar aos estados verbas que automaticamente seriam transferidas aos municípios, sob a condição de que estes se encarregassem de melhorar as escolas de ensino básico. Essa simples mudança de foco, do ensino superior para o fundamental, já é uma luta, devido à resistência das pessoas ligadas ao ensino superior, que defendem com unhas e dentes sua corporação e seus interesses na parte do orçamento que lhes está destinada. Por outro lado, essa iniciativa gerou um grande problema no ensino médio, que acabou menos aquinhoado. Só agora está sendo corrigida essa distorção; no caso das escolas técnicas, nosso governo iniciou a reforma, que depois avançou nos governos de Lula.

A segunda pauta era o setor da saúde. O SUS, Sistema Único de Saúde, foi definido na Constituição de 1988, atendendo a uma grande aspiração da sociedade e dos médicos, uma vez que quase ninguém contava com proteção para a saúde. Só quem podia pagar estava garantido, o que excluía a imensa maioria da população. Quem começou a tratar desse tema foi Adib Jatene, quando ainda ministro da Saúde no governo Collor. No período de Itamar Franco, os ministros da Saúde não tiveram audácia suficiente para organizar o sistema, e Itamar achava que Jatene pensava como ministro de primeiro mundo, ou médico de primeiro mundo, o que me parecia um preconceito. Enquanto profissional, o médico é bom ou não é bom, tanto no primeiro como no segundo mundo. Então, chamei o Jatene para ser ministro no meu governo. E o convidei por uma razão pouco conhecida: além de competente como médico, ele também era bom na gestão de orçamentos, o que é uma competência inestimável em projetos desse tipo. Enfim, era um homem muito bem preparado, tinha sido secretário de Saúde do estado de São Paulo, entendia de orçamento e economia, e uma das primeiras coisas que ele me disse foi: "Presidente, não temos dinheiro, ou arranjamos recursos ou eu vou embora." Foi quando criamos a malfadada CPMF, a contribuição provisória de movimentação financeira, que possibilitou o financiamento do setor da saúde. Na briga pelos recursos, é bom que o ministro da Saúde entenda de economia, pois o empenho do Ministério da Fazenda vai ser no sentido de manter o equilíbrio financeiro. Por isso, precisávamos de um ministro da Saúde que tivesse condições de brigar pelos interesses da área. Sobretudo no começo do governo, quando eu estava mais preocupado com a estabilização econômica. Essa é uma complexidade da função presidencial, definir o peso que se dá às demandas justas de cada setor.

Mais à frente, o ministro Jatene me disse: "Como sou médico, e agora vou ter de brigar com a minha corporação, está na hora de eu ir embora", e ele tinha razão, porque teria de brigar um pouco com os hospitais. Em seguida, veio um ministro do Sul, o Cesar Albuquerque, e logo depois o José Serra. Como o Serra entende de economia e é duro, ele implantou o SUS com o suporte indispensável do economista Barjas Negri, que era o seu braço direito. A eles e a Cesar Albuquerque devemos esse feito.

Outra reforma urgente era a agrária, numa época em que o Brasil estava convencido de que ou fazia a reforma agrária ou acabava. A TV Globo transmitia a novela *O rei do gado*, o MST era endeusado e circulava a ideia de que, como no passado em relação à formiga — quando se dizia que o problema do campo eram as formigas, "ou o Brasil acaba com a saúva ou a saúva acaba com o Brasil" —, era urgente fazer a reforma agrária. Nem no primeiro caso nem no segundo isso era verdade: na realidade, o que já estava modernizando o campo era o agribusiness. Mas era sim indispensável distribuir terra e atender os sem-terra.

Por fim, tentamos em vão levar a cabo algumas mudanças estruturais, que estão de novo em pauta. Uma delas é a questão das aposentadorias e do déficit crônico do sistema previdenciário. Já na época era óbvio que, diante de uma tendência demográfica explícita, não há como evitar a mudança na forma de financiamento das pensões. Caso contrário, cria-se um problema sério, pois, com o aumento da expectativa de vida da população, chega um momento em que se desequilibra o sistema, como ocorre atualmente. Hoje, a expectativa de vida das mulheres é de 79 anos, e a dos homens, de 71 anos; se as pessoas se aposentam aos 50 anos, não há como fechar a conta. No meu governo tentamos alterar a idade mínima da aposentadoria, fomos ao Congresso e já naquele tempo houve muita polêmica, houve muitas reuniões com os partidos, e ao final acabamos perdendo por um único voto. Nossa proposta era que as mulheres se aposentassem com 55 anos e os homens com 60, o que não era tão exigente assim, mas por um voto não alcançamos os 308 votos necessários para qualquer alteração constitucional. Criamos então o "fator previdenciário", uma mescla de tempo de contribuição para a Previdência e de tempo acumulado de trabalho, e isso retardava um pouco a data de aposentadoria, diminuindo a diferença entre os anos efetivamente trabalhados nos quais se contribui para a Previdência e os anos em que se recebe a pensão. Foi o que deu para aprovar; mas, quando veio o presidente Lula, o Congresso derrubou o fator previdenciário. O Lula, que foi contra o fator previdenciário na época, teve que vetar a decisão do Congresso que o aboliu. Mais recentemente, o Congresso derrubou mais uma vez a lei sobre o fator previdenciário, e a Dilma vetou em parte a decisão (dessa vez acho que ganhou o veto). São coisas relevantes na vida de uma sociedade que não mudam de repente, são processos a que muita gente resiste, e o governo tem de entender como lidar com eles.

LEGADO PARA A JUVENTUDE BRASILEIRA   169

Tínhamos essa agenda interna para nos orientar. Contudo, havia uma circunstância agravante: estávamos no meio do processo de globalização, e, na década de 1990, já era claro que se tratava de algo irreversível e que o Brasil estava ficando à margem dele. O presidente Collor tentou remediar o descompasso, baixou as tarifas, tentou, mas não conseguiu um avanço significativo. Era urgente, portanto, promover uma integração maior da economia brasileira à internacional. Um país tem que definir o seu papel no mundo, o modo como vai atuar em relação aos outros. É fundamental saber qual é a força relativa do país e quais são os interesses nacionais para determinar até que ponto ceder, ou não ceder, o que fazer.

Eu tive uma relativa sorte pelo fato de Bill Clinton ser na época o presidente dos Estados Unidos. Naquele momento, a América Latina exercia certo protagonismo, o interesse por ela nos EUA não era tão grande como antes, mas era maior do que hoje. De qualquer maneira, os Estados Unidos são um país com uma influência grande, devido a seus recursos materiais; quando há uma crise cambial, os países recorrem ao FMI e, de fato, quem toma a decisão final é o secretário do Tesouro, o ministro da Fazenda dos Estados Unidos, que na época era o Larry Summers, que posteriormente foi reitor da Universidade Harvard. Além disso, Clinton tinha noção do equilíbrio de poder no mundo, com uma visão mais aberta.

Depois, com o segundo Bush, foi outra história, porque ele desconhecia quase tudo da América Latina. Era uma pessoa curiosa, as pessoas me diziam que era *likeable* — amistoso e de convívio fácil —, que vinha de uma família importante, mas que no fundo era simples como pessoa. O fato é que ele não sabia rigorosamente nada sobre o Brasil. Não sabia que produzíamos tanto petróleo como produzíamos, não sabia quantos negros tínhamos — ficou surpreso quando eu disse que o Brasil é o país que tem mais negros fora da Nigéria —, não tinha noção de nada disso. Ficou claro que o radar americano não estava voltado para a América do Sul, nem mesmo para a Venezuela.

Nos tempos da Guerra Fria, um desdobramento como o regime de Hugo Chávez seria impossível de ter se perpetuado por tanto tempo, pois os americanos fariam tudo para derrubá-lo. Em vez disso, eles não fizeram nada, continuaram a comprar petróleo da Venezuela e, ainda que não gostassem de Chávez, não deram muita atenção às questões democráticas. Não havia mais Guerra Fria, nem mesmo Cuba os mobilizava como antes. Os americanos enfrentavam outras questões e foram perdendo o interesse

170 FERNANDO HENRIQUE CARDOSO E DANIELA DE ROGATIS

pela região. Para eles, a fronteira estratégica passava pelo México, a América Central, bordejava a Venezuela e ia para o Caribe. A América do Sul não aparecia com relevância estratégica, o que não era ruim para nós, porque nos dava margem de ação. Quase que naturalmente, pelo menos no que diz respeito à América do Sul, o Brasil pôde exercer liderança, e, com o avanço da globalização, acabou em 1999 sendo incluído no grupo dos BRICS. Trata-se de um grupo curioso, mais uma marca de países do que um grupo com condições similares. No princípio era o BRIC, que reunia Brasil, Rússia, Índia e China, depois acrescentaram a África do Sul, e virou BRICS. Salvo com a África do Sul, o Brasil não tem muito em comum com os outros países do grupo, afora sermos grandes no aspecto demográfico e termos um produto bruto significativo, ou seja, sermos países pesados, como elefantes. Isto é importante: trata-se de países que, em função de suas dimensões agigantadas, se destacam na massa dos antigos países do Terceiro Mundo. Somos BRICS, ou seja, potencialmente grandes. No caso da China, por exemplo, deixou de ser potencial, ela já chegou lá: é uma potência. A Índia também já é quase uma grande potência. O Brasil entrou nesse vácuo e passou a ter certo peso nas relações internacionais. Isso tudo passa pelo gabinete do presidente, e, em países com alguma presença mundial, o presidente tem papel internacional a exercer, o que também não é fácil. O fato de uma pessoa ser dotada de qualidades para ser eleita presidente não significa que ela tenha qualidades para exercer um papel de liderança global.

Economia, democracia, agenda social e posicionamento internacional eram os objetivos que compunham a nossa agenda e que são fáceis de descrever. Durante a campanha publicamos dois livros, *Mãos à obra* (1994) e *Avança Brasil* (1998), com muito disto explicitado. Na prática, porém, tudo é mais complexo e a realidade é que não dá para fazer nada sem o apoio do Congresso e da sociedade. Um instrumento de governar com que contávamos era a medida provisória, a *"executive order"* dos americanos. Em certos momentos, o Executivo pode promulgar uma lei provisória, que depois tem de ser aprovada pelo Congresso. Na prática, no Brasil, há uma deturpação desse instrumento, que passou a ser usado em quase todos os casos. Topei com a mesma dificuldade que hoje o presidente Temer tem para aprovar as reformas que alteram a Constituição, que requerem os 308 votos. Em nosso sistema, mesmo na minha época, isso obriga o presidente a compor os ministérios de maneira a construir a maioria com os partidos. O governo, sendo democrático, acaba por anuir que os partidos indiquem ministros para algumas áreas. No entanto, estou convencido de que é fundamental preservar o que se costuma chamar de *"core group"*, um núcleo duro de áreas sob o comando de gente comprometida com a agenda do governo e não com a agenda deste ou daquele partido.

Enquanto se dispõe de força política, enquanto a inflação está sob controle e a economia cresce, isso é mais fácil, mas, no decorrer do tempo, surgem as crises, perde-se força e, quando esses fatores começam a perturbar, é bem mais difícil obter apoio no Congresso sem alguma contrapartida. Eu nunca cedi no que se refere ao núcleo do poder, nas pastas da Fazenda, Casa Civil e nos ministérios básicos (Educação, Saúde, Reforma Agrária etc.), mas em outros ministérios não há como escapar de alguma negociação. Se você quiser apoio no Congresso, tem que incorporar representantes desses partidos, e, num sistema pluripartidário como o nosso, essa forma de organização recebeu o nome de coalizão, caracterizando o grupo de partidos que dirige o país sob a batuta do presidente. Logo depois de reeleito, tive de enfrentar uma crise enorme, a crise do Real em 1999, e não é nada fácil recolocar em ordem a base de apoio em épocas de crise econômico-financeira.

Na época em que estive na Presidência enfrentamos problemas relacionados ao câmbio que hoje já não preocupam tanto. Mário Henrique Simonsen, que foi ministro da Fazenda, dizia: "A inflação é uma doença horrível, mas a crise cambial não é horrível, ela é letal, ela mata, porque, quando o país não tem recursos cambiais, se o Banco Central não tem reservas, o país fica em situação muito difícil." Estávamos com o câmbio subvalorizado quando ocorreu uma enorme queda no preço das commodities. Quando tomamos medidas para desvalorizar o câmbio, o mercado não acreditou, desvalorizou mais do que queríamos e deu uma confusão enorme. Foi preciso desvalorizar o real. Graças à competência de Armínio Fraga, conseguimos superar o problema na parte financeira, mas na área política foi mais difícil, porque os partidos acharam que eu tinha perdido força, e, aproveitando-se disso, o Congresso começou a criar obstáculos.

Nessas situações, os partidos costumam criar comissões parlamentares de inquérito para aborrecer o governo. No meu caso, criaram duas: uma sobre o sistema financeiro, que foi trágica, e a outra sobre o sistema judiciário. Uma era do PMDB e a outra, do PFL, esta sob o comando de Antônio

Carlos Magalhães, e a outra, liderada por Jader Barbalho. Eles estavam brigando porque ambos queriam presidir o Senado; no final, o Governo Federal acabou pagando a conta dessa disputa no Legislativo.

Como se vê, trata-se de um jogo complicado, e o que mais se requer do presidente é a capacidade de persuasão, de explicar o que está acontecendo. Basta ver os exemplos recentes de Lula e Dilma: um fala e a outra se cala, Lula governou oito anos e Dilma, não. Seja qual for a orientação, seja ela correta ou equivocada, o exercício do mando requer certa aptidão para influenciar. Em larga medida, os recursos de poder disponíveis em uma democracia são criados, são símbolos que servem para dar concretude aos objetivos que se pretende alcançar. Para tanto, é preciso conhecer a população, os gestos, de modo a motivar as pessoas e influenciar o governo, enfrentar a opinião pública, a imprensa e tudo mais. Não é simples ser presidente, pois há várias dimensões, é um papel múltiplo, que demanda capacidade de adaptação. É crucial entender que as dinâmicas de poder são múltiplas, que se tem de jogar com todas, e que não se pode conduzir um país apenas com base no fato de se ter sido eleito. Para funcionar, o país tem que contar com estruturas e instituições que funcionem; por outro lado, como as instituições se fossilizam, precisamos ter políticos, gente que fale com a sociedade e que assegure a adaptação e o aperfeiçoamento contínuos dessas instituições.

Como nenhum sistema de poder no mundo se sustenta sem alguma conciliação de interesses, ou seja, sem uma lógica de contrapartidas — não apenas de valores, mas também de interesses materiais —, o importante aqui é a capacidade de traçar limites e dar transparência ao modo como se realizam essas trocas. Os partidos sempre se consideram mal atendidos pelo Executivo e fazem pressão, não votam matérias de interesse nacional a fim de testar a força do governo, sempre querendo um pouco mais de "carinho", como dizem. "Carinho" é mais um posto no ministério ou numa repartição, em suma, mais poder. Em função disso se organizam os deputados e senadores, entre os quais sempre há muita disputa, muita rixa, e, quando o partido chega a um consenso, este costuma durar pouco, e logo os deputados voltam a ficar inquietos: "Não, ele — o ministro — não está atendendo o partido, está atendendo só um segmento, não o nosso interesse coletivo", e mudam de posição, apoiando outro nome, ou passam a querer outro ministério. Nesse jogo, que é permanente, o Executivo, se quiser escapar do puramente fisiológico, precisa ter prioridades claras, a fim de alcançar os objetivos relevantes para o governo.

LEGADO PARA A JUVENTUDE BRASILEIRA

Na política democrática, não se governa sem maioria. Por outro lado, não dá para articular essa maioria apenas para manter o poder. Para ser algo que funcione, é preciso formar essa maioria em torno de uma agenda, de um programa. No meu caso, queríamos modificar aspectos importantes da máquina pública, iniciar alguns processos de privatização e dar prosseguimento a uma política fiscal equilibrada. Enfim, essas eram as precondições para qualquer acordo. Assim, obtive o consentimento do PSDB para fazer alianças com outros partidos, e para que estes participassem do governo. Porém, como tínhamos propósitos específicos, eles estavam cientes de que eu nomearia as pessoas que quisesse para os ministérios de toda a parte econômica e de planejamento, além da área social, que ficou de fora do jogo político — o que não é pouca coisa.

No primeiro mandato, eu tinha força o suficiente para escolher pessoas dos partidos que comporiam o ministério. Mesmo no caso do PMDB e do PFL, que tinham líderes poderosos como Antônio Carlos Magalhães, eu pude escolher os ministros; e do PSDB, nem se fala. Isso tornou as coisas relativamente mais fáceis. Para as áreas que me pareciam fundamentais — educação, saúde e reforma agrária —, nomeei gente de minha confiança, mesmo que fossem de outros partidos. Para a pasta da Educação chamei o Paulo Renato e, para a da Saúde, primeiro foi o Jatene e depois o Serra. Este e o Paulo Renato eram do meu partido, mas não eram homens da máquina partidária, e foram convidados para dirigir os respectivos ministérios porque tinham visão. É sempre necessário ter estratégia e saber como se vai administrar, tendo consciência de que não dá para mexer em tudo ao mesmo tempo, e que o principal é hierarquizar a agenda, definir o rumo e obter o apoio político e institucional.

Não se pode imaginar que é possível mudar as coisas por meio de rompimentos, não dá para descartar o antigo, muitas vezes os grupos mais antigos são indispensáveis para organizar a mudança. Esse é um drama complicado que a política traz para o Congresso, que também reflete o atraso do país. Somente se consegue modernizar lidando com o atraso e muitas vezes apoiando-se no atraso. A grande questão é saber se você comanda o atraso ou é por ele comandado. É uma luta permanente, essa de arregimentar o apoio dos setores mais atrasados, mas ela tem de ser travada desde uma posição de força, com um programa explícito e o apoio da sociedade, sob o risco de não se conseguir fazer nada. Em todos os partidos tem gente atrasada, não é uma questão simples, a de separar os bons dos maus, porque sempre se vai precisar do voto daqueles considerados "maus". E também não se trata de um cálculo frio, mas de um gerenciamento que exige atenção constante às motivações dos outros. Assim faz quem desempenha alguma função de responsabilidade e entende como se dá o processo decisório, atento às circunstâncias em que não se deve abrir mão de contar com gente comprometida com o programa de ação.

Como o presidente não sabe, e nem dá para saber, o que acontece no dia a dia dos ministérios, resta confiar nos ministros. Agora, ele não pode deixar roubar, e, se souber de algo irregular, precisa intervir e afastar a pessoa. Na maioria das vezes, não convém fazer escândalo, então é melhor facilitar uma saída sem alarde e empenhar-se ao máximo para diminuir essa zona cinzenta. Uma vez que se tenha conhecimento e documentação que indique roubo, não há como deixar de afastar, melhor isso do que a dúvida pairando no ar.

Em termos pessoais, um dos episódios mais difíceis para mim foi o dia em que, depois de despachar com Clóvis Carvalho, na época ministro do Desenvolvimento Econômico e até hoje meu amigo, começou a aparecer na televisão um discurso dele criticando o ministro da Fazenda, o Pedro Malan. Isso num momento delicado em que era muito importante prestigiar a Fazenda. Mandei chamar o Clóvis e disse: "Desculpe, mas não tem jeito, ao criticar a política do Pedro Malan você atacou a política do governo." É duro, porque ele não havia feito nada de errado, tinha dois textos para ler e escolheu o menos adequado, sem se dar conta da gravidade do momento. É duríssimo demitir alguém que não fez nada errado, mas que entrou em um choque político. Eu também demiti o Celso Lafer, outro amigo de longa data, por injunção política, e depois voltei a nomeá-lo ministro do Exterior. Como presidente da República, ou prima o interesse público e político ou se governa mal.

A minha vantagem é que o PSDB era fraco para exigir coisas de mim. Já o PT era forte e dificultou muito as coisas para a presidente Dilma, que precisou engolir muita coisa, pois, mesmo que demitisse um, tinha de colocar outro do mesmo lado. O PSDB não tinha tanta força sobre mim, os outros partidos tinham alguma, mas, quando se tem uma ampla base de apoio, a liberdade que se desfruta é maior. Em proporção de votos, tive praticamente o mesmo resultado nas duas eleições, mas no primeiro mandato, com o Plano

LEGADO PARA A JUVENTUDE BRASILEIRA

Real ainda muito recente, minha força era maior, eu tinha mais condições de resistir às reivindicações dos partidos, mesmo às legítimas. Muitas vezes eram reivindicações que, embora não fossem despropositadas, também não se alinhavam aos meus objetivos.

Na formação de um ministério, é preciso traduzir os objetivos, os valores e a ação do presidente na escolha das pessoas — e, ao mesmo tempo, manter o apoio da base congressual ao governo. Nesse sentido, trata-se de deixar muito claro quais ministérios vão ficar fora da interferência do jogo partidário. Como eu disse antes, o Serra e o Paulo Renato ficaram oito anos no governo; o Malan, que não é de partido nenhum, também oito anos. O Armínio Fraga não era de nenhum partido, nem o Gustavo Loyola, e o Gustavo Franco era do PSDB, mas nenhum deles estava no governo em função do jogo partidário. Há áreas, é verdade, nas quais é muito difícil preservar apenas a visão da agenda governamental, porque os interesses são muito grandes; é o caso, por exemplo, de energia e transportes. Torna-se necessário um jogo muito complicado para manter certo equilíbrio.

Para o Ministério da Fazenda, no meu governo, o nome óbvio era o Pedro Malan, que tinha sido presidente do Banco Central na época do Plano Real, fora representante do Brasil no Banco Mundial e no Fundo Monetário, tinha contatos e era respeitado internacionalmente, e se tornou uma espécie de símbolo de estabilidade. Quando se é ministro da Fazenda, todo mundo quer derrubá-lo, e, sem o apoio do presidente, o ministro cai mesmo, então é crucial que o presidente indique claramente para o país a força do Ministério da Fazenda e que a linha da política econômica a ser seguida é a adotada pelo ministro. Fiz o possível para deixar evidente que as questões da economia estavam nas mãos do Malan, e todo mundo sabia que ele tinha formação técnica, e que os acordos políticos haviam definido de antemão que não haveria interferência política, nem mesmo do PSDB, na área financeira.

Para o Ministério do Planejamento, no início tivemos o Serra, que havia sido excelente deputado, é bastante duro e podia negociar com o Congresso. No Brasil, o ministro do Planejamento desempenha, na verdade, as funções de um ministro do Orçamento, pois basicamente organiza e negocia o orçamento e, portanto, precisa ter força para impor as decisões no Congresso, uma vez que os parlamentares acabam propondo emendas que vão desfigurando a base orçamentária.

Uma das nossas iniciativas foi apresentar um Plano Plurianual, que, embora constasse da Constituição, jamais saíra do papel, e acabou sendo desconsiderado nesses últimos anos do governo do PT. São os projetos de longo prazo vinculados ao orçamento anual. Junto com José Paulo Silveira, um competentíssimo engenheiro da Petrobras especializado em projetos, e com o ministro da Fazenda e do Planejamento, organizamos uma relação de meia centena de prioridades. Por exemplo, quando assumi o governo, havia 27 obras de hidrelétricas paradas. Ao sair, dezoito delas tinham sido concluídas. Em cada uma delas houve um gerente ligado ao Silveira, e eu tinha acesso direto ao andamento dos projetos a partir de meu computador. O responsável por todo esse empreendimento era o ministro do Planejamento, que desempenhava o papel de elo entre o orçamento, que o Congresso tem que aprovar, e a execução.

A implantação do Plano Real implicava na época a necessidade de reduções enormes no orçamento, que chegamos a cortar pela metade. Diferentemente de agora, porém, a inflação tornava o orçamento em parte uma peça de ficção. Na época, a elaboração do orçamento sempre pressupunha uma aposta sobre a taxa futura de inflação; a partir dessa estimativa é que se definia tanto a arrecadação como a despesa. Como era impossível determinar com certeza a inflação, o governo, por precaução, exagerava um pouco a taxa estimada, a fim de contar com uma margem de manobra. Em seguida, o Congresso fazia o mesmo, aumentando-o ainda mais de modo a garantir formalmente os recursos para realizar o que queria.

Aqui não prestamos muita atenção ao fato de que, no Brasil, o orçamento federal não é obrigatório. O governo envia ao Congresso uma proposta de orçamento, que nunca é muito rigorosa, assim como uma proposta de distribuição dos recursos pelas áreas do governo. O Congresso pode mexer à vontade nessas propostas. Pouco a pouco, o Congresso foi aumentando a sua capacidade de propor emendas orçamentárias — mais recentemente calculou-se que cada congressista pode acrescentar até 50 milhões ao orçamento, pedindo uma ponte aqui, um hospital ali, tudo de forma bem fragmentada, no miúdo, bem picadinho. Quando afinal o Congresso aprova o orçamento, este volta para o governo, que o contingencia. Ou seja, o presidente assina um decreto autorizando o gasto, mas ao mesmo tempo retém os recursos para os projetos dos congressistas, o das emendas parlamentares. Vem daí a força que tem o governo para negociar com o Congresso, digamos, no varejo, em cima das emendas dos parlamentares. O governo busca sempre adiar a liberação dos recursos, e os congressistas fazem pressão e o governo vai afrouxando segundo a sua conveniência, num jogo mais ou menos intenso. E isso não ocorre só aqui, mas também em outros parlamentos ao redor do mundo.

Quando fui senador, no final do regime militar — Figueiredo era o presidente —, não havia como introduzir emendas no orçamento. Agora, os parlamentares querem que o governo não possa mais contingenciar os recursos, o que seria o caos, porque nesse caso cada congressista vai querer uma parcela do orçamento. É pouco provável que tal proposta avance, a menos que se defina um teto para as emendas. Na realidade, a grande preocupação dos congressistas é com essa parcela do orçamento, e não com o restante, visado por grandes empresas e negocistas, com a participação de lobistas, que se referem aos grandes projetos do governo. Estes não são afetados pelas emendas parlamentares: são projetos do interesse do governo e provavelmente do país, mas precisam ter financiamento, e nesses casos ocorre outro tipo de negociação. As barganhas que aparecem nos jornais diários são insignificantes, somando tudo, pouco representam como porcentagem, comparados com o custo de uma hidroelétrica. E nessas obras gigantescas é que se concentram os grandes interesses econômicos.

As pessoas mais entendidas nessa matéria são os parlamentares que atuam na Comissão de Orçamento. Nos Estados Unidos, há a Comissão de Meios, e, uma vez que lá o orçamento é obrigatório, o presidente da República fica na dependência do Congresso. No Brasil, os partidos brigam para ver quem vai presidir a Comissão de Orçamento. Em geral é alguém indicado pelo maior partido do Congresso, ao passo que o comando da relatoria fica com outro partido, mas a relatoria é subdividida de acordo com as várias partes do orçamento. A Comissão de Orçamento é muito poderosa, e perigosa: dela podem surgir distorções como a dos chamados "anões do Orçamento", quando a comissão caiu sob o controle de grupos de parlamentares que obtinham vantagens pouco republicanas. Como estou afastado, não posso dizer como é agora, mas não acredito que esteja instalado um sistema desse tipo, pois o controle por parte do Executivo é maior. Com isso, a corrupção aparece mais diretamente ligada aos ministérios e às estatais do que na manipulação do orçamento no Congresso.

No palácio, o presidente da República tem ao seu lado pessoas com duas funções muito importantes, desempenhadas pela Advocacia-Geral da União e pela Chefia da Casa Civil. Esta ocupa uma posição central no organograma ministerial — em alguns países chama-se Ministério do Governo; nos Estados Unidos, é o Chief of Staff. Com todo o processo administrativo afunilado na Casa Civil, o ministro encarregado é na verdade uma espécie de chefe temporário da administração, pois o presidente não tem tempo sequer para discutir cada passo da administração com os vários ministros — então, quem fica com essa incumbência é o chefe da Casa Civil. Ao seu lado vem o advogado-geral da União, que tem um papel fundamental à frente de centenas de advogados que preparam os documentos que têm de ser assinados pelo presidente. Cabe ao advogado-geral da União fazer o crivo do que está ou não dentro da lei, do que respeita ou não a Constituição. Essas funções são cruciais, e ambas requerem pessoas competentes e leais ao público, ao governo e ao presidente.

Inspirado na gestão de Franco Montoro, que quando governador de São Paulo fez algo que copiei, criei um sistema de câmaras de assessoramento. Havia uma câmara de política econômica, na qual se reuniam o ministro do Planejamento, o ministro da Fazenda, o chefe da Casa Civil, o presidente do Banco Central, eventualmente o secretário do Tesouro, assim como o próprio presidente. Nessas câmaras eram discutidos assuntos mais complexos, dos quais por vezes alguns de fora deste círculo nem sempre tinham uma noção mais concreta, como, por exemplo, os problemas acarretados por alterações na taxa de câmbio ou na taxa de juros. Enfim, essas câmaras ajudavam no esclarecimento de determinados assuntos e no estabelecimento da opinião do próprio presidente. Procuramos organizar essas câmaras em diversos setores, como, por exemplo, para examinar questões da área social ou de infraestrutura, porém a mais proveitosa foi mesmo a câmara econômica, porque eu tinha sido ministro da Fazenda, e, dada a gravidade da situação financeira, essa era a área que requeria maiores cuidados.

Para chefe da Casa Civil, nomeei o Clóvis Carvalho, porque era engenheiro, saído da iniciativa privada de São Paulo, onde fora diretor de uma grande empresa, e tinha sido secretário de Planejamento do governo Franco Montoro. Ele não era ligado a nenhum partido, nem tinha que ter muita habilidade política, porque na minha concepção a Casa Civil é para administrar, e não para fazer política; o presidente não pode se ocupar do dia a

LEGADO PARA A JUVENTUDE BRASILEIRA 179

dia dos ministérios, é a Casa Civil que se encarrega disso. Eu só tive dois ministros da Casa Civil, o Clóvis Carvalho, que ali ficou por cinco anos, e o Pedro Parente, no restante do mandato. Ambos, o Pedro e o Clóvis, têm as mesmas qualidades, pois são excelentes gestores.

Sempre achei que o ministro político está destinado a se queimar, porque vai prometer muita coisa ao Congresso, e parte dessas promessas não vai ser cumprida, sobretudo porque o chefe da Casa Civil não vai deixar. Daí a necessidade de contar com duas pessoas, uma na coordenação política, em contato com o Congresso, um ministro político e desvinculado da administração, alguém que pode ser afastado em caso de necessidade, e outra pessoa na Casa Civil, cuidando em tempo integral das questões administrativas. Claro que essa é uma conclusão minha, cada um organiza o governo à sua maneira.

Quando Lula se elegeu, o Luiz Gushiken — eu o conhecia da época em que estivemos juntos no Congresso, ele como deputado, eu como senador — me procurou. Eu disse: "Olha, aqui funciona assim: no governo há uma posição-chave, a do chefe da Casa Civil. Esse homem é fundamental, porque comanda o palácio e as burocracias. Se o chefe da Casa Civil for, ao mesmo tempo, negociador político, isso não vai dar certo, porque o negociador político vai fazer acordos com o Congresso incompatíveis com as atribuições da Chefia da Casa Civil, por serem lesivos ao interesse nacional. Então, é preciso separar quem tem a função de comando efetivo da administração e quem vai servir de interface com o mundo político. O encarregado das negociações políticas é descartável, quando sofre um choque elétrico ele se queima e o presidente o apaga, porque ele vai fazer acordos que não vão ser cumpridos se contrariarem o interesse nacional. O presidente não pode se submeter a esse jogo. Ele sabe do jogo, está por trás do jogo, mas precisa dessas duas figuras."

O que fez o Lula? Colocou o José Dirceu à frente dos dois setores, o da política e o da administração. Quando o chamado mensalão foi escancarado, Dirceu caiu e hoje está se entendendo com a Justiça. Logo em seguida Lula teve um encantamento pela Dilma, que foi chefe da Casa Civil. Como ela não tinha o menor apetite político, era mais uma "gerentona", cuidou do funcionamento da máquina. Mas Lula errou ao indicá-la para a Presidência, pois não há como desempenhar bem essa função sem apetite político, sem uma relação entre o poder político e esses filtros do setor burocrático, e sem contar na burocracia com gente disposta a colocar em prática o que é preciso realizar.

Tudo isso deve ser levado em conta para governar, mas a gestão já é algo um pouco diferente, porque pressupõe o controle da burocracia, que é crucial para o funcionamento institucional, como outra perna do poder. Em geral pouco visível, a burocracia tem um poder enorme, uma imensa capacidade de fazer ou deixar de fazer. Daí decorre a dificuldade de passar do privado para o público, uma vez que não se trata da mesma lógica: na esfera pública, você tem de convencer para poder mandar; na esfera privada, você pode mandar sem convencer, quer dizer, pode demitir. Não há como governar sem contar, no interior da própria máquina pública, com setores responsáveis e motivados. No Brasil, em geral, estes são basicamente pessoas que tiveram educação formal e treinamento especializado, e que, portanto, seguem uma carreira a salvo de interferências políticas. Em geral, as burocracias fundamentais são as econômicas e financeiras, que são muito bem qualificadas. Os chefes da Receita, da Previdência, do Tesouro são em geral gente muito competente e preparada.

No caso brasileiro, temos uma burocracia cuja estrutura organizacional foi herdada em grande parte de Portugal, com um Estado sempre pesado, e também com uma presença acentuada das Forças Armadas e do Judiciário. No tempo da monarquia, os presidentes de província eram nomeados pelo imperador, que criou uma burocracia nacional que circulava por todas as regiões. Quando examinamos o processo de formação de nosso Estado-nação, tem sempre o militar, o juiz e o funcionário público, político que seja, mas funcionário. E foi isso o que vertebrou este país imenso e desigual, diversificado em termos geográficos e demográficos. E não podemos nos esquecer do impacto das grandes correntes migratórias. A Europa agora está assustada com a quantidade de imigrantes, mas aqui tivemos uma migração interna violentíssima: em São Paulo, eram os chamados "baianos", e no Rio, os "paraíbas". O pessoal do Nordeste veio para o Sul e, bem ou mal, a sociedade foi capaz de absorver milhões, dezenas de milhões. E absorveu porque o país tem certa estrutura, certa espinha, que depende um pouco da cultura, da religião, dos meios de comunicação, mas também que se assenta na existência de uma burocracia. E porque houve crescimento econômico.

Getúlio tinha uma concepção meritocrática do Estado e, em plena ditadura, criou o Departamento Administrativo do Serviço Público, o Dasp,

LEGADO PARA A JUVENTUDE BRASILEIRA 181

por meio do qual implementou carreiras e concursos. Em alguns setores, portanto, a nossa burocracia foi meritocrática, privilegiando a competência. Assim também ocorre nas Forças Armadas: o indivíduo só chega a general, almirante ou brigadeiro do ar depois de passar por várias etapas, cursos, e cumprindo períodos determinados numa posição antes de ascender a outra, sempre sob o controle das comissões de promoção. Eventualmente o presidente interfere no ápice da carreira, para nomear um general de quatro estrelas, mas em geral está tudo tão estabelecido que não há muita margem de manobra. Não estou dizendo que não exista política interna às Forças, mas não há no sentido partidário, no sentido de grupos externos — enfim, o que predomina é uma forma de meritocracia.

O mesmo se dá no Banco Central, que é um desdobramento do Banco do Brasil, e sempre se destacou pela competência técnica, desde quando se chamava Superintendência da Moeda e do Crédito, a Sumoc. Em geral, os funcionários de carreira do Banco do Brasil desempenhavam essas funções, e muitos deles foram depois para o Banco Central. Seja quem for o presidente do Banco Central, ou os presidentes da República e do Senado, a máquina, a instituição, é meritocrática e tem sua independência.

Outra instituição meritocrática é o Itamaraty, com concurso, carreira e promoção. No caso, a situação é mais complicada, porque os políticos se interessam por cargos diplomáticos. Diante desse tipo de solicitação, muito frequente, é preciso ter uma posição clara, indicando-se os obstáculos in- dependentemente disso, o Itamaraty tem uma burocracia cuja tradição de eficiência remonta à época do Império.

Estes são os órgãos que servem de base e de referência para a administra- ção pública, e o ideal é que todos os setores se aproximem do ideal meritocrá- tico, como as FFAA e o Itamaraty. No caso das áreas sociais, encontram-se menos essas características. Quando se chega a áreas mistas, como por exemplo o Ministério da Integração Nacional, o quadro burocrático possui menos competência técnica específica. Mas, de qualquer modo, é preciso contar com os funcionários e ser capaz de influir nessas burocracias. Quanto mais competente e meritocrática é uma burocracia, mais forte e influente ela se torna, havendo portanto de evitar as pressões corporativas e utilizar as credenciais técnicas de que dispõem.

Quando cheguei ao governo, a escola de administração pública estava fechada, mas foi reaberta e funciona até hoje. O mesmo se deu com a escola de policiais, que passou, por nossa iniciativa, por um processo de reorganização. Por isso, atualmente, a Polícia Federal é o que é, porque foram criados carreiras e concursos, o que atraiu gente nova.

O atual Ministério Público é uma instituição surgida na Constituição de 1988, e resultou de um debate muito sério, pois antes havia apenas a Advocacia-Geral da União, que defendia os interesses próprios desta. Fizemos uma separação: de um lado, a Advocacia-Geral continuou a defender a União, e, de outro, o Ministério Público ficou encarregado, com autonomia e garantias constitucionais, de zelar pela lei e pela sociedade, inclusive no que tange aos chamados "interesses difusos", que antes não estavam submetidos a nenhuma regra. O chefe-geral do Ministério Público em Brasília é nomeado pelo presidente com base numa lista tríplice, e cada procurador tem autonomia constitucional. Levou tempo para que essa instituição começasse a funcionar de modo independente e não partidário. No meu tempo, o Ministério Público era muito influenciado pelo PT. Quando saí do governo, fui alvo de umas duas centenas de "ações populares", administrativas, não criminais, que foram sendo descartadas na Justiça por improcedência, por falta de fundamento na realidade. Hoje o Ministério Público atua de forma mais conscienciosa e criteriosa, e o mesmo vale para a Polícia Federal.

Tanto no Ministério Público como na Polícia Federal existe um acentuado espírito corporativista, desdobrado em facções, reforçadas por sindicatos, cujas disputas escancaram a divisão de interesses dos grupos internos. Pouco a pouco, porém, começa a haver mais consistência na PF no sentido de ser um órgão de Estado, e não de governo. Ainda não é totalmente assim, ainda se vê certa ingerência política nos altos escalões, mas de qualquer forma são instituições de Estado que estão começando a se consolidar. Existe um movimento na Polícia Federal para que ela seja de fato independente. Ainda não se sabe até que ponto isso será positivo, por conta do grande corporativismo. A independência das instituições, que é positiva, demanda cuidado com a modernização da cultura das organizações governamentais, muito influenciadas pelos interesses corporativos.

A Constituição garante a autonomia do Ministério Público; alguns acham que ela é excessiva, favorecendo o surgimento de uma espécie de quarto poder. Segundo a lei que regulamentou o Ministério Público — concebida, sobretudo, por Maurício Corrêa, então ministro da Justiça no governo Itamar Franco —, cada procurador desfruta de ampla autonomia,

LEGADO PARA A JUVENTUDE BRASILEIRA 183

como se a ação independente do Ministério se subsumisse no arbítrio dele. Isso significa, por exemplo, que um procurador do Amazonas pode mover uma ação por ato cometido em São Paulo, assim como um procurador de São Paulo pode atuar no Amazonas, o que pode gerar uma tendência ao abuso do poder. Todo poder precisa de alguma restrição. O advogado-geral da União o procurador-geral da República e os chefes das Procuradorias dos estados precisam exercer um papel moderador diante da dispersão de poder sem, ao mesmo tempo, constranger a atividade dos procuradores.

Países como a Inglaterra e a França têm uma longa tradição de funcionalismo público, sendo a burocracia inglesa poderosa, com a formação profissional muito ligada a Oxford; quase todos os burocratas ingleses passaram pela Universidade de Oxford e um pouco menos pela de Cambridge. Dificilmente alguém tem acesso às posições de elite na política e no serviço público se não tiver passado por uma grande escola. Também é assim na França: ninguém desempenha papel importante se não for da École Nationale d'Administration, a ENA. Na França, existe uma carreira específica, na qual os melhores alunos são nomeados "*inspecteur des finances*", uma espécie de auditor, com enorme prestígio.

Claro que, se o acesso aos órgãos públicos ocorrer unicamente por meio das grandes escolas, as carreiras podem estreitar demais. É importante que haja uma janela aberta para o aproveitamento de gente de fora da carreira. No Brasil temos os chamados DAS, cargos em comissão, que tiveram seu uso amplamente deturpado devido aos apadrinhamentos políticos e partidários. São pessoas de fora da máquina pública nomeadas para exercer funções relevantes. Se não houver essas janelas, não há como fazer com que a sociedade civil e o setor privado contribuam com seus talentos para o bom andamento do governo. Tais janelas oferecem a possibilidade de romper a rigidez da burocracia, com elementos externos trazendo inovação e dificultando a ossificação. Sem os cargos em comissão, fica difícil renovar o aparato burocrático: as mudanças nas áreas mais sensíveis requerem a atuação, mesmo que por tempo determinado, de gente vinda de fora. Não dá para imaginar que se resolva tudo com base nos modelos privados; há necessidade de um modelo público, só que este precisa contar com instrumentos de gestão e de desenvolvimento mais eficientes, que, com os DAS bem dosados, estariam à disposição. O uso e abuso político desse instrumento, entretanto, deve ser contido.

De maneira geral, o dia a dia de qualquer presidente é muito intenso e exaustivo. Não por acaso, a pessoa, ao deixar a função, tem uma aparência nitidamente envelhecida. Basta ver as fotos de Obama antes e depois do seu governo. Um dos motivos é a enorme responsabilidade, não há como deixar de sentir o peso das decisões — e, no final do dia, seja o que for que se consiga realizar, toda a responsabilidade recai sobre o presidente da República.

Na administração pública, há circunstâncias em que é preciso decidir algo de forma solitária, o presidente tem de debater consigo mesmo e tomar a decisão, sem compartilhar isso com mais ninguém. Um exemplo são as mudanças de ministros ou os assuntos mais delicados, como o aumento do salário mínimo, um tema sempre decisivo no governo, com a área financeira querendo dar o mínimo possível, porque o peso é muito grande, ao contrário do ministro do Trabalho e da Previdência, que em geral querem dar um aumento maior. Aí cabe ao presidente arbitrar. No fim das contas, arbitrar é sua função primordial não delegável, por isso é desgastante, quando nos empenhamos a sério. Por outro lado, não dá para o presidente ser um mero gestor, a função dele é de liderança, motivacional, e isso requer ter noção do que está acontecendo no dia a dia. Outro fator de desgaste é a pressão constante de pessoas e grupos que se organizam para ocupar espaço no governo. Não se tem vida política sem pessoas empenhadas em acumular poder, e não há poder sem a ocupação dos espaços. Como os partidos dão apoio em troca de espaço e de poder, é necessário limitar aquilo que se pode ou não ceder. Se não ceder nada, você diminui a eficiência da ação do governo; se ceder tudo, não se faz nada. Então, é uma arte manter o equilíbrio, e, para o bom exercício dessa arte, não há manual. É por meio da prática, exaustiva, que se chega às atitudes pertinentes e adequadas diante das situações que se apresentam.

As características e as qualidades que fazem um bom gestor público não são comuns. A pessoa precisa de algum treinamento; por isso, quem ganha as eleições de repente, sem experiência prévia da máquina e da política, não costuma dar certo. Desconhece a complexidade do processo decisório e não sabe que, além da decisão, existe a implementação. O fato de alguém ser presidente e tomar uma decisão não garante que esta vai ser cumprida: o resultado só aparece quando se insiste, a equipe tem de ficar em cima e cobrar o tempo todo, o que foi feito e o que resta fazer. E o presidente sempre de olho na equipe. Como não dá para fazer tudo, é importante escolher bem

LEGADO PARA A JUVENTUDE BRASILEIRA

os objetivos e concentrar neles o melhor dos esforços e da capacidade motivadora. Obviamente, há também fracassos, porque se tomou uma decisão equivocada: ninguém é infalível, e, mesmo após uma decisão correta, nem sempre dá para controlar o resultado ou achar gente no momento certo para ocupar as posições necessárias.

Quando fizemos o Plano Real, inverteu-se a relação entre o dólar e o real, ou seja, o real passou a valer mais que o dólar, o que é um problema. Embora muitos tenham aplaudido e aprovado, é um problema monumental, porque não há como exportar sem aumentar a competitividade, e a taxa de câmbio é um instrumento que pode ajudar ou dificultar a obtenção de preços competitivos para as importações e exportações. Então, era crucial fazer ajustes no câmbio, o que acarretou problemas consideráveis e duradouros em meu governo. A certa altura, eu já tomara a decisão de mudar a política cambial, mas o ministro da Fazenda não estava bem de acordo. Tampouco eu estava totalmente convencido do caminho a seguir, pois éramos muito ligados ao presidente do Banco Central, e este estava convencido de que era melhor manter a valorização do real. Tentei convencê-lo do contrário, e, como não consegui, não tive outra saída senão substituí-lo. Quando o novo e recém-nomeado presidente do Banco Central apresentou outra política, ela não foi bem recebida. Apesar de o novo presidente ser um profissional muito competente, não tinha experiência de falar, para expor a situação com clareza à sociedade as medidas adotadas. O mercado reagiu mal e houve uma corrida enorme contra o câmbio. Eu sabia que era preciso mudar as políticas quando tomei a decisão, mas quem iria colocar ali? Para quem dirige um país, não basta saber o que tem de fazer, é preciso também concretizar essa solução por meio de pessoas. Se não há disponibilidade de pessoas para colocar em prática as ideias, não se resolve nada, por mais que a gente avalie corretamente o problema e saiba como resolvê-lo. É preciso ter a sorte de contar com as pessoas certas e poder colocá-las no momento certo no local certo.

Portanto, não é nada simples exercer a liderança, tampouco contar com a capacidade de gestão. Além disso, quando se está no poder, o relacionamento com os outros é mais complicado do que o normal: as pessoas relutam em dizer o que pensam, dado o ambiente de formalidade indispensável ao exercício do poder. Por isso, é importante contar com algumas pessoas dispostas a nos dizer verdades, com opiniões diferentes das nossas. A tendência das pessoas é sempre de não contrariar, e, quando se está isolado no ápice do poder, aumenta o risco de não se ficar a par do que está acontecendo. É muito difícil, para quem tem poder, saber o que as pessoas querem, pensam e sentem.

Raramente o presidente fica sozinho, ele está sempre acompanhado, mesmo que seja de um guarda. Se quiser, ele pode conversar com essas pessoas, com os funcionários do palácio, o garçom, o motorista. Na Presidência, sempre incentivei esses contatos, menos formais, com quem eu convivia cotidianamente. Como não há muita gente com quem conversar, além dos que procuram o presidente por obrigação ou de eventuais amigos de passagem por Brasília, é importante ouvir outras pessoas do povo de modo a ampliar a visão antes de tomar decisões. Ninguém deve tomar decisões importantes sem ouvir os outros. Quando se vai subindo na escala de poder, é necessário ter ao redor pessoas que não se intimidem e expressem opiniões próprias, e você mesmo não pode perder a capacidade de ouvir, pois, com o tempo, cresce sua impaciência, o que é outro motivo para não se ficar muito tempo no poder. Depois de um tempo, a verdade é que não se escuta mais, aquilo vira rotina, e parece que a pessoa que o procura não tem nada para dizer, o que pode ser um engano. Esse é um desgaste que ocorre devido à repetição na vida política. No ambiente acadêmico, por exemplo, não há tantas rotinas, e quando você descobre algo é logo reconhecido. Na política, é o oposto: é necessário ouvir muito, repetir, e, quando você tem uma ideia, quase sempre é melhor deixar que o outro pense que a ideia é dele e não sua — é o inverso da vida acadêmica.

Mesmo com esse conjunto de requisitos para bem desempenhar a função de presidente, ainda assim se faz bobagem. Por maior que seja o empenho, muitas vezes se toma uma decisão visando um resultado, mas o que ocorre na prática é o oposto do planejado. Quando se pensa que vai ser aprovada uma lei, não aprovam, quando se imagina estar fazendo uma coisa boa, o resultado se desdobra em algo ruim. Quantas vezes mandamos leis para simplificar o sistema tributário e fomos derrotados por interesses organizados? Quantas vezes escolhemos uma pessoa que depois se revelou uma escolha equivocada, mas não era mais possível corrigir o erro? Sempre há uma dose de incerteza, como num jogo.

Na política se alcança equilíbrio quando há liderança apta a conciliar as diversas partes. Algo mais fácil de ser dito do que de ser feito. Hoje, no

LEGADO PARA A JUVENTUDE BRASILEIRA 187

Brasil, enfrentamos problemas de toda natureza: além da questão econômica, temos inúmeros problemas igualmente complexos, como por exemplo o do sistema de saúde. Mesmo sabendo que, até bem pouco tempo atrás, não havia nada nesse sentido, fora as Santas Casas e institutos de previdência de algumas corporações, e mesmo depois de anos de existência do SUS, se fizermos uma pesquisa de opinião a sociedade vai dizer que o pior problema em nosso país é a questão da saúde. Não creio que essa seja mesmo a pior dificuldade a enfrentar, pois, em comparação com o passado, o sistema de saúde melhorou muito. Mas as pessoas tendem a ver o problema pelo prisma individual, com base na experiência pessoal, de terem sido mal atendidas. E não é só a questão de a administração pública não olhar para cada um, mas sim de olhar sem a devida atenção.

Somos 200 milhões de brasileiros e vivemos um momento difícil, no qual as pessoas esperam muito do governo e nenhum governo tem condições de fazer tudo. Por outro lado, os últimos governos se mostraram pouco dispostos a firmar parcerias com o setor privado. A situação se torna complicada: as pessoas cobram do governo, mas não querem pagar mais impostos, pois também não confiam que esses recursos retornarão a elas como serviços públicos. Por isso, será preciso repactuar essa e outras questões sociais — e com a consciência de que não só o governo está errado; nós, como sociedade, também estamos, pois pedimos muita coisa ao governo e ele não tem recursos para tanto. Quando o governo, ainda por cima, acha que tem de fazer tudo sozinho, pior. Vamos ter de passar por uma modificação importante, e boa parte do que hoje se espera do governo terá de ser feito pela iniciativa privada e deve haver uma cooperação cada vez maior entre o setor público e o setor privado, em vez da imposição do setor público sobre o privado.

Do que se ressente hoje é da situação na qual tudo que vem do governo parece vir como imposição, as pessoas reagem e dizem que o governo não está fazendo nada. Não está fazendo do modo que as pessoas gostariam. Esse é um problema cultural que precisa mudar, nossa cultura política tradicional, ibérica, é a do clientelismo, com o governo encarregando-se de tudo. Já no mundo moderno, das empresas e do trabalho, não é assim. Então, há um choque entre, de um lado, esse mundo moderno empresarial e de cidadãos, que inova, muda e tem capacidade de fazer acontecer, e, de outro, a máquina pública que, com a sua letargia e seus constrangimentos, se mostra pouco apta para responder de forma satisfatória as demandas das pessoas.

Sendo realista, penso que no Brasil essa transição ainda demora décadas, por mais que o país possa melhorar. De qualquer modo, não é um processo que se resolva de um dia para o outro. A cultura brasileira nunca privilegiou o mercado, a iniciativa privada, o estímulo à atuação individual. Em vez disso, sempre tendeu à centralização e à imposição de regras e controles. Agora, não dá mais para controlar, a sociedade cresceu muito, e o que antes era possível, quando a sociedade era menor e menos informada e o Estado tinha mais poder, não funciona mais. A sociedade reage e pressiona.

O mundo está passando por uma transformação muito grande no modo de produzir, impelido pelos avanços na tecnologia, e a perspectiva para o futuro é a diminuição dos empregos tradicionais. Ainda não sabemos como resolver essa questão: como fazer para que as pessoas se acomodem em um sistema que depende cada vez menos do trabalho humano bruto — ou, colocando de outro modo, que requer cada vez menos a força física — e cada vez mais da força intelectual das pessoas. Claro que a educação é crucial para termos alguma possibilidade de futuro. Essa questão pesa na agenda, que terá de ser redefinida em função das mudanças globais. Durante algum tempo, não percebemos claramente as nossas chances no mundo, nem que estas dependem de nossa capacidade de conhecimento, de formação humana, de educação, de posicionamento. A compreensão da complexidade desse processo é algo difícil de generalizar, mas não basta uma ou outra pessoa para mudar um país.

Trata-se de achar os caminhos que permitam mudar a cabeça das pessoas. É um processo demorado, não um ato. Não é um indivíduo que toma uma decisão e pronto, a mudança acontece. O que importa é, sobretudo, a continuidade, a persistência em certa direção. Só assim se faz com que as percepções, os valores, as crenças e os comportamentos mudem, avancem ou se adequem ao que vem pela frente.

Como nação, temos problemas complicados para resolver, estamos passando por um momento de dúvida em relação às nossas reais potencialidades e possibilidades. Então, temos de reafirmar o que somos e por que somos, e ver por onde podemos afiançar as nossas qualidades, nossas virtudes potenciais, como nação. Processo que vai depender também da exemplaridade, quer dizer, de lideranças que, pelo exemplo, levem o país a acreditar que há um caminho e que criem as condições para que a sociedade possa acreditar nele e se empenhar para alcançar seu destino.

A crise atual ocorre em vários níveis: no plano institucional, há instituições que funcionam precariamente, o que se vê pelo enorme avanço da corrupção, intrincada no eixo do poder. As pessoas e os partidos com maior acesso à corrupção têm mais chance de se manter no poder, o que em si é uma distorção a ser corrigida, das instituições e da própria democracia. Claro que essa correção depende da Justiça, mas não só dela, também é preciso mudar a cultura. Afinal, quem elege é o povo, e este tem se mostrado bastante permissivo com relação a essas práticas, votando sistematicamente nas mesmas figuras ou grupos notoriamente comprometidos. Esse é um processo bastante lento, mas está em andamento. Além disso, há uma crise moral, uma crise dos valores que orientam os comportamentos. E, por fim, temos uma crise institucional no âmbito da política, com uma quantidade excessiva e inviável de partidos. No meu primeiro governo, como disse, achei que dois partidos não bastavam, mas com três dava para governar. Hoje não há três partidos que somem o número de votos suficientes para alguém governar, os deputados não se juntam e, mesmo juntando os três maiores partidos, não se configura uma maioria. Chegamos ao ponto em que a fragmentação partidária emperra o funcionamento das instituições, e isso precisa ser corrigido.

Não dá para fazer nada sem a conciliação, a costura de interesses distintos, mas a administração pública e a política requerem mais do que isso: é preciso levar em conta a opinião pública. Para o deputado, o que interessa é o voto, ele quer assegurar seus votos, e isso em parte depende de estar de acordo com a opinião pública. No passado, na prática, não havia opinião pública ativa no Brasil. O imperador dom Pedro II dizia: "Há uma coisa que se chama opinião pública, que é daqueles que leem jornal, e a opinião nacional, que são os outros." Essa diferença entre a opinião pública e a opinião nacional está diminuindo, pois agora, com a internet, e antes, com os meios de comunicação, a televisão e o rádio, as pessoas acabam se informando e aumentando a capacidade de pressionar o deputado, o setor político e até o presidente. Há sempre uma mescla de interesses que podem ser legítimos, mas não há como deixar de lado a pergunta grega clássica: qual é a boa sociedade? Quais são os valores? O que eu quero? Como faço para garantir isso? É a liberdade o que eu quero? Quero qualidade de vida, bem-estar social? Quero apoio na velhice? Ou tudo isso e algo mais? Questões desse tipo serão cada vez mais relevantes.

Não sou tão desesperançado a ponto de achar que tudo seja jogo de interesses. No processo em curso há também as crenças e os valores, e, quanto mais democrática a sociedade, maior é a importância deles. O jogo de argumentos, evidenciado pela imprensa, é verdadeiro, e a essência do jogo democrático é a de permitir que cada lado expresse o seu argumento. Hoje estou no poder, mas amanhã você pode estar no comando, e, se chegou de forma legítima, tenho que respeitar isso, pois quem chegou obteve a maioria, que é eventual, temporária, transitória. O que não dá é para alguém imaginar ser sempre o bom, enquanto o outro é sempre o mau. Nesse caso já entramos no campo do fundamentalismo, não há democracia possível quando um setor da sociedade acha que só ele é bom. Não há democracia baseada nessa crença absoluta. Não há como fugir do processo de tentativa e erro, de ver o que dá certo, o que não dá, de mudar e corrigir — daí entra a necessidade de haver mudança e renovação no poder. No fim de oito anos, o presidente não aguenta mais, e é bom que venha outro e que outro partido assuma a condução do país.

Eu tenho um grande amigo no Chile, que foi presidente da República, o Ricardo Lagos. Certa vez, conversamos sobre o que iria acontecer no Chile, pois ele estava pensando em se candidatar de novo, e eu disse: "Olha, Ricardo, se fosse você eu não seria candidato, não só porque acho ruim repetir, mas porque vocês vão perder, virá o outro lado. Neste momento é melhor assim para o Chile; e depois vocês voltam", e foi o que aconteceu. O problema no Brasil é que temos tendências muito hegemônicas que acreditam que somente elas são boas e por isso fazem qualquer coisa para se manter no poder, o que não é nada democrático. A democracia parte do princípio de que é necessário aceitar o argumento do outro, não há democracia sem espírito de tolerância, de disposição para ouvir o outro e aceitar que este eventualmente ganhe, desde que seja por um tempo, e depois eu (partido) possa ter a chance de voltar.

O que faz diferença na vida política é ter noção da correlação de forças, de reconhecer que se pode realizar, porque em política não se faz o que se quer, e sim o que dá para fazer. A política não é a arte do possível, é a arte de tornar possível o necessário, respeitando-se os valores. A mera arte do possível não passa de conformismo: em vez disso, temos de ampliar as fronteiras do possível, superar as dificuldades a fim de colocar em prática os nossos valores.

LEGADO PARA A JUVENTUDE BRASILEIRA 191

Outro aspecto crucial a ser levado em conta no debate sobre os temas ligados à gestão pública, ao Estado brasileiro e à máquina envolvida tem a ver com a compreensão de que todo o esforço demonstrado por minha geração tem como base a Constituição de 1988, cuja ideia principal é a descentralização. Sabemos hoje que estamos avançando no sentido oposto a esse ideal constitucional. Atualmente, o Governo Federal arrecada os recursos e os distribui para os estados e municípios, para as áreas da saúde ou da educação, etc. No passado, o vínculo principal que havia era entre o Governo Federal e os estados, cabendo aos governadores lidar com os prefeitos. Agora, no entanto, o Governo Federal estabelece convênios diretamente com as prefeituras, o que confere ao governo central a possibilidade de controlar os prefeitos, e é por isso que acumula tanto poder. O Governo Federal controla o fluxo de recursos que chega aos municípios, portanto os prefeitos passam a ter receio de se colocar contra o governo, não necessariamente por motivos escusos, mas porque temem não ter dinheiro para administrar. Por esse cenário se vê que, basicamente, voltamos à política anterior a Constituição de 1988, ou seja, à política da República Velha. O que fora concebido com o objetivo de descentralizar virou um instrumento de controle político caudilhesco por parte do Governo Federal.

O programa Bolsa Família é um exemplo para se entender como aos poucos os ideais de descentralização oriundos da Constituição de 1988 foram se transformando em um instrumento oposto, de centralização do poder. Com o nome de Bolsa Escola, esse programa teve início ainda no meu governo, no qual, de 2000 a 2002, foram distribuídas mais de 5,5 milhões de bolsas, além de outras de outro tipo (bolsa-gás, por exemplo) já existentes. O modo como tomamos essa iniciativa foi inspirado nas experiências bem-sucedidas do governador Marconi Perillo em Goiás, com a distribuição de cestas básicas. Com base nesse modelo, criamos o chamado Cartão Cidadania, para distribuir recursos à mulher, que em muitos casos era e é o chefe da família. Tais iniciativas tinham como objetivo romper os vínculos políticos tradicionais: nunca atrelamos os benefícios desses programas a filiações partidárias, reforçando a ideia de que não se tratava de um favor, mas de um direito das pessoas.

No governo seguinte, aos poucos, os programas de renda foram virando instrumentos de propaganda do Governo Federal. A ideia do Bolsa Família acabou associada ao Lula, ou ao PT, em um processo que podemos chamar de "aparelhamento" do programa. Até se criou um ministério para centralizar a administração do programa de distribuição de renda. Ainda no meu tempo, quando discutíamos as várias propostas de bolsas, surgiu a ideia de juntá-las, mas havia problemas técnicos. Eram dificuldades ligadas ao cadastro geral, o qual teria de ser feito pelas prefeituras de forma integrada com a Caixa Econômica, para esta realizar a distribuição dos recursos. Na época, não contávamos com recursos eletrônicos para implantar de forma segura o sistema. De qualquer forma, embora houvesse a ideia de centralizar a administração, eu tinha dúvidas sobre a conveniência de avançar nessa direção, pois isso poderia facilitar o uso das bolsas como instrumento político. Quando se distribui um tipo de bolsa na área da educação, outra na da saúde, uma terceira na previdência social, pelo menos há essa divisão. A consolidação dos programas em um só permite mais facilmente que eles sejam usados como instrumento político. Foi exatamente o que ocorreu. Originalmente, o governo Lula tinha outro programa, o Fome Zero, que nunca saiu do papel. Lula viu que os programas em andamento eram um bom instrumento, juntou tudo e criou o Ministério do Bolsa Família. O resultado político desse mecanismo é semelhante ao ocasionado pela transferência de dinheiro do Governo Federal para os prefeitos. A concessão das bolsas passou a depender de interesses políticos e político-partidários, de um ou de vários partidos. Em suma, virou um instrumento de controle político direto que se arraigou profundamente.

A centralização dos recursos no Governo Federal e a transformação desses programas em formas de controle político da administração local são dois pontos que ressaltam a necessidade de uma espécie de refundação da República. Não há como negar que mecanismos públicos foram postos a serviço não só de fins político-eleitorais, como também de corrupção institucional e pessoal. Tudo isso interfere nas eleições, sobretudo nos pleitos locais. Mas também na eleição nacional, tanto pela existência de uma máquina pronta para distribuir informação e influência como por ser ela muito ligada aos interesses partidários.

Há pouco, vimos denúncias de que os Correios teriam sido usados para beneficiar candidatos governistas, o que revela a eficácia desse tipo de manobra. Não é uma influência absoluta, ela é menor nos estados onde a vida cotidiana depende menos do governo. Essa é a chave de tudo. No estado de São Paulo, por exemplo, tal tipo de pressão pode ocorrer num município pobre, que depende muito dos governos federal e estadual. Mas em outras áreas, como na cidade de São Paulo, que ao final da gestão Haddad estava quebrada e dependia de acertos federais, seja qual for a situação financeira, há uma parcela da população que não vai apoiar o prefeito se não o considerar bom. Trata-se de um eleitorado mais independente. A população vai julgar a gestão, e não decidirá o voto em função de benesses atribuídas a um partido. Esta é a grande diferença, ainda há no país setores em que o eleitorado está vinculado a administrações ou partidos, a determinadas pessoas, ou a máquinas mantidas pela corrupção. Mas há outros nos quais o peso dessa relação é menor. Na periferia de São Paulo, o subprefeito tem força, nomeia gente, nesses locais tal influência pode se refletir nas eleições; mas, como a cidade é grande, em outros locais não é bem assim e o voto é mais independente, mesmo nas áreas em que a voz da prefeitura pesa.

Outro exemplo de aparelhamento e instrumentação do poder é o caso das agências reguladoras, que foram criadas em meu governo. Elas continuam a funcionar: a Agência Nacional do Petróleo, a Anatel no setor de telefonia, a Agência Nacional de Águas. Na época, eram uma inovação, baseada na experiência de outros países, que implicava em separar as políticas públicas dos interesses partidários. Pela concepção original, tais agências seriam comandadas por pessoas escolhidas pelo presidente da República em função de critérios técnicos. Aprovadas as nomeações pelo Senado, essas pessoas exerceriam seu mandato, como guardiãs das políticas públicas e do investimento. Ao decidir investir numa área, uma empresa tem a garantia de que não haverá reajustes de tarifas por pressão política, tampouco rupturas de contrato, porque a agência é uma intermediária e não faz parte diretamente do governo. No início as criamos, até que não foi difícil fazê-lo, porque os partidos e as pessoas não se deram conta do peso que elas viriam a ter. Quando descobriram, depois do meu governo, os partidos e os sindicatos lotearam algumas dessas agências e as transformaram em cabides de empregos e, em poucos casos, balcões de negócios, deturpando sua concepção original. Por aí se vê como, também na política, é difícil inovar. Somente incorporando a inovação na cultura da máquina pública é que se perpetuam as modernizações estruturais do Estado.

Um aspecto, portanto, que requer atenção constante é a tentativa de submeter as inovações ao controle político para a manutenção do poder: o controle do Governo Federal sobre os prefeitos objetivando efeitos eleito-

194 FERNANDO HENRIQUE CARDOSO E DANIELA DE ROGATIS

rais; o uso do programa Bolsa Família como elemento de pressão e controle eleitoral; o aparelhamento das instituições em benefício de interesses corporativos ou empresariais, e assim por diante.

Na prática, é difícil garantir que não haja corrupção nem desvio de conduta. Contudo, não dá para ser conivente com tais práticas, e, se comprovados desvios de conduta, cabe sanar o procedimento. Há solução para isso: assegurar a maior transparência possível. Por conta da internet, a sociedade está mais receptiva e motivada para saber o que acontece. Eu estava me referindo anteriormente a casos individuais de corrupção, a desvios individuais de conduta, ao fato de ser impossível evitar que, em uma população de 200 milhões de pessoas, exista um percentual de gente incapaz de se ater à boa norma. Supondo um percentual de 1%, estamos falando de 2 milhões de indivíduos, o que afinal é muita gente, em todos os níveis da sociedade: é o guarda do trânsito que recebe bola, o despachante que apressa o andamento de papéis em troca de dinheiro, ou a prefeitura ou câmara municipal onde há menos controle... Temos de ser realistas, é difícil, mas é obrigatório para o bom governo tentar evitar que isso ocorra.

Outra coisa, porém, é a corrupção organizada, e mais grave ainda quando tem as bênçãos do poder, porque nesse caso se estão solapando os fundamentos da democracia. É bem isso o que hoje estamos presenciando o que é uma questão muito grave. Para barrar isso, começamos a trilhar o bom caminho: punição, justiça, consciência pública e capacidade de enfrentar os grandes, os poderosos e ricos. Nos moldes a que estamos assistindo, não creio que jamais tenha havido algo assim no Brasil: organizações políticas que se apoderam de setores da administração com a bênção de quem está no poder e usam recursos desviados dos cofres públicos não só para encher os bolsos de um ou outro indivíduo, como para financiar o grupo que está no poder e os partidos que o apoiam. Trata-se, digamos assim, do desvirtuamento sistemático do sistema republicano. Para resolver isso, só com polícia e justiça. E é um problema enorme que deveria ter sido enfrentado há mais tempo, mas não tivemos a capacidade de perceber que o chamado "mensalão" não era um desvio de A, B ou C, e sim algo maior, que refletia um conjunto organizado que usava uma justificativa ideológica para a perpetuação no poder.

O "mensalão" acabou virando o "petrolão", tendo como foco o financiamento partidário não só do PT, mas de vários outros partidos que forma-

LEGADO PARA A JUVENTUDE BRASILEIRA

ram um sistema. Trata-se de uma situação delicada, porque não estamos diante de desvios feitos por algumas pessoas, e sim diante de um esquema institucionalizado com o propósito de desvirtuar a democracia em prol dos que exercem o poder.

Na Itália, em certo momento, a Máfia, uma organização criminosa, conseguiu introduzir-se no Vaticano, no Banco do Vaticano, em partidos políticos, como o Socialista e o Democrata Cristão, em grupos radicais e até no sistema judiciário. Foi uma dificuldade imensa expurgar o país desse cancro que tinha penetrado muito profundamente e aliciado membros de partidos políticos. O presidente do Partido Socialista, um político bastante inteligente chamado Craxi, acabou exilado na Argélia. A máfia também matou um dos chefes do Partido Democrata Cristão, o Aldo Moro, para dar uma ideia de quão dramática era a situação. Aqui não se chegou a esse ponto, ainda não está se matando o adversário. Para destruir o que está em formação, contudo, duas coisas são necessárias. A primeira é a mudança de política, afastando quem até aqui comandou a máquina pública, as estatais, os fundos de pensão e os que viabilizaram a corrupção institucionalizada; e, segundo, dar condições ao Judiciário para continuar o seu trabalho, julgando, vendo se há provas, condenando ou absolvendo. Havendo força política para realizar esses dois movimentos, será possível recolocar a administração do país na direção correta. Quanto à corrupção não sistemática e individual, é mais difícil de conter; ela, embora grave, é menos danosa para a democracia. A corrupção se torna gravíssima para as instituições quando há essa fusão, como houve na Itália e estava avançando no Brasil, entre ela e os partidos para controlar o poder.

Quem pune mesmo o político é o eleitor, e este também tem sua parte de responsabilidade pela situação a que chegamos, porque muitas vezes eximiu--se de punir nas urnas políticos notoriamente desonestos. Na verdade, o sistema eleitoral serve justamente para isso: o político que errou tem de ser punido e alijado da vida pública. No entanto, para o sistema funcionar, o eleitor tem de assumir sua responsabilidade. Daí a importância de se insistir no tema e lutar para esclarecer o eleitor: não adianta votar e eleger a mulher do político afastado por desvios e muito menos votar no próprio. Trata-se de uma questão de educação cívica; não apenas cultural, mas cívica.

Contamos também com outros mecanismos de punição, como a lei da Ficha Limpa, que já está dando resultados; outros, como a comissão de ética

196 FERNANDO HENRIQUE CARDOSO E DANIELA DE ROGATIS

na Câmara, mostraram-se menos eficazes. O importante agora é aumentar a pressão, no sentido de melhorar o funcionamento dessas instituições. É preciso que os cidadãos levantem as questões, processem os parlamentares e os poderosos, tanto política como financeiramente, pois há mecanismos para tanto. A nossa sociedade é muito inerte diante dos delitos. No fundo, todos nós somos responsáveis, porque complacentes de certa maneira com o que está acontecendo. Não denunciamos com a energia necessária, sempre preferimos a saída do jeitinho, transformamos o delinquente em semi-herói. Além disso, a mídia dá um espaço despropositado a pessoas postas à margem por terem roubado e que continuam exercendo um fascínio sociocultural. Isso está um pouco entranhado em nossa cultura. E, como não se corrige a cultura por decreto, temos de ir mudando pelo comportamento, pela pregação, pelo exemplo, pela repetição. Nossa cultura ainda é muito leniente com os malfeitos. Mas o fato é que estamos diante de crimes, e diante de crimes não podemos ser lenientes.

As mudanças na cultura demandam tempo, pois são o resultado de um processo, da transmissão de convicções e valores, em suma, de um processo educativo. Nos Estados Unidos, as pessoas aprenderam a obedecer a lei, e foi na marra, com muita punição, prisão, multas. Levou duzentos anos para eles conseguirem que coisas simples, como não jogar papel no chão, fossem respeitadas; hoje há lixeiras por toda parte, e, se alguém joga papel na rua, leva multa. Certa vez, eu estava na Universidade de Berkeley e precisava estacionar o carro. Tinha de dar uma aula ou algo assim. Logo que parei o carro num lugar discutível, uma senhora se aproximou e disse: "Como cidadã americana, tenho o direito de prendê-lo!". Me prender por quê? Porque eu tinha estacionado em lugar errado e ela achava que tinha o direito de me prender. Vejam o grau de consciência cívica dessa pessoa. Talvez ela estivesse exagerando, não sei se tinha mesmo o direito de me prender, mas, como eu estava errado, ela se sentiu no direito de me chamar a atenção. Aqui no Brasil põe-se o carro na calçada e ninguém se importa, a não ser que seja na calçada de sua porta; não há enraizado o sentimento do bem comum, da *res publica*, da coisa pública. Também nesse sentido nossa cultura ainda não é plenamente democrática.

O valor básico da democracia é a igualdade perante a lei. Qualquer Constituição democrática diz que somos todos iguais perante a lei. No Brasil não é bem assim, como vimos quando o presidente Lula disse que o presidente Sarney não era um homem comum. Todos nós somos homens comuns, mas na prática não é assim que as pessoas veem a si mesmas nem aos outros. Sem esse sentimento de igualdade, não há como respeitar a lei. Achamos que a lei não vale para todos, e isso está muito arraigado em nós; costume que começa a mudar, a melhorar. É inegável, contudo, que estamos atrasados em relação a outras culturas democráticas. Ainda há muita gente para motivar e educar, e vamos precisar de sistemas mais restritivos e punitivos. Não dá para confiar somente no lado bom das pessoas. Como tendemos a puxar a sardinha para o nosso lado, é preciso que alguém diga "Assim não pode!" e que haja consequências.

Ainda falta muito para consolidarmos uma cultura de cidadania plena no Brasil, e essa é a tarefa que se coloca. Uma cultura efetivamente democrática, que valorize o outro e tenha um componente de solidariedade. Uma cultura se forma por indivíduos, e estes não só obedecem à lei, como se sentem comprometidos uns com os outros, com a sua comunidade e o seu país. Um exemplo são as empresas brasileiras: hoje, praticamente toda empresa relevante tem um setor de responsabilidade social. Isso é novo, desde vinte ou trinta anos a comunidade empresarial passou a organizar fundações e institutos para levar adiante seus objetivos mais integrativos, o que é um gesto necessário e meritório na direção de algum grau de solidariedade.

Sem acabar com o corruptor é difícil acabar com a corrupção, mas estamos no caminho. Pela primeira vez se começa a falar sobre quem paga, e quem paga vai se defender dizendo que é extorquido, o que também é verdade, porque em nosso sistema o corruptor é uma das partes: alguns porque não têm alternativa, ou participam do "sistema" ou não conseguem trabalhar; outros por escolha deliberada.

Diante de nossos graves problemas econômicos, o que fazer com as empresas que estão sob o jugo do Judiciário? Como criar mecanismos que possibilitem separar a empresa do empresário, de maneira que a empresa seja preservada? Esse é outro tema urgente, porque há a possibilidade efetiva de se perder parte importante das empresas nacionais. Será preciso coragem para organizar uma legislação que regule isso. Durante meu governo, fizemos uma lei, pela qual fui muito criticado, para salvar o sistema financeiro, o Proer. Disseram que eu estava salvando os banqueiros, o que não era verdade. Foram resgatados apenas alguns bancos, que aos poucos foram sendo comprados por outros, pois não podíamos correr o risco de que o sistema financeiro se desorganizasse. Vamos precisar de outras iniciativas desse tipo, capazes de resolver o impasse empresarial criado pela operação Lava Jato e demais do gênero.

E vamos ter de lidar com o problema da expansão excessiva do crédito público. Há a situação da Caixa Econômica, que está com dificuldades financeiras, pois houve expansão de créditos do BNDES, obrigando o governo a transferir centenas de bilhões de reais para ele. Com um mínimo de consenso político, há soluções para recolocar o sistema nos trilhos. Mas, sem consenso, não sairemos facilmente dessa enrascada. Não é fácil chegar a um consenso político, porque ele depende de interlocutores, e, como tenho dito, não basta alguém ter uma ideia, é preciso que tenha cacife institucional para entrar no jogo.

Vou dar um exemplo pessoal. Durante meu mandato como presidente, houve uma crise no setor de energia elétrica devido à seca. A primeira coisa que fiz foi informar o problema ao país, em detalhes e de forma didática. Depois, convoquei todo o espectro político, todos os partidos foram convidados ao palácio, tanto da oposição como do governo. E, terceiro, chamei a sociedade e criei um gabinete de crise, formado por empresários e técnicos, a fim de achar uma solução para o problema. Embora de magnitude menor que a crise atual, o fato é que não era possível buscar uma solução no isolamento do palácio, só com dois ou três partidos — era preciso mobilizar o país todo, para tornar possível uma virada.

O presidente tem, portanto, de atuar de acordo com a posição central que ocupa na ordem das coisas. Quando não cumpre tal função, o seu poder vai minguando. Os presidentes da Câmara e do Senado também têm posições cruciais, os presidentes dos partidos um pouco menos, e os que estão fora dessas posições institucionais têm mais dificuldade de atuar — como na minha situação atual: posso falar, posso escrever, posso ter influência, mas não tenho poder. É muito diferente ter influência e ter poder. Para ter poder, você precisa dispor de instrumentos para fazer com que as coisas aconteçam. Quem está fora do jogo não tem esses instrumentos, só conta com um recurso, a própria voz, que não basta para tecer uma situação que nos permita sair dessa enrascada. Precisamos é encontrar pessoas inseridas no jogo do poder, que tenham posição de poder e estejam dispostas a combinar o jogo com o país e não com um grupo restrito.

No passado, criamos grandes desequilíbrios fiscais, cuja correção, a um custo altíssimo, exigiu a implantação do Plano Real. Pois, no fundo, o Plano

LEGADO PARA A JUVENTUDE BRASILEIRA

Real foi isso, uma tentativa de corrigir os desequilíbrios fiscais, porque eram eles que impulsionavam a inflação. Quando o governo fica sem dinheiro e gasta mais do que pode, ele se endivida em demasia, ou transfere então o custo para os preços, que alimentam a inflação, ou faz ambas as coisas. A certa altura, conseguimos dar uma ajeitada, não de todo, pois o Congresso nunca aprovou algumas reformas. Tanto a reforma da Previdência como outras que agora estão sendo discutidas haviam sido propostas no meu governo. É o caso da lei que dá flexibilidade na área trabalhista, e da lei de barreira dos partidos. Esta última, meu governo propôs e o Congresso aprovou, mas o Supremo Tribunal Federal considerou-as inconstitucionais. São reformas complicadas e necessárias, hoje estamos enfrentando uma desorganização institucional profunda pela falta delas. Isso significa que ainda vamos passar por dificuldades até restabelecer a credibilidade e encontrar modos de funcionamento do gasto público (e sua diminuição) mais adequados. De novo, o que falta no momento é liderança, e, ao meu modo de ver, é fundamental que sejam lideranças novas, com energia para levar adiante as transformações necessárias. Nesse sentido, faz diferença a idade da pessoa, pois, a partir de certa altura, não há mais energia suficiente. Comentei isso com o atual presidente da República: "Se alguém com 78 anos pensa duas vezes antes de se candidatar, imagina eu, que estou com 85 anos." Em termos físicos, não há simplesmente como enfrentar um desafio como esse, de dirigir um país tão complexo quanto o Brasil. É preciso incentivar uma nova geração para assumir essa tarefa, com consciência e vontade, e assim nos permitir vislumbrar um horizonte condizente com os tempos em que vivemos, com disposição e valores para levar adiante nosso país.

Antes se falava muito de projeto nacional. Não gosto da expressão porque ela em geral reflete uma concepção autoritária, é o Estado que tem um projeto, ou então um líder, e não é bem assim. Na democracia, vale o conjunto, viabilizar esse conjunto, abrir espaço para que brotem líderes de diferentes alternativas, que negociem e se ajustem, sendo muito importante nesse processo uma deliberação aberta e ampla. Temos pela frente um espaço enorme para construir o futuro, mas só se constrói o futuro quando se tem alguma ideia da direção a seguir. O que queremos, no fundo, é uma sociedade decente, em que todos possam trabalhar, tenham chances de melhorar de vida, tenham oportunidades. Sempre haverá alguma desigualdade, mas cenários de maiores oportunidades atenuam os efeitos negativos da desigualdade.

200 FERNANDO HENRIQUE CARDOSO E DANIELA DE ROGATIS

Cabe a nós fazer com que o Brasil avance. Quando olhamos para o país a partir de uma perspectiva temporal mais ampla, é preciso reconhecer que já fizemos muito e estamos fazendo bastante. Claro que poderíamos andar mais depressa. Também é certo que, às vezes, a sociedade se desvia do rumo e depois tenta voltar. Não se deve descrer do país simplesmente porque, nesse momento, a gestão de governo não seja de nosso agrado. Se não estivermos satisfeitos, vamos tentar mudar e continuar acreditando que resta muito a fazer. Como, por sorte, o Brasil é um país plural — sem uma hegemonia administrativa, ainda que a federal seja importante —, mas muito dividido nos outros aspectos, existem várias possibilidades para trabalhar e ajudá-lo a avançar, esteja quem estiver no poder federal.

Há um livro, *Saída, voz e lealdade*, escrito por Albert Hirschman, que foi grande amigo meu e professor em Princeton, que trata das formas de reação diante das dificuldades ou das discordâncias na condução do país. Há os que preferem ir embora, ou deixar tudo de lado; mas há também os que adotam um comportamento mais tradicional de lealdade, e há ainda quem use sua própria voz para protestar e transformar as coisas com as quais não concorda. Há, portanto, espaço para a voz, para uma atuação empenhada. Hirschman propõe algo na linha de Max Weber ao conceituar suas duas éticas — a da convicção e a da responsabilidade. Como comentei anteriormente, a ética da convicção é mais apropriada ao pregador, ao padre, ao pastor, ao convicto da sua religião. No caso de um líder político, porém, sua responsabilidade é abrir caminho, construir uma saída, transformar e superar aquilo que impede que sua convicção seja posta em prática. Precisamos de uma fusão dessas éticas, ter convicções práticas, que abram caminhos para o futuro chegar.

Capítulo 7

Educação e trabalho: futuro uniformemente distribuído

Sempre lembro que foi num dos países mais educados da Europa que surgiu o nazismo, e por isso não se pode deixar de educar para a solidariedade, os bons valores, a democracia.

Fernando Henrique Cardoso

Sintonize: preparando o futuro

Daniela de Rogatis

O futuro existe no presente. Existe como inspiração e norte para as ações que tomamos agora. Sem uma visão de futuro, não temos como traçar uma estratégia nem como dar um passo à frente. Sem um objetivo, progresso e retrocesso deixam de existir. Somos como um viajante não apenas desprovido de mapa, mas sem nem sequer um destino final.

É essa a situação que o Brasil vive hoje. Na falta de uma visão e de um projeto, somos uma embarcação à deriva, incapaz de preparar nossos cidadãos para encarnar o papel de protagonistas num mundo que há de ser criado. E isso vale especialmente para a formação humana e para a educação de maneira geral: se não sabemos quem queremos ser, também não temos como formular um projeto educacional que dê conta de formar cidadãos preparados para os desafios que queremos vencer.

Herdamos uma defasagem educacional de séculos. Nossa herança colonial era de proibir a imprensa e a educação nacional, perpetuando o analfabetismo da maioria da população. Fomos ter uma universidade apenas no Império. Carregamos conosco essa carência na instrução básica, uma lacuna digna do século XIX, mas que se estende vergonhosamente ao século XXI. Ao mesmo tempo, estamos presos aos modelos e métodos também dos séculos passados.

Somos confrontados por um mundo que exige cada vez mais criatividade, independência e domínio de um ferramental tecnológico e científico. Enquanto isso, ainda circulam visões da escola como linha de montagem de conteúdos decorados ou como antessala da luta de classes. Em ambos os casos, o resultado final almejado — o trabalhador dócil ou a massa de manobra política — está em franca oposição ao perfil que pode se destacar e alcançar a liderança do mundo contemporâneo.

É verdade que o Brasil tem um berço esplêndido, conforme canta nosso hino. Somos herdeiros de uma enorme riqueza cultural e natural. Mas temos que nos tornar dignos desse patrimônio. Um herdeiro tem que se preparar se não quiser arruinar o legado que recebe. Se adotar uma postura passiva, de quem julga que um grande patrimônio é infinito, estará fadado a diminuí-lo ou mesmo perdê-lo. É preciso ter uma postura ativa e criativa para iniciar, com ele, uma nova rodada de criação de valor.

Do ponto de vista nacional, estar preparado significa investir — não só dinheiro, mas também trabalho e pensamento — em educação. Precisamos de uma educação que nos guie para o melhor uso dos potenciais de que somos dotados; todo o patrimônio material e imaterial que constitui nossa riqueza. Para isso, sem dúvida, o primeiro passo é conhecer esse patrimônio e entender como ele pode melhor servir ao nosso futuro.

Essa capacitação em prol do país se dá necessariamente por meio da formação dos indivíduos tendo em vista seu desenvolvimento pessoal. É com indivíduos preparados para os desafios do futuro e dotados do ferramental necessário para criar novas soluções que poderemos, aí sim, ficar confiantes com o direcionamento da nação como um todo.

Para isso, é imprescindível ter sempre em mente que o objetivo da educação é elevar o indivíduo acima das disputas ideológicas. Dar a ele o conhecimento e a segurança psicológica para saber julgar, de acordo com seus próprios critérios, os diferentes lados do espectro ideológico e se colocar da maneira que lhe parecer melhor. Formar alguém para que adira a um campo ideológico específico é trair o potencial daquele indivíduo, reduzindo-o a uma mera peça descartável num projeto de dominação maior.

Infelizmente, no Brasil atual, a motivação ideológica e política ainda está presente, com visões parciais ou distorcidas da história. A história sempre será palco de desavenças, e não existe uma visão completamente neutra dos fatos, mas há, sim, consensos da comunidade científica que deveriam balizar o ensino. Ao mesmo tempo, nosso sistema dá pouca orientação prática e pouca ênfase aos valores pessoais.

Precisamos de uma educação que desafie os jovens a irem sempre mais longe, a ousarem pensar e criar com independência e coragem. Ver-se como protagonista na construção do país em que se vive não é um resultado

LEGADO PARA A JUVENTUDE BRASILEIRA

espontâneo; pelo contrário, tendemos a enfatizar a pouca importância do indivíduo e priorizar supostas forças históricas e sociais, fazendo-o crer que seus esforços não serão eficazes.

Enquanto o mundo inova, seguimos à deriva, meramente mantendo um sistema que não funciona e não parece nos levar a lugar algum. Ora pela pura falta de referência, ora pela cópia meramente imitativa de referências estrangeiras, hesitamos em criar um modelo brasileiro para a educação, que consiga unir ensino de impacto (tirando-nos das últimas posições dos rankings globais) com empoderamento individual e foco na interface entre prioridades brasileiras e questões globais. Uma educação, ademais, que incuta os valores de transparência e integridade, que são do total interesse de todos, inclusive de quem os vive.

O Brasil é o país da diversidade humana, e, portanto, qualquer modelo de educação brasileiro tem que ser de uma educação para a diversidade. Tanto no sentido de valorizar nossas diferentes matrizes culturais e raciais e combater qualquer forma de preconceito quanto no de estar atento às diferentes demandas de diferentes partes da população. Temos, afinal, pessoas vivendo no roçado de forma não muito diferente — e com a mesma precariedade de ensino — do que se vivia no século XIX, jovens que crescem e se formam num sistema de educação voltado a uma realidade industrial e empresarial do século XX, e uma pequena parcela — em geral, mas nem sempre, da elite econômica — que tem acesso a uma formação de ponta, que os coloca na realidade do século XXI.

Essa elite educacional brasileira terá um papel central na revolução do ensino no país. É preciso perder o preconceito autossabotador de que uma elite é algo ruim e que atrasa o desenvolvimento de um país. Profecia autorrealizável, essa crença faz com que os membros da elite se desliguem da sociedade e lancem seus olhares para fora do país, sem estabelecer com ele um vínculo de pertencimento.

A verdadeira elite de um país não é quem tem mais dinheiro; são todos aqueles que compõem o que temos de melhor. E é dessa elite que precisamos para nos lançarmos de vez no século XXI.

Precisamos identificar quem, no Brasil, é capaz de nos pensar dentro de um contexto global. Quem cultiva em si a admiração pelo extraordinário, pelo que vai além do esperado, pela excelência enquanto valor. Quem é capaz de, ao mesmo tempo, conhecer e inspirar; aprender e ensinar; crescer para além dos padrões preestabelecidos e levar outros a acompanhar esse desenvolvimento. São esses que formam a elite em seu real sentido, e que podem protagonizar a mudança em escala nacional e global.

Os desafios são grandes. Estamos entrando em uma nova fase global, em que a escassez de oportunidades dará o tom, e o conhecimento — bem como a criatividade para usá-lo — será condição necessária de qualquer empreitada bem-sucedida. Para ficarmos, enquanto nação, preparados para esse desafio, precisaremos dos melhores indivíduos na linha de frente, capazes e desejosos de liderar esse projeto. Para que esses indivíduos existam e cheguem a seu potencial, será preciso formá-los. Mãos à obra!

Sentido prático e as dimensões humanas

Fernando Henrique Cardoso

Em 2014, a doutora Leonor Beleza, presidente da Fundação Champalimaud, organização portuguesa que apoia pesquisas biomédicas e de cujo conselho faço parte, propôs que eu organizasse um seminário sobre as tendências científicas e sociais globais nos próximos cem anos. Um desafio nada trivial o de imaginar como será o mundo nessa perspectiva de tempo, tentando antever, como as sociedades vão se organizar — e o de apontar, nessa projeção, o lugar da educação e do trabalho.

Não há novidade na busca de projeções sobre o futuro. Karl Marx, numa de suas obras, dizia que, uma vez que a sociedade aperfeiçoasse os seus processos e alcançasse com a industrialização determinado nível de produtividade, chegaríamos a poder ter uma organização na qual não haveria mais a divisão social do trabalho ampliasse as escolhas de cada um. Cada indivíduo poderia escolher diariamente a atividade que mais apreciasse: um dia poderia ser pescador, no outro filósofo, pianista ou cientista. Nessa concepção de mundo, todos teriam condições de levar ao limite suas potencialidades, configurando assim um ideal de sociedade futura.

No século XIX não era possível imaginar o drama moral que hoje enfrentamos, neste princípio do século XXI, quando reconhecidamente dispomos de conhecimentos, recursos e modos de organização para oferecer melhores condições de vida para quase todos, senão para todos. Existe a possiblidade real de eliminarmos a pobreza, e não apenas no Brasil. Obviamente, não é um objetivo fácil de ser atingido, mas também não é impossível. Para os pensadores da Grécia antiga, o dever do governante seria o de prover a felicidade. Ninguém mais fala disso nesses termos, mas sim em melhorar a qualidade de vida, o que não deixa de ser uma forma de dizer que queremos assegurar a base civilizacional para haver felicidade, cada qual interpretando à sua maneira o que significa ser feliz ou ter qualidade de vida. No fundo, o desafio da educação está em formar pessoas capazes de levar ao máximo as suas potencialidades, o que implica pessoas empenhadas em particularizar seus caminhos.

No mundo atual, a tendência é que as empresas avancem no processo de globalização. Desde o começo deste ciclo, se tornou evidente que, para acompanhar os passos da integração global, um país necessita criar um sistema educacional condizente com o que existe de melhor nos países desenvolvidos, sob pena de perder competitividade e não acompanhar a evolução do conjunto. Mesmo agora, no Brasil, a grande preocupação é a de orientar o processo de educação formal para nos capacitar a lidar simultaneamente tanto com a inevitabilidade da integração global e como com a importância de preservar o que é próprio de nossa cultura, dos nossos valores e de nossos ideais. Esse é certamente o maior desafio da educação neste princípio do século XXI.

O empenho no sentido da integração tornou-se mais viável atualmente, sobretudo com as possibilidades oferecidas pela tecnologia. Um exemplo são os cursos de ótima qualidade oferecidos na internet por universidades de renome, como o MIT, distribuídos on-line, em escala global, para quem queira se aperfeiçoar. No Brasil, porém, essa perspectiva de aprimoramento em massa da população continua restrita, uma vez que tais cursos são normalmente ministrados em inglês, o que reduz bastante o número de pessoas que podem se beneficiar desse instrumento. Mais ainda, a nova estrutura de plataformas de ensino e de aprendizado pressupõe uma base anterior de conhecimentos que, de maneira geral, não existe em nosso país.

Em certo momento de nosso desenvolvimento cultural, houve gente que apostou no ideal de uma formação puramente brasileira, na contramão da realidade contemporânea. Sabemos agora que, sem o domínio de um idioma global, como o inglês, nem sequer conseguimos entrar no jogo. Óbvio que isso não significa que se deva descuidar do ensino de nossa língua, mas é fundamental ter consciência de que o domínio de um segundo idioma dá acesso a outras dimensões existenciais. E educar, no fundo, é bem isto: abrir a visão, oferecer novas dimensões, aguçar a curiosidade, diversificar os interesses e ampliar os mecanismos de interação com os outros. No Brasil,

LEGADO PARA A JUVENTUDE BRASILEIRA

em função das escolhas feitas no passado, ainda temos de enfrentar agora problemas dos séculos XIX, XX e XXI, e tudo isso ao mesmo tempo. Essa é a condição de nosso país. A amplitude da desigualdade e de seus impactos se apresentam também como um problema na educação e na produtividade geral, nos dificultando dar um grande salto, como fizeram outros países, para uma educação de maior qualidade.

Em todo país sempre há pessoas que avançam por conta própria, exploram as redes de internet, aproveitam ao máximo a tecnologia, se globalizam quase automaticamente e logo se inserem no mundo mais amplo, voando sozinhas. Em relação a esses talentos, o maior risco que corremos é o do país não reunir os elementos suficientes para mantê-los aqui, não proporcionar espaço e condições para que esse conjunto de pessoas se desenvolva e prospere. Então, impõe-se que o país encontre maneiras de manter tais talentos, mas de forma realista.

O nosso grande problema entretanto é o do nível de aprendizado médio de nossas crianças e jovens. É preciso encarar a realidade de que muitos mal sabem escrever, o que nos obriga a pensar a educação em múltiplos níveis. Não é nada fácil pôr em marcha políticas para melhorar o aprendizado. Mormente porque a educação, num certo limite, implica uma relação pessoal, de olhar para um indivíduo e seu desenvolvimento e acompanhar seu resultado educacional e a evolução de sua trajetória. No caso de um país tão grande e diverso quanto o nosso, essas dificuldades só aumentam.

Quando dei aulas em Cambridge, na Inglaterra, encontrei uma tradição e uma notável paixão pelo saber, pela discussão, pela troca de ideias. Além disso, havia uma relação direta e próxima entre professores e alunos, tal como costuma ocorrer nos Estados Unidos. Na Universidade Brown, onde recentemente dei cursos, existe o *office hour*, quer dizer, não importa que você tenha sido presidente da República, sua porta tem de estar aberta para qualquer estudante em determinados horários, pois um dos pressupostos do processo educativo é esse relacionamento interpessoal, no qual se transmite muita coisa fora do currículo. A educação não se resume à transmissão de conteúdo, mas inclui despertar nas pessoas a vontade de aprender, que faz com que mantenham viva a curiosidade. E é essa curiosidade permanente que possibilita a criação, o que hoje chamamos de inovação. A análise em si é importante, mas o exercício da imaginação permite ir além da capacidade analítica. Sem curiosidade e imaginação, não há como criar o futuro.

A forma moderna de ensinar e aprender é coletiva, em rede, sem a concepção antiquada de que um sabe e o outro não, um fala enquanto o outro ouve e anota. Atualmente, o que vale é a interação contínua, com todos aprendendo ao se explorar determinado tema. Essa interatividade tem de ser acompanhada de estímulos à criatividade, à curiosidade, e tudo isso com método. Esses são fatores essenciais em qualquer circunstância, mas de aplicação muito difícil, pois dependem, como eu disse antes, de a pessoa sentir entusiasmo. Se o professor não consegue despertar nos alunos esse entusiasmo (o termo vem do grego e significa "trazer uma divindade dentro de si"), essa capacidade de crer em algo, não cumpre sua tarefa pedagógica. Talvez seja até um intelectual muito bom, um grande pesquisador, mas não serve como professor. Este não pode se limitar à transmissão de conteúdo, deve entusiasmar, despertar a curiosidade, a vontade de saber, a convicção de que vale a pena buscar o conhecimento. Se, na vida, um jovem tiver dois ou três bons professores que cumpram esse papel, que lhe sirvam de referência, é o bastante para a sua formação.

Creio que há um consenso de que o gargalo da educação no país está na formação dos professores. Ainda que os livros didáticos não sejam o ideal, ainda que o espaço físico das escolas não seja o melhor possível, o que de fato faz diferença é o professor ter valores e a capacidade de despertar a chama, a curiosidade que leva ao aprendizado. Ou seja, fundamentalmente o que se precisa é de professores competentes, uma vez que as condições materiais podem ir sendo melhoradas aos poucos. Nos anos de 1976-7, quando dei aulas na Universidade de Cambridge, na Inglaterra, o salário que recebia como professor não era muito maior que o salário que a Universidade de São Paulo pagava, e os meios materiais à disposição de alunos e professores eram comparáveis. Por outro lado, o ambiente era excelente, porque havia algo difícil de achar atualmente entre nós, que é o respeito. Lá o professor dá aula de toga, pertence ao College, que é uma espécie de clube, com tradição e distintivos, e tem pequenos privilégios, como autorização para pisar na grama, uma bobagem, mas que tem importância simbólica na manutenção de um ambiente de seriedade e respeito.

No Brasil, antigamente, as professoras do ensino fundamental passavam pela escola normal, o que era visto como algo importante. A normalista tinha respeitabilidade no conjunto da sociedade, depois se perdeu. Hoje, o professor primário, que dá aulas na periferia, corre até o risco de ser

LEGADO PARA A JUVENTUDE BRASILEIRA

agredido fisicamente pelos alunos; em geral não conta com o apoio dos diretores; é obrigado a participar de greves para melhorar as condições de trabalho; e tem pouco reconhecimento. Quando mudei a regra da Constituição a fim de aumentar o montante dos recursos federais que iam para os municípios, sobretudo no Nordeste, houve uma melhora no salário dos professores. Começaram a casar mais cedo e a constituir família, porque aquela pequena diferença de dinheiro aumentou o respeito em que eram tidos e permitiu certo avanço na vida. Não é só o dinheiro que importa, mas também a consideração, o respeito, a valorização. Na sociedade, tanto os professores como os alunos das grandes universidades desfrutam de certa consideração, mas não se vê o mesmo em relação ao ensino primário e secundário. Na França, por outro lado, os professores e mesmo os alunos são valorizados em função da escola secundária que frequentam. No fim das contas, são essas pequenas distinções que conferem prestígio à função do professor.

No Brasil, estamos longe disso. Aqui, a carreira ficou muito desprestigiada. No meu tempo de Presidência, um quarto de todos os professores do curso primário eram classificados como leigos, ou seja, eles próprios não haviam tido formação, não haviam passado por nenhum treinamento para dar aulas. São pessoas que transmitem algo importante, o exemplo e certa maturidade, mas que na prática não têm condições de disseminar o conhecimento. Nos dias atuais, isso se complica ainda mais pelo fato de que os alunos podem buscar as informações na internet. Então, o que é preciso mesmo é despertar a paixão, ensinar a raciocinar, a vontade de aprender, difundir os valores que servem de guia. Cada vez menos dá para separar a ética do processo de ensinar. Ética, imaginação, criação, interação — tudo isso é fácil de propor e muito complicado de se efetivar na prática. Quando se leva em conta uma perspectiva de escala, considerando os milhões de alunos brasileiros, é ainda mais difícil contar com professores de qualidade em quantidade suficiente para o país.

Quando se discutem os caminhos da educação, há questões fundamentais que merecem nossa atenção: uma delas implica a retomada, pelos governos e pelos professores, do sentido de carreira estruturada, com salários condizentes com os resultados; outra é o incentivo para que as famílias participem da vida cotidiana da escola de sua região, acompanhando, cobrando e restringindo a influência política na realidade da escola.

Há dezenas de anos o Brasil promove iniciativas voltadas para a formação docente, investindo nessa preparação, mas são raros os casos em que se percebe um avanço significativo. Em consequência, temos muita dificuldade para compreender como criar condições para que essa massa de crianças e jovens enfrente a realidade do século XXI. O salto, caso seja possível, será feito não somente na escola, mas também no trabalho.

Outro grande problema que aflige a nossa educação é que, tal como na distinção entre natureza e cultura, há um abismo entre o mundo do trabalho e o mundo da escola, que se reflete com nitidez nos resultados da educação brasileira. Faz falta, portanto, um mecanismo de ligação desses dois mundos, o do trabalho e o da educação. Embora os nossos índices de produção científica não sejam tão maus, o mesmo não se dá no caso da quantidade de patentes registradas pelos brasileiros. Aí é um desastre. Entre o conhecimento teórico e o aproveitamento prático da ideia no processo produtivo há um hiato imenso. Pouco se valoriza o processo produtivo, ao contrário da elucubração teórica. As pessoas tentam mudar o paradigma da ciência, e deixam de lado a pesquisa de pequenas melhorias que resultariam no aumento de nossa produtividade. Nesse sentido, é espantosa a diferença entre a China e o Brasil: enquanto os chineses registram por ano cerca de centenas de milhares de patentes, os brasileiros não passam da casa das centenas.

Temos de romper essa separação tão radical entre o saber e o fazer. Precisamos de um esforço maior de integração, de mais insistência na conexão entre a pesquisa pura e o trabalho. Sem isso, estaremos jogando fora nossas possibilidades futuras, uma vez que a sociedade atual tem como base o conhecimento e a tecnologia, que constituem uma nova matriz em constante mudança, com o crescimento exponencial da produtividade e da acumulação de capitais. Cabe lembrar que tal avanço não implica necessariamente a criação de emprego, e, quando isso ocorre, são funções para indivíduos muito capacitados. Neste século, quem não tiver capacitação estará fora do mercado de trabalho, e de forma permanente.

Nossa matriz cultural não é muito aberta para o novo mundo que está surgindo, de base científica e tecnológica. Ainda não é o caso de perdermos a esperança, pois contamos com áreas de exceção e de excelência, como a agricultura impulsionada pelo desenvolvimento tecnológico. Quando se examina a história da agricultura brasileira, nota-se que os grandes saltos na produção de café, laranja, cacau, soja etc. foram viabilizados graças às

LEGADO PARA A JUVENTUDE BRASILEIRA

pesquisas e inovações no plantio e no escoamento das safras. Outra área de excelência é a exploração de petróleo, com a Petrobras. A despeito da forma desastrosa com que foi administrada nos últimos tempos, a empresa produziu muita inovação, patenteou muita coisa nova e continua a avançar. Portanto, vários setores industriais têm capacidade tecnológica e de inovação, mas temos de ficar atentos para não nos deixarmos contaminar pela tendência ao fechamento da economia de nossa matriz original. Está comprovado que há condições para desenvolvermos áreas de excelência, basta reproduzirmos os modelos em outros segmentos.

Embora o ambiente de trabalho também seja uma espécie de escola, nunca vai ser possível dispensar um sistema de ensino estruturado. A pessoa tem de aprender a ler e escrever, fazer conta —as ferramentas básicas —, para depois voar sozinha. No Brasil, a dificuldade está no setor público, porque somos um país de 200 milhões de habitantes, e as soluções para a educação geral passam pelo governo, pela gestão do Estado, pela eleição de gente competente para enfrentar os desafios.

E, por ser uma questão de valores, nem sempre basta a transferência de recursos financeiros para o setor de educação. Por mais que se formem professores em grande escala, nem todos são capacitados para sensibilizar o aluno, pois tal capacidade depende de uma experiência variada, de se ter vivido situações diferentes e de se poder comparar uma situação com a outra. Além disso, a ideia de educação se alterou por completo, passou a ser vista como um processo continuado: não se restringe a uma etapa da vida, continua sempre, com a interação permanente entre o trabalho e o aprendizado. Ao mesmo tempo, tem-se que saber e fazer, aprender e exercitar, estudar e trabalhar.

Cada vez mais, o processo de aprendizado ocorre num contexto mais amplo que o da escola. O drama brasileiro é que, diante de radicais alterações no perfil demográfico, das aceleradas mudanças na vida econômica, da migração em massa para as cidades, a capacidade das famílias para estimular a curiosidade, o conhecimento e o método em seus filhos é bem menor do que a necessária nos dias de hoje. Essa tarefa acaba dependendo da escola, pois a família, em geral, sabe menos que os jovens.

Mesmo na Universidade de São Paulo, grande parte dos pais dos alunos matriculados não passou pelo ensino superior, alguns nem mesmo pelo ensino médio. Isso também se vê na escola primária, mas em menor proporção.

O resultado é que não se pode contar com um lado importante no processo formativo da pessoa, que é proporcionado pela família. Assim, a criança vai para a escola e sabe mais que os seus pais, e às vezes até mais que o professor, porque tem acesso ao Google e a outros provedores de conteúdo. Em consequência disso, é urgente que se mude o formato da educação formal, de modo que haja, sobretudo, uma espécie de socialização, um intercâmbio de experiências.

Além disso, temos em nosso país uma enorme variedade regional, com algumas áreas mais avançadas do que outras, e não necessariamente as mais ricas. Com base nos resultados de vários tipos de exames, muitas vezes escolas com menos recursos obtêm resultados melhores do que outras mais bem-dotadas financeiramente. E o motivo é que nessas escolas foi possível criar uma interação mais positiva entre aluno, professor, comunidade e família. Isso é mais difícil de ocorrer nas cidades grandes e nas metrópoles, como São Paulo, pois as famílias não têm nem tempo de se dedicar à escola.

Na escola fundamental é crucial que os pais acompanhem os filhos e saibam o que está sendo ensinado, que discutam com os professores e conversem sobre os assuntos que a criança está aprendendo. Só que em geral os pais não têm o hábito de ir à reunião de pais e mestres, de ir à escola, de acompanhar. Já nos países de melhor desempenho educacional, como a Coreia, ou mesmo a China, a façanha do aprendizado é um projeto familiar, com as famílias competindo para ver "se o filho consegue entrar nessa ou naquela escola". Em alguns casos, tal rivalidade chega a ser perniciosa, sobretudo na Coreia, onde tal é o esforço para a obtenção de boas notas que se deixam de lado outros aspectos da formação, essenciais para a evolução da criança como ser humano.

Esses sistemas educacionais, que deram muito certo, não estão isentos de problemas, como o próprio conceito de "dar certo" a todo custo, assim como outros efeitos negativos. Deve-se buscar certo equilíbrio, o qual, segundo os especialistas, ocorre com mais frequência nos países nórdicos, cujo sistema educacional concilia a competitividade com o estresse que tolhe o processo criativo.

É importante rever a história da educação no Brasil, que teve momentos altos, como, por exemplo, a criação da Escola Caetano de Campos, que servia de modelo para o sistema educacional do estado de São Paulo. Houve uma época em que as famílias preferiam matricular os filhos nas escolas

LEGADO PARA A JUVENTUDE BRASILEIRA

públicas, porque eram tão boas ou melhores do que as escolas particulares. Após a Segunda Guerra Mundial, de 1945 em diante, o Brasil passou por um processo enorme de migração interna, já referido, com pessoas de Minas Gerais e do Nordeste se deslocando em massa para o Sul e demais estados do Sudeste, sobretudo para São Paulo. A região deu um salto demográfico impressionante, com uma expansão de tal magnitude que o estado acabou perdendo a capacidade de oferecer um ensino de qualidade para tanta gente.

Esse processo migratório foi positivo para a cidade de São Paulo, que, ainda na década de 1930, tinha em torno de 1,5 milhão de habitantes, talvez nem isso, e hoje é uma das grandes metrópoles do planeta. Seja como for, esse salto enorme desorganizou o sistema educacional disponível até então. O setor público e, em menor escala, o privado, que estavam preparados para atender certa quantidade de alunos, tiveram de lidar com um número significativamente maior, sem que houvesse tempo para preparar quadros suficientes que levassem adiante o processo educacional nos níveis de qualidade anteriores.

Além dessa migração e do atendimento dessa massa humana recém--chegada, registrou-se um enorme crescimento demográfico, com as famílias tendo muitos filhos e sem nenhum programa de contenção da natalidade. Na década de 1990, a grande questão era como pôr toda essa gente na escola, e, uma vez equacionada a questão da matrícula de ingresso caímos no problema de ter de preparar professores para atender a essas crianças e jovens. As famílias com mais recursos foram para o ensino privado, e, eventualmente, se um dia a escola pública recuperar a sua qualidade, haverá um rebalanceamento dessa questão. Se o objetivo for, como é, melhorar a educação da maioria no Brasil, é preciso entender que isso só ocorrerá melhorando a educação pública, porque o setor privado nunca atenderá a toda sociedade.

Nossa cultura sempre valorizou o "doutor", e nunca o trabalho de base, que na verdade é o mais necessário. Só agora o país conseguiu colocar na escola todos os jovens em idade escolar. Quando eu era presidente, fizemos uma pesquisa e constatamos que um quarto dos negros não estava na escola. Hoje, a média dos que estão na escola fundamental no Brasil está em torno de 97%, 98% das pessoas em idade escolar matriculadas. Há pouco tempo, portanto, conseguimos pela primeira vez oferecer de forma universal o acesso à educação.

Por isso, não sou pessimista: em termos históricos houve uma transformação enorme uma evolução no setor educacional. Quando entrei na universidade, em 1949, tínhamos no país apenas 80 mil alunos em cursos de nível superior; hoje são 6 milhões, e isso faz uma diferença tremenda. Na época em que frequentei a USP, houve um ano em que todos os cursos foram dados em francês. Embora isso possa parecer uma maravilha, na realidade é algo horrível, uma situação elitista, pois a língua estrangeira funcionava como barreira de acesso. De lá para cá, o processo educacional foi "deselitizado"; o impacto do que ocorreu se nota em todos os níveis, o que é excelente, ainda que traga outras implicações.

Hoje não se vê o mesmo elitismo na USP, o que não significa que não existam professores estrangeiros. Por outro lado, começou a se disseminar uma das pragas de nossa vida cultural, presente não só na universidade, mas também em outros segmentos da vida institucional brasileira, o que em inglês se chama de "*inbreeding*". Nos Estados Unidos, no Reino Unido ou até mesmo na França, o indivíduo em geral faz o bacharelado numa escola superior, o mestrado e o doutorado em outra, vai ser professor numa quarta escola, e depois ainda muda de instituição, trabalhando numa quinta ou numa sexta escola. Essa movimentação rompe o provincianismo, que é uma característica arraigada em nossa cultura, permite comparar e avançar. Aqui, em geral, criam-se raízes, fica-se na mesma escola, às vezes no mesmo departamento, o que empobrece demais a experiência do professor.

Esse provincianismo reflete-se de forma chocante no desempenho dos alunos brasileiros em todos os testes a que são submetidos. Nossos resultados têm sido péssimos. Entre os latino-americanos, os melhores, na minha experiência, eram sempre os argentinos, depois vinham os uruguaios, em seguida os chilenos, e só então os brasileiros e os mexicanos. Assim era na década de 1960, e, de lá para cá, pode ser que no curso superior tenhamos melhorado um pouco, não tenho certeza, mas a verdade é que ainda somos marcados por uma espécie de provincianismo, ficamos fechados discutindo entre nós mesmos, e não nos expondo ao mundo exterior, o que nos atrasa.

Mesmo com o gigantesco esforço para colocarmos todas as crianças e jovens na escola, continuamos a enfrentar a necessidade de atingir a todos com um espírito novo no âmbito da escola. Apesar de termos solucionado, mal ou bem, a questão do acesso universal à escola — em poucos países do mundo há tanta gente nas escolas como aqui: são 70, 80 milhões de jovens —,

LEGADO PARA A JUVENTUDE BRASILEIRA

até hoje não nos demos conta do problema qualitativo desse ensino. No Brasil, a escola ainda não conseguiu mobilizar de fato a família e a sociedade para que lutem em prol da qualidade do ensino. Esta, agora, é a grande questão a ser enfrentada: como passar da quantidade para a qualidade.

E a complicação também é de natureza mais geral, pois somos um país de renda média. Há, na teoria econômica, o conceito de país de renda média, ou seja, aquele que não está entre os pobres nem entre os ricos, é uma posição problemática. Temos dinheiro para colocar todas as crianças e jovens na escola, mas não o suficiente para melhorar a qualidade de modo geral. E não é só uma questão de disponibilidade de recursos: não há motivação persistente para melhorar a qualidade, e isso afeta todos os níveis de educação do Brasil.

Claro que sempre existem os casos excepcionais, como o Instituto de Matemática Pura e Aplicada, o Impa, no Rio de Janeiro. Lá se encontram pessoas extraordinárias, até mesmo com a medalha Fields, que é uma espécie de Nobel da matemática. Assim como o Impa, há outras instituições com gente de altíssima competência. O que não é nenhuma surpresa: afinal, num país como o nosso, com 200 milhões de pessoas, se pensarmos que 10% dos habitantes dispõem de uma renda razoável, estamos falando em 20 milhões de pessoas. São 20 milhões que têm filhos, e estes são bem tratados, estudam em escolas de excelência, vão para o exterior e estabelecem redes de contatos. No entanto, não se resolve por aí a questão nacional, que depende da evolução do conjunto do país. Essa situação se reflete na taxa de analfabetismo. Quando nasci, mais da metade da população adulta era analfabeta, e hoje dizem que estamos abaixo dos 9%. Embora tenha sido um avanço significativo, mesmo assim é muita gente, são milhões sem o conhecimento básico da leitura e da escrita. Além disso, há a questão do que realmente significa ser alfabetizado, porque nessa conta se inclui o analfabeto funcional como alfabetizado. A situação piora quando levamos em conta os dados da OCDE, que são os mais acessíveis. No nível básico, a situação real é preocupante e de forma alguma podemos dizer que "essa questão está resolvida". Na verdade, nem sequer temos uma perspectiva de como e quando vai ser possível superar esse problema.

Há um grande desafio, portanto, na transição entre, de um lado, proporcionar acesso generalizado à escola e, de outro, assegurar a todos um ensino de qualidade — ou seja, na passagem de quantidade para qualidade —, que requer a participação e a orientação do governo e da sociedade. E há um motivo a mais de preocupação, pois o corporativismo da burocracia estatal e do professorado é inimigo das tentativas de dar o salto para uma educação adequada aos desafios do século atual, baseado no conhecimento e na tecnologia na competição e no desempenho.

Enquanto uma grande universidade inglesa, americana ou alemã tem 10, 15 mil alunos, nós temos, por exemplo, 80 mil na USP. Quando se tem tantos alunos, professores e funcionários, a burocracia cresce e acaba impondo o seu ritmo e os seus interesses. A expansão da burocracia é sempre um problema complexo e mais difícil ainda com a chamada "corporativização", quando o segmento burocrático passa a defender suas vantagens com unhas e dentes. No caso da escola secundária em São Paulo, por exemplo, a distribuição de recursos não é muito diferente da existente em outros países de nível de renda equivalente ao nosso, e às vezes é até maior. Quando se vai ver onde os professores estão atuando, com frequência eles estão trabalhando no gabinete do diretor da escola, com um político, na secretaria da administração etc., afastados da sala de aula, o que contribui para a ineficiência dos recursos destinados à educação.

Outra consequência dessa atração burocrática é a crença de que o professor pode ser um bom gestor da comunidade escolar, o que em geral não é certo. Em uma universidade mais moderna, mesmo no Brasil, não deveria caber ao professor cuidar da gestão: essa é a tarefa de um administrador profissional. É assim em todas as grandes universidades americanas, que são geridas por administradores profissionais, sob a supervisão da sociedade, ou, para ser mais preciso, dos pais dos alunos.

Nos Estados Unidos, é comum que os mais ricos façam doações para as universidades. Entre nós, se alguém fizer uma doação, a universidade vai hesitar, temendo a reação da comunidade escolar perante a possibilidade de influências externas, tal é o sentimento de corpo nas escolas. Estou convencido, e digo isso sempre, de que o grande fator positivo da cultura americana é a universidade, tal como existe nos Estados Unidos, e um pouco na Inglaterra, ou seja, como uma organização aberta que funciona como uma ponte entre governo, empresa e sociedade. A universidade tem tal força que não se acanha de servir ao governo, tampouco teme eventual cooptação, assim como não se acanha em servir as empresas, porque também não vai abdicar de seus princípios somente porque recebeu encomendas de uma empresa.

LEGADO PARA A JUVENTUDE BRASILEIRA

Forte e independente, a universidade preserva os seus princípios mesmo quando se relaciona diretamente com as empresas, com o governo ou com a sociedade. Como consequência da permeabilidade entre esses setores, a inovação se difunde pelo conjunto da sociedade. Isso ocorre em maior grau na universidade, mas nasce na comunidade, pois há uma inserção efetiva da universidade na vida cívica, na vida da sociedade.

No Brasil não temos esse tipo de inserção, o sistema educacional mantém-se à parte e é gerido pelos próprios professores, que viram administradores, o que de vez em quando dá certo. Em geral, porém, a gestão não profissional resulta em desperdício e incompetência. E, quando se tenta implementar uma gestão mais profissional numa das grandes universidades brasileiras, o espírito de corpo bloqueia de imediato qualquer possibilidade de levar adiante a proposta. Uma tarefa urgente, neste início de século, é abrir as universidades e as escolas em todos os sentidos — algo fácil de ser dito e muito difícil de ser realizado.

Se olharmos para o conjunto de nossa sociedade, as escolas, a imprensa, a televisão, e mesmo a mídia, hoje migrando para a internet e para as chamadas redes sociais, têm avançado sem parar, com modificações em múltiplas frentes, que se refletem até mesmo na família, cujos contornos também vão se tornando cada vez mais distintos do que foram no passado. De alguma maneira, a sociedade vai se ajustando aos tempos, traçando uma linha, um fio de evolução, e o nosso problema é que as mudanças já visíveis na sociedade ainda não ocorreram no Estado, e muito menos na vida política, criando um descompasso entre as esferas.

Pouca gente acha que criar uma nação requer um olhar prospectivo, voltado para o futuro e para a necessidade de inovar. Todavia, aqueles que se propõem a liderar uma nação precisam estar sempre pensando no futuro, na governança — como se resolvem as questões, como se prepara a base para as novas gerações. Na vida pública brasileira, isso é complicado, pois o nosso modelo eleitoral não estimula as pessoas a pensarem no fio condutor que vai conduzir a nação adiante. E os temas ligados à educação dependem basicamente dessa ideia de continuidade, da visão de longo prazo.

O levantamento rápido que fiz de um conjunto de temas ligados à educação também seguiu, de certo modo, um fio condutor, privilegiando o delineamento de um sistema que implique valores, paixão, causas. No entanto, para além desses temas, ainda resta outro problema: para que serve todo esse processo de formação da população?

É quando surge, de forma dramática, a questão do emprego e das formas de trabalho. Provavelmente haverá diminuição relativa da oferta de postos de trabalho, em função tanto dos avanços tecnológicos em quase todos os setores produtivos como do perfil demográfico. Vamos ter de encontrar uma solução para isso. É preocupante quando um grande empresário global, como o mexicano Carlos Slim, diz mundo afora: "Ou reduzimos a duração da jornada de trabalho ou não haverá trabalho para todo mundo", e propõe nos grandes fóruns globais a drástica redução da jornada de trabalho. Ele tem razão. É evidente que isso não se pode aplicar de imediato ao Brasil, mas nos países desenvolvidos é uma realidade. Diminuir a jornada de trabalho é um caminho, não sei se é a solução, mas mostra a dramaticidade da questão.

Às vezes, surgem ideias que parecem desajustadas, como, por exemplo, a da "renda mínima", que não é a mesma coisa que o Bolsa Família ou a renda universal. É outro conceito, pelo qual todas as pessoas de determinado país têm uma renda mínima proporcionada pelo Estado. Essa ideia foi votada e rejeitada na Suíça, mas só o fato de haver sido discutida e votada revela a gravidade da situação do emprego. Simplesmente dar dinheiro não é algo bom, o melhor é dar emprego, mas aparentemente não se vislumbra outra saída. Então, o mundo para o qual estamos preparando a nova geração será um mundo mais áspero do que o anterior, ainda que mais rico.

Em segundo lugar, está em curso uma mudança na própria natureza do trabalho. No meu tempo, ter uma profissão significava fazer uma carreira como advogado, engenheiro, militar ou médico. Quando jovem, entrava-se na carreira e a ela se dedicava pelo resto da vida. Agora as coisas não funcionam mais assim: você tem uma ocupação, e esta varia muito no decorrer da sua vida. Isso requer rever o processo educacional, pois não adianta mais um currículo voltado para uma profissão fixa; agora a formação de alguém tem de levar em conta a pluridimensionalidade da pessoa, tem de permitir que ela se adapte à transformações pelas quais vai passar.

Por fim, cada vez mais vamos ver um aumento da produtividade, um crescimento da riqueza e uma redução na oferta de postos tradicionais de trabalho. Nesse contexto, a educação vai ser uma das possibilidades de dar sentido à vida dos que, embora não tenham ocupações duradouras e estáveis, são movidos pela curiosidade que lhes vai permitir sobreviver e encontrar motivos para uma existência digna. Do ponto de vista do potencial humano, não adianta ter emprego se não tiver cultura, e vai importar menos ser rico e não ter cultura, pois sem cultura não será possível desfrutar das novas possibilidades oferecidas à humanidade. A despeito de toda a dramaticidade com que o futuro se apresenta, não nos resta outro recurso a não ser educar mais — e no sentido já mencionado, de estimular o potencial das pessoas, de modo que elas possam encontrar não só ocupação como uma razão de viver, mesmo não sendo mais possível ter um trabalho convencional. Mais importante que tudo é encontrar sentido para a vida. Quando a gente faz algo com paixão, seja o que for, somos carregados para adiante, há perspectiva de futuro.

Nas condições atuais, essa paixão mobilizadora não pode ser só individual, tem de ser compartilhada. Esse é um dos motivos que levam à febre das redes sociais. E cada vez mais será assim. No passado, a diferenciação cultural deixava uns isolados dos outros. Hoje, continua a existir diferenciação cultural, mas há também compartilhamento e integração. Por isso, é preciso cuidar de ambos os aspectos, ter uma preocupação que ultrapasse as fronteiras do interesse pessoal, grupal, de classe, de país. Esse pensamento que ultrapassa o local e o imediato é algo fundamental a ser transmitido na educação. Óbvio que, num curso de engenharia, é crucial saber calcular, pois não há como avançar nos conhecimentos mais concretos e específicos sem o ferramental básico, mas o sentido genérico de educação é mais abrangente. Sempre lembro que foi num dos países mais educados da Europa que surgiu o nazismo, e por isso não se pode deixar de educar para a solidariedade, os bons valores, a democracia. E isso não deriva do conhecimento de coisas, mas da decisão de se dedicar a determinadas crenças e valores. A educação no século XXI terá que assimilar isso.

Não se trata de uma solução técnica. É um caminho que requer uma visão mais humanística do mundo, sem desprezar obviamente a importância fundamental de assegurar o aumento da produtividade, dos conhecimentos técnicos, da capacidade organizacional. Tudo isso é verdadeiro, mas, se quisermos enfrentar o mundo que se aproxima e que certamente será diferente do nosso, temos de ficar atentos às outras dimensões do ser humano.

Capítulo 8

Juventude: perspectivas para um novo tempo

O chamado está feito. Se não você, quem? Se não agora, quando?

Dito popular

Sintonize: o espírito do futuro

Daniela de Rogatis

A juventude é o motor do futuro. É ela que move o processo de transformação da sociedade, renovando os ideais, decantando ideias, forjando os novos valores e transformando pouco a pouco o sonho de futuro em realidade. Cada geração herda da anterior um país com certas características e, se não se omitir do papel a que é chamada, transforma-o numa nova direção.

Este primeiro quarto do século XXI carrega, como é de costume, todas as incertezas do início de um século, e a maior delas tem sido o vácuo de liderança da juventude para desenhar a realidade deste novo tempo. A juventude de hoje está ansiosa e em busca de respostas concretas que deem um norte para sua existência, sem, contudo, ter qualquer consenso ou visão partilhada de quais respostas serão essas.

Neste início de século XXI, um fenômeno distinto se apresenta como uma grande neblina que bloqueia a visão de futuro para a nova geração. É uma névoa que impede que o novo surja com força e determinação. O mundo, que se tornou líquido, fluido, rápido e impermanente, tem se encarregado de destruir a segurança da juventude em um futuro possível de duas maneiras distintas.

A primeira delas é o próprio sucesso da matriz do século XX, que nos legou inegável prosperidade. Por isso mesmo, por esse seu grande mérito, ela coloca a juventude atual à sombra do passado, incerta de se será capaz de melhorar o que está aí. Por isso ela tem desistido antes de começar; está sem força e sem coragem para abandonar os padrões que nos mantêm conectados ao século XX.

No Brasil, essas práticas tendem a nos prender à cultura do atraso, uma vez que o modelo de desenvolvimento do século XX não foi implementado integralmente no Brasil. Abandonar um tempo próspero — e mais, um tempo que prometia prosperidade e que ainda não foi devidamente implementado — para encontrar novos modelos que cuidem também dos defeitos do modelo anterior tem se mostrado um grande desafio. É um desafio que não reside apenas nas dificuldades técnicas, mas também na própria timidez mental e psicológica daqueles a quem cabe liderar essa eterna busca por uma sociedade melhor.

A segunda maneira pela qual o mundo atual tem frustrado a vocação da juventude para liderar a mudança diz respeito à efemeridade das coisas neste nosso tempo, que mata o princípio humano de que a vida é um projeto de longo prazo. A impermanência e o imediatismo dificultam o entendimento do jovem da importância de dedicar esforço concentrado para um objetivo de impacto permanente em sua vida e na vida de sua comunidade. Todo empreendimento é encarado como um esforço pontual que rapidamente dará lugar a algo novo. A velocidade da transformação do novo em velho chega a assustar.

O jovem precisa do longo prazo. É perseguindo uma visão consistente da vida e da existência que ele adquire segurança de que seus esforços são eficazes e de que ele é capaz de caminhar para o futuro que sonha, ainda que esse projeto de futuro possa ser corrigido no meio do caminho. É apenas a busca por uma estrutura subjacente à mudança, à compreensão das leis mais profundas que organizam a vida, que permite a construção do futuro. Sem isso, o indivíduo vira refém passivo das mudanças que ocorrem ao seu redor, tendo que reagir a estímulos que não obedecem a nenhuma ordem nem se destinam a nenhum ponto final.

O jovem vê-se, portanto, numa dicotomia paralisante nesta transição civilizatória: de um lado, qualquer futuro distinto da matriz presente é invalidado por não se ater aos critérios do desenvolvimento que vivemos nos últimos dois séculos. Por outro, não se vê a possibilidade de pensar fora disso em um mundo fluido no qual nada é permanente, e no qual valores parecem não mais fazer sentido. Ficamos então perdidos, sentindo que maximizar o PIB talvez não traga todas as respostas que o coração humano busca, mas incapazes de vislumbrar qualquer outro caminho, porque, afinal, ele não maximizará o PIB. E será que existe mesmo algo fora disso?

LEGADO PARA A JUVENTUDE BRASILEIRA

Vivemos a necessidade de uma mudança civilizatória; a necessidade de o esforço da humanidade ser dirigido para organizar a próxima etapa de seu percurso no universo. E toda mudança no modelo civilizatório passa pela reformulação dos valores que regem a vida em sociedade. O mesmo vale para o Brasil. O Brasil do futuro mora nos valores da nova geração, nos ideais de vida, de relações e produção daqueles que hoje são os jovens de nosso país.

Como são, então, esses jovens? Ou melhor: como têm que ser esses jovens para que o Brasil não permaneça à deriva enquanto o mundo se atualiza?

Em primeiro lugar, são pessoas capazes de compreender a realidade de nosso país. Pessoas que não fogem às exigências técnicas do conhecimento objetivo, e que, portanto, não distorcem a realidade, tendo a coragem de enfrentá-la como ela é, e não como gostariam que fosse. A realidade serve de matéria-prima para nossa compreensão de onde estamos e de ponto de partida de nossa jornada para construir um Brasil do qual possamos nos orgulhar.

Os valores do século XX nos legaram externalidades intoleráveis que colocam em risco a vida da humanidade. Vivemos um perigoso acúmulo de danos ambientais que, se não forem enfrentados logo, gerarão consequências irremediáveis que impactarão o futuro de toda a humanidade. Ao mesmo tempo, apesar do desenvolvimento econômico inédito trazido pela industrialização e globalização, permanecem ainda problemas sociais sérios como a violência, a insegurança e mesmo grandes grupos humanos vivendo ainda muito abaixo da linha da dignidade. Por fim, o foco no consumo de curto prazo arrisca perder de vista todos aqueles outros bens — muitos deles não econômicos — que fazem a vida valer a pena: sonhos, relações humanas, criatividade.

O Brasil precisa enfrentar todas essas situações, e não poderá se dar ao luxo de empregar apenas as respostas antigas, que afinal foram insuficientes. Nesse sentido, nosso desafio de elevar o padrão de vida dos brasileiros é uma oportunidade, visto que não precisamos cometer os mesmos erros dos pioneiros dos séculos anteriores. Também nos coloca, é verdade, a responsabilidade de formular, com inteligência e criatividade, as respostas novas. Eis a missão do jovem brasileiro no século XXI.

O jovem líder desse processo será uma pessoa no sentido integral do termo, que não separa discurso e prática, que enfrenta com honestidade o resultado de suas ações e tem a grandeza de corrigir a rota quando necessário, sem precisar mentir, fraudar ou se deixar corromper para vender aos demais uma promessa de futuro que não poderá entregar. Será alguém, enfim, que, mesmo ante o cinismo com o qual olhamos para o poder hoje em dia, chegando a falar em pós-verdade e ver tudo como guerra de narrativas, sabe distinguir a mentira da verdade, tem as ferramentas para distinguir ilusões de realidade e a firmeza para mostrar que, na prática, os fins não justificam os meios.

Estamos em busca de pessoas prontas para serem a melhor versão de si mesmas, que buscam a justiça como base de suas ações; pessoas que não fingem uma realidade inexistente, que não aceitam a riqueza da qual não conheçam a origem, que fazem questão de viver de acordo com os meios compatíveis com os resultados de sua ação concreta. Pessoas, enfim, que se negam a caminhar pelas rotas indignas de que a história humana — e a brasileira em particular — está tão repleta.

Conhecimento sólido e firmeza de caráter são elementos essenciais, mas não são tudo. Precisamos, por fim, de pessoas que se compreendam como os motores desta transformação e que tenham a disposição de primeiro sonhá-la para então colocá-la em prática. E que, a partir da construção e do trabalho de suas vidas, possam olhar para o país que sonharam e para o país que construíram com satisfação, orgulhosas do resultado deste empreendimento.

Essa busca é otimista, porque esses jovens já estão entre nós. Cada vez mais pessoas desenvolvem e vivem de acordo com um novo conjunto de valores que reflete já esse novo papel de país no século XXI. E elas terão papel central em fazer com que toda a sociedade persiga junta o novo mundo do qual já vislumbram os contornos. É o papel da juventude idealizar o novo tempo, o novo mundo e a nova civilização, e se dedicar à aventura de construí-los, mesmo com todas as dificuldades, aqui nesta terra e neste tempo. O chamado está feito. Se não você, quem? Se não agora, quando?

Bastões em novas mãos

Fernando Henrique Cardoso

Não costumo falar da minha trajetória familiar, pouco falo das minhas origens e do tipo de formação que recebi, mas creio que no contexto dessas exposições isso é relevante, para mostrar como vamos filtrando as experiências e transformando nossa existência.

Venho de uma família com ligações muito fortes com o Estado, com o governo. Meu bisavô foi governador de Goiás no tempo do Império. Meu avô nasceu na cidade de Goiás e, por falta de perspectivas no local, mudou-se com o irmão para o Rio de Janeiro, a fim de ingressar na escola militar. Antes, porém, passou pelo seminário em Paracatu, Minas Gerais, e só depois foi para o Rio, onde se casou com a minha avó, filha de um português que na época (terço final do século XIX) era o que hoje chamamos de um empreiteiro de obras públicas e, portanto, um homem com recursos.

Minha avó se casou aos 13 anos e foi conhecer o sogro, que na época era presidente da Província de Goiás. Era uma viagem longa e penosa: do Rio para São Paulo, dali até Casa Branca, de onde seguiram a cavalo até a cidade de Goiás Velho. Durante o tempo que lá passaram, ela engravidou, e, como não queria ter o filho longe da capital, fez todo o caminho de volta para o Rio de Janeiro. Assim era o país em meados do século XIX, um Brasil de condições duras, mesmo para uma família da elite e que ocupava posição de comando. Era um país cheio de limitações, muito pobre, que foi sendo construído a partir do sonho de muita gente.

Esse meu avô chegou a ser marechal, mas bem no início da República participou de um grupo de jovens positivistas, do qual fazia parte Benjamin Constant, um dos fundadores da República. Há até registro de um diálogo entre eles, reproduzido num livro de história, no qual Benjamin Constant dizia: "Bom, e o que vai acontecer com o imperador se ele resistir?", ao que o meu avô retrucava: "Aí a gente fuzila." Benjamin Constant responde: "Não seja tão sanguinário, não estamos mais na Guerra do Paraguai, agora é uma briga entre irmãos." Claro que não se fuzilou ninguém, mas o meu avô estava no grupo que levou ao imperador, pessoalmente, a carta de banimento. Meu avô era um homem de briga, e já velho, como general e comandante de uma região militar, participou da revolução de 1922, em que os jovens militares, juntamente com parte da intelectualidade da elite econômica de São Paulo, começaram a se insurgir contra a chamada República Velha, quer dizer, contra o esquema de dominação através de oligarquias, com eleições fraudadas, as eleições a bico de pena, como se dizia. Meu avô se dedicou ao mesmo tempo à difusão de escolas primárias, criando uma "Liga Brasileira contra o analfabetismo".

Meu pai era militar, na época com a patente de tenente do Exército, e, assim como outros parentes, participou dos movimentos "tenentistas", das revoluções de 1922, 1924 e 1930. A certa altura, foram presos no Rio de Janeiro, na fortaleza de Lajes. Foi dessa experiência que aprendi com meu pai algo que já comentei outras vezes: a importância de as pessoas se comunicarem. Ele dizia: "Nunca deixei de falar com o carcereiro." Ele era oficial, mas conversava com o soldado. Meu pai achava que se tinha de falar sempre, comunicar-se. E porque conversava com o carcereiro, pôde mandar notícias ao irmão, também oficial e prisioneiro. Ele sempre privilegiou o diálogo, e me orientou a nunca ficar encastelado e a conversar com os outros, independentemente de suas posições. Foi deputado federal por São Paulo, sendo general.

Toda essa experiência foi proveitosa para mim, o fato de crescer numa família sempre lutando para pôr o Brasil mais ou menos em ordem, com acertos e erros, mas empenhada em mudar as coisas. Para fazer isso, a pessoa precisa se jogar, se arriscar, mas sem perder as conexões com quem quer que seja. Você deve preservar sempre as ligações com o mundo, deve manter a capacidade de se relacionar. Essa orientação sempre me valeu muito.

Estudei na Universidade de São Paulo, e, quando nela ingressei, em 1948, levei um susto, pois era um mundo muito diferente do que eu havia imaginado. Entrei para estudar sociologia, mas na verdade queria mesmo socialismo, mudar a sociedade, distribuir melhor a riqueza. Na realidade, eu mal sabia o que era sociologia. Comecei frequentando os cursos de filosofia, e o primeiro trabalho que tive de fazer foi sobre os fragmentos do Parmênides, em grego, muito difícil. Depois vieram as aulas de antropologia, enfocando as culturas indígenas, porque na época havia uma paixão pelas ideias de Lévi-Strauss, um grande antropólogo que havia sido professor da USP. Depois veio um professor de economia, que me falou de teoria do valor. Eu não sabia concatenar uma coisa com a outra, não sabia como juntar essas coisas todas, e pouco a pouco fui compreendendo a diferença entre ter informação e ter sabedoria, transformar a informação em algo que faça sentido e que permita orientar seu comportamento, sua ação, suas convicções, sua visão. Isso não vem de repente, mas vai se acumulando aos poucos, vai nos moldando, e quando se tem a sorte de cruzar com alguém inspirador, se consegue ver um pouco mais longe. No meu caso foi o professor Florestan Fernandes.

Outra orientação que sempre me valeu foi a consciência da importância de ter uma noção global do que acontece, a capacidade de ligar o que está acontecendo com o que se faz e com o que se fará, para evitar a mera especulação, sem viabilidade, sem capacidade de mudar a realidade do país. Estamos passando por um momento complexo, somos testemunhas de um processo cuja força e peso têm de ser reconhecidos. Para abrandar as coisas, eu poderia dizer que estamos na transição entre épocas distintas da história. E é importante ter uma dimensão adequada dessa realidade, dessa passagem de uma era para outra.

Nasci em 1931 e ainda me lembro da Segunda Guerra Mundial (1939-45), dos nazistas, dos massacres de judeus, das batalhas na Europa, dos bombardeios a Londres, assim como assisti à posterior divisão do mundo entre os blocos socialista e capitalista, soviético e americano, sob a ameaça constante de nova guerra. Em 1962, assisti a um episódio de grande tensão, com a instalação em Cuba de mísseis e bombas atômicas russas, o que nos levou à beira de uma nova guerra. Há um documentário muito bom, *Sob a névoa da guerra* (2003), no qual Robert McNamara, ex-ministro da defesa dos EUA, que trata dessa época. No documentário se vê Fidel Castro autorizando, caso necessário, o disparo dos foguetes com ogivas atômicas na direção dos Estados Unidos, mesmo sabendo que isso significaria a destruição completa de Cuba. A paixão era de tal magnitude que não se mediam as consequências catastróficas de um conflito nuclear. Por sorte, evitou-se o conflito, e, como sabemos, essa situação de confronto se diluiu com o colapso da União Soviética e a queda do Muro de Berlim.

Em outra frente, o presidente americano Richard Nixon e seu conselheiro Henry Kissinger entenderam que seria melhor distender a relação com a China, aceitando, implicitamente, a teoria chinesa do socialismo harmonioso e da convergência no plano internacional, uma ideia que se mantém até hoje: a emergência de um novo poder não implica necessariamente conflito com a potência anterior. O que é algo raro de se ver: quando se olha para o mundo, a emergência de um novo poder implica uma resistência muito grande por parte da potência declinante e conflitos armados são frequentes. Trump reaviva essa percepção. Nas relações internacionais, a regra que vale, no fundo, é a da força. Todo esforço que se fez, desde o final da Segunda Guerra, foi no sentido contrário, de imposição de regras para manter os conflitos sob relativo controle. Estamos presenciando agora o início de outra era, na qual os russos, mesmo à margem do eixo de poder central, passaram a mostrar que querem participar mais agressivamente da cena internacional, ocupando a Crimeia, tentando fazer o mesmo na Ucrânia, ameaçando os países bálticos, enquanto em seu relacionamento com os chineses, com quem nunca se entenderam bem, percebe-se uma relação de maior aproximação. E a China emerge como potência mundial.

De certa forma, vivíamos com a sensação de que o mundo era sacudido apenas por guerras limitadas — no Oriente Médio, ou entre Paquistão e Índia, entre as duas Coreias, conflitos de âmbito regional — que não abalavam os grandes pilares da ordem mundial. Hoje, porém, é mais complicado pensar dessa maneira. O pilar americano continua de pé, mas os chineses começam a consolidar outro polo de poder, os russos arranham as bases da ordem conhecida. E a Europa se vê menos integrada, menos forte. As consequências estão à mostra no Oriente Médio, com os russos e os ocidentais lutando na Síria, uma guerra com custos terríveis para a população, os países ocidentais e os russos lutando contra os radicais islâmicos, escancarando a realidade: nunca se resolveu a situação no Oriente Médio. E os muçulmanos dão mostras de estarem inquietos politicamente; o terrorismo é uma forma selvagem de presença na cena internacional, embora a religião muçulmana e a política de potências não devam ser confundidas.

Além disso, há as consequências cada vez maiores da globalização na economia. Quando presidente da República, fui alvo de muitas críticas

LEGADO PARA A JUVENTUDE BRASILEIRA

simplesmente porque reconheci a inevitabilidade desse movimento, hoje óbvio, de uma economia cada vez mais interdependente e interligada. Atacaram-me, qualificando minha posição de neoliberal. Respondi que se tratava de mero realismo: ou fazemos parte desse movimento global ou ficamos para trás. E, para fazer parte dele, temos de mudar muita coisa em nossa organização administrativa, na organização econômica, nas regras de competição — ou seja, temos de colocar os interesses do país no plano do mundo, tal como este funciona.

O planeta tornou-se muito mais interconectado, e os avanços tecnológicos que permitiram tal integração afetam diretamente a produtividade e, em consequência, ampliam a acumulação de capitais, mas não, na mesma medida, a oferta de empregos. Assim, vemos a emergência de novas potências no mundo, e, ao mesmo tempo assistimos à multiplicação da capacidade produtiva, ao crescimento demográfico exponencial em áreas pobres do globo e à incapacidade de integrar todas as pessoas ao mundo do trabalho. Essa complexidade define o momento atual, de transição de uma era para outra.

Não se trata de um desafio somente para este governo, mas para qualquer governo futuro. Qual é o espaço que o Brasil pode almejar neste novo mundo? O que os chineses vão fazer? Eles estão comprando muita coisa aqui, estamos numa crise e eles estão comprando, como será isso no futuro? Vai valer a pena? Até onde podemos permitir isso, sem colocar em risco a segurança nacional? Como se joga com este mundo diversificado? São problemas ainda pendentes e que a nova geração terá de solucionar, porque eles não se resolvem de um dia para o outro, é uma questão de gerações.

Para piorar a situação, diante de todas essas agendas, o Brasil não tem estratégia, não tem pensamento de longo prazo. Já os chineses têm pensamento de longo prazo, os ingleses tem orgulho de serem britânicos, tanto faz se o governo atual vai bem ou mal. Estou convencido de que teríamos de estabelecer uma distinção assim, entre, de um lado, os governos, tal como são possíveis na prática, e, de outro, uma noção, um projeto de país. A despeito de todas as diferenças, os ingleses, os franceses têm esse sentido, assim o têm como todos os grandes povos. Falta-nos esse pensamento de longo prazo; raramente se vê uma discussão sobre as grandes mudanças pelas quais o mundo está passando, nem sobre o novo equilíbrio que vai se consolidando e que também para nós trará consequências. Ainda não avaliamos o posicionamento futuro de nosso país, ainda não sabemos quais vantagens estratégicas teremos. Como se ainda estivéssemos aferrados à velha ideia de que o Brasil está longe do centro do mundo e como se essa ideia continuasse a ser válida. Portanto, para nós é crucial a definição de uma estratégia de longo prazo. Só depois disso teremos condições de formular uma política realista e proveitosa para o país.

E isso nos surpreende numa época em que estamos debilitados, pois cometemos muitos erros, o governo errou, e nós, a sociedade como um todo, consentimos, ao escolhermos coletivamente determinados caminhos nas eleições. A Câmara de Deputados, da qual todo mundo reclama, foi eleita há pouco e, de uma maneira ou de outra, é o resultado de nossas decisões e de nossa incapacidade para perceber eventuais riscos.

Hoje, enfrentamos o desafio não só de nos reposicionarmos nas correntes mundiais, mas de reorganizar nossa casa. Temos de enfrentar o tema das finanças públicas, a situação periclitante de vários municípios e estados, a troca que fizemos da inflação pelo aumento da dívida pública, a redução da atividade produtiva minguando a arrecadação do governo, a impossibilidade de rever o tamanho da máquina pública devido à legislação que garante privilégios, a ausência de recursos para investir em áreas estratégicas por causa dos tetos de despesas, e a questão monumental da previdência que vai nos quebrar se não for equacionada. Numa perspectiva de curto prazo, tudo isso assusta, mas quando assumi a Presidência também a situação do país era de arrepiar, talvez não tanto quanto ao descontrole orçamentário, mas quanto às reservas e à política cambial, áreas na época bem mais complicadas.

Portugal, por exemplo, um país de dimensões modestas no contexto da Europa, também passou por uma crise muito grave, com desordem financeira, crise do euro e muita turbulência. No entanto, os portugueses já têm assegurado o básico em termos de transporte, segurança, educação e saúde. Então, fazer determinados ajustes é mais simples. Nós ainda não temos nada disso assegurado. Portanto, precisamos entender que, ao equacionar a questão econômica, não há como interromper os projetos voltados para as camadas mais necessitadas. Acho que é possível preservar o que é essencial para os realmente pobres e, ao mesmo tempo, fazer um ajuste fiscal. Possível, sim, mas nada fácil. Tampouco é algo que se consegue do dia para a noite.

No Brasil, temos a tendência de fazer as coisas de maneira precipitada. Se vamos fazer o ajuste fiscal, cortamos 20%, 30%, 50% de tudo. As pessoas irão reclamar da irracionalidade das medidas, da escola que fechou, do

LEGADO PARA A JUVENTUDE BRASILEIRA

hospital que não oferece condições mínimas etc. Essa maneira de fazer as coisas tem a ver com outra questão que devemos ter sempre presente, para a qual também não há solução fácil, que é a gestão: não basta simplesmente cortar gastos, mas gastar bem os recursos disponíveis. Houve, nos últimos anos, uma piora notável em termos de gestão, porque procuramos atender a metas impostas pela Constituição, ou aos objetivos políticos. E, além de tudo, o Estado foi ocupado por pessoas pouco preparadas para o exercício das funções públicas.

No fundo, cabe a todos nós, de alguma forma, tentar entender o outro, e dizer: "Não dá mais para seguir assim. Como vamos fazer para sair dessa entalada?" Como sou otimista, mas não irrealista, acho que temos de nos empenhar nessa direção. Temos de construir um caminho que permita que a sociedade brasileira faça o que sempre disse querer fazer. Uma sociedade — para colocar de maneira simples — decente, na qual as pessoas tenham trabalho e vivam com dignidade.

Uma das características do brasileiro é jogar nas costas do governo a responsabilidade por demasiadas coisas, e, por outro lado, não querer mais contribuir, ou não poder mais contribuir com recursos para que o governo realize o que se deseja. Ninguém mais tolera aumento de impostos. E todo mundo quer que o governo faça mais coisas. A educação deve ser universal e gratuita. Idem quanto à saúde. Tem-se que dar terra a todo mundo. Enfim, há uma enorme quantidade de compromissos, muitos deles previstos na Constituição — eu, como constituinte, reconheço minha parte de responsabilidade —, e a sociedade não tem os meios ou não quer dar os meios para que os objetivos sejam alcançados. O governo não tem os recursos para colocar em prática tudo que é bom. E como, pelo contrato constitucional, há despesas crescentes obrigatórias, vai ser muito difícil cumprir o que se pede e o que está estatuído.

São questões bastante complexas que terão de ser enfrentadas. A mais profunda é a questão política: o que vamos querer, como sociedade, em relação ao Estado? O que o Estado vai fazer? Se achamos que cabe ao Estado fazer tudo o que falta ao país, temos de lhe proporcionar os recursos para tanto. Mas, se dermos esse dinheiro, vamos morrer de fome, porque chegamos ao limite da carga tributária viável. Estamos, portanto, diante de um impasse, que teremos de solucionar. Como todas as questões importantes, não é algo que se resolva do dia para a noite, e muito menos por obra de um salvador da pátria ou de um partido.

Mas me recuso a crer que este país não tenha futuro, uma vez que muita coisa já foi realizada, que há muita energia disponível e que já acumulamos muito conhecimento. Enfim, não há dúvida de que somos capazes e de que existem condições para seguirmos adiante. Então, o que falta é mobilizarmos essas energias para enfrentar as dificuldades que se apresentam pelas circunstâncias globais e por nossos próprios equívocos.

Em 2013, todos nós fomos surpreendidos pelas manifestações de massa, desencadeadas a partir da internet, sem que ninguém as controlasse. Foi realmente um fato novo. Mesmo agora, quando não há mais gente na rua, não se pode dizer que o movimento tenha acabado, porque na realidade aquela energia está apenas adormecida. A sociedade não fica o tempo todo fervendo; em certos momentos, há uma espécie de curto-circuito, que motiva as pessoas e faz com que reajam e manifestem seu descontentamento. O grande problema é que não há mecanismos consolidados para traduzir essa mobilização espontânea da sociedade em mudanças institucionais. E quando não há instituições que reflitam as explosões, elas não têm efeito permanente. Tem aquela chispa, aquela explosão, e depois morrem. Até hoje, não temos no sistema político canais de interação com a nova sociedade. Assim, as manifestações que podem ocorrer no plano da sociedade frequentemente perdem impulso e morrem. Os políticos mais sabidões cruzam os braços e simplesmente esperam esse amortecimento, esquecendo que os movimentos podem voltar e que, ao mesmo tempo, ocorrem outros avanços que transcendem a velha organização política. Afinal, a ordem política não é o único corpo institucional existente.

Quando se acompanha a operação Lava Jato, dá para notar que há transições e mudanças também no âmbito das instituições, rompendo com a ideia de que os movimentos da sociedade não teriam contrapartidas no arcabouço institucional. Tal ruptura se dá em função de um surto de vigor numa determinada instituição, como na Polícia Federal ou nas Procuradorias. Tradicionalmente, essas instituições permaneceriam obedientes ao comando do governo, mas sua ala mais jovem conseguiu criar um espírito de corpo, e o mesmo se deu no caso dos juízes. E não foi algo que aconteceu de repente. Pouco a pouco foi se consolidando e predominando certo profissionalismo, mudando a visão de mundo de uma nova geração, que vai colocando na prática o que considera melhor diante da realidade existente.

LEGADO PARA A JUVENTUDE BRASILEIRA

Além disso, há outro aspecto que ninguém havia imaginado. Com essas novas cabeças, novas ideias e novas tecnologias, esse conjunto de policiais, procuradores e juízes também internacionalizou sua atuação. Hoje, eles mantêm contato com Suíça, Estados Unidos, Portugal, Uruguai, criando uma rede de intercâmbio de informações, rompendo os antigos sigilos bancários que protegiam tudo. O efeito dessa transparência cada vez maior chega a tal ponto que o poder estabelecido, por mais que queira, não tem como abafar informações: tudo, ou quase tudo, se sabe. Aliado a esses processos temos a liberdade. Podemos dizer uma porção de coisas ruins sobre o Brasil, mas não que haja falta de liberdade. As pessoas perderam o medo e passaram a exercer plenamente a sua liberdade. Mesmo em meio a toda a confusão que estamos vivendo, com essa sensação de perda de controle, a economia aos tropeços, a sociedade insatisfeita, no passado teríamos em pauta a discussão de nomes de generais prontos a se proporem a salvar o país. Não é o que acontece agora: estamos sabendo o nome dos juízes e discutimos suas posições nos julgamentos, o que é um avanço enorme. O que nos dá razões para ter esperança. Há custos, mas há uma transformação grande.

O mais angustiante nesta etapa da vida nacional é a possibilidade de ocorrer algum desvio de rumo. O mundo está mudando muito, estamos passando do analógico para o digital, que acarreta uma transformação profunda em tudo e altera o modo como as pessoas se relacionam umas com as outras. A inovação é a chave do futuro, e o que está em marcha, em termos de inovação, é avassalador. A robotização, a inteligência artificial, as redes, a web, a interligação de objetos entre si e com as pessoas, ampliando enormemente a capacidade do conjunto. Há uma perspectiva real de que a inteligência artificial funcione e passe a dialogar com a inteligência humana, o que vai necessariamente implicar uma nova ética. Vamos ter que adotar códigos para evitar um predomínio da ciência sobre as pessoas. A chegada desse mundo novo é algo que chega a ser alucinante, e vai mudar muita coisa. Por isso, não nos resta alternativa a não ser ampliar o nosso grau de conhecimento científico e tecnológico em todas as áreas. Toda a sociedade vai ser impactada pelas inovações, não só a produção industrial.

Vamos, portanto, depender de nossa capacidade de absorver e integrar tais mudanças à sociedade. Isso inclui desenvolver a criatividade, porque, no fundo, é o que vai determinar nossa capacidade de sermos um país decente, mais regrado e mais inclusivo. A faculdade mais importante do ser humano é a imaginação, e não o pensamento analítico, porque, sem imaginação, não se consegue ir além da análise. O pensamento analítico é bom para esmiuçar e entender o problema, mas não para se vislumbrar o passo seguinte e a solução do problema na direção do futuro. Estamos no momento de imaginar o caminho que devemos seguir no Brasil. Temos de imaginar o caminho e a direção a tomar. Em todas as áreas. Esta é uma tarefa urgente das gerações mais novas.

Quando vivi em Princeton, trabalhei no Instituto de Estudos Avançados, que foi criado para abrigar Einstein. Eu fazia parte de um pequeno grupo de ciências humanas em meio a um grupo bem maior de matemáticos e físicos teóricos, a nata destas disciplinas, jovens doutores de física e de matemática que recebem uma bolsa para se dedicarem aos problemas que mais lhes interessam. E mesmo no meu caso, que não era jovem, e talvez fosse dos mais velhos do instituto, minha única obrigação ali era pensar e escrever. Convivendo com esses jovens, notei que estavam muito angustiados, e acabei conversando com uns e outros, a fim de tentar entender o motivo. Descobri que, em disciplinas como a matemática e a física teórica, a criatividade vai diminuindo com o passar do tempo. À medida que você vai acumulando conhecimentos, aumenta também o medo, o que dificulta os avanços e o vislumbre de algo diferente do que se sabe. Em suma, a pessoa acaba bloqueada pela ideia de que determinado pensamento já foi considerado — o acúmulo de conhecimentos dificulta a formulação de hipóteses inovadoras. Em geral, os grandes avanços na matemática e na física são feitos por gente com menos de 30 anos. Eu tinha a ilusão de que isso não valia para as ciências humanas, mas acabei mudando de ideia. Na verdade, a imaginação é privilégio dos mais jovens, que têm a mente mais desimpedida, mais arrojada.

Claro que também há um risco nessa constatação, pois os jovens não contam com a experiência dos mais velhos. Mas somente eles têm a capacidade de se jogar e de arriscar, porque imaginam o diferente, porque são receptivos às possibilidades do futuro que miram. Falar com os jovens é, no fundo, falar com o futuro. E se o que diferencia o ser humano dos outros seres é a capacidade de imaginar e construir o futuro, então essas mudanças tão necessárias no Brasil vão depender da capacidade de a nova geração imaginar esse futuro. A nova geração é a construtora do futuro. No decurso de minha vida, que é longa, conheci vários intelectuais muito importantes

LEGADO PARA A JUVENTUDE BRASILEIRA

que viraram estátua. A certa altura da vida, eles deixaram de produzir, embora já houvessem realizado algo inovador, ninguém tinha a coragem de dizer que suas ideias haviam deixado de ser instigantes ou fecundas. Tudo bem, o que eles fizeram deve ser reconhecido com um monumento, mas é inegável que eles deixaram de ser relevantes.

Já os jovens, mesmo que queiram, não viram estátua. O que é muito bom, pois desfrutam de mais liberdade que as pessoas mais velhas, que estão comprometidas com sua própria história. Por melhor que seja essa história, ela restringe. Não há mais como escapar de certa visão, certa maneira de fazer as coisas, e perde-se um pouco a autocrítica. E não há outro jeito senão se submeter ao juízo do outro. É um processo muito penoso, ninguém gosta. Temos de deixar que os outros nos avaliem, temos de nos obrigar a fazer coisas, e, sobretudo, temos de manter o ouvido aberto. Já o jovem está em outra posição. Não tem a cabeça já direcionada, pode manter o espírito de dúvida. Os cientistas sabem que o mais importante não são as respostas, e sim as boas perguntas, e só se tem boas perguntas quando se duvida do que está dito, do que está dado.

O filósofo francês Descartes, que viveu no século XVII, cunhou uma expressão que ficou famosa: "a dúvida metódica". Mesmo que se ache que é certo, "vamos botar em dúvida". Daí vem a importância para os políticos de passarem por uma experiência parlamentar, porque o Parlamento é o local onde constantemente se põe em dúvida a posição do outro. Quando alguém fala, é logo contestado por outro. E quando se resolve a questão por meio do voto, quem ganha não é porque está certo, e sim porque obteve a aprovação da maioria. Na ciência, vale quem está certo. Você tem de aprender, tem de ter paciência para ouvir o outro. Não é aceitar, é ouvir o outro, e duvidar, de você mesmo e do outro. Na democracia vale a maioria, não a sapiência.

Se quisermos, de fato, ser inovadores e mudar a situação, se quisermos uma educação ou um trabalho que tenha essa perspectiva, o fundamental é ter autodisciplina, ter a capacidade de trabalhar sobre nós mesmos. Claro que preferimos atuar sem sofrer críticas, mas isso é impossível. No caso da vida pública, a crítica é inevitável, e indispensável, pois o contraditório faz parte da vida pública. É um aprendizado.

As estruturas políticas formais, os partidos, tal como existem nas democracias representativas, na verdade se desenvolveram durante a revolução urbano-industrial iniciada no século XIX e maturaram durante o século XX.

Surgiram classes, trabalhadores, classe média, proprietários rurais, banqueiros, gente sem classe alguma — e as formas políticas que de alguma forma expressavam os interesses desses segmentos. Os partidos, de alguma maneira, pretendiam representar essas diferenças, formulando cada qual sua ideologia, que imaginavam ser compatíveis com os interesses concretos de cada classe. Esse mundo acabou, porque a civilização que vivemos não é apenas a do mundo urbano-industrial, e sim do mundo digital, da rede, da globalização. Com isso se desfizeram as antigas solidariedades e as instituições ligadas a elas, mesmo que ainda não hajam aparecido as novas. Em consequência, os partidos, que representavam a vontade das pessoas nas instituições políticas, sofreram um acelerado processo de descrédito em todo o mundo. A crise da democracia não acontece somente no Brasil. Em toda parte onde há democracia, há também insatisfação, ocasionada pela mudança na estrutura produtiva e na sociabilidade, na forma pela qual as pessoas se associam umas às outras. Descartes dizia: "*cogito ergo sum*" (penso, logo existo). Hoje há que se acrescentar: estou "conectado", logo existo.

Não sabemos ainda o que vai ocorrer com a representação de interesses, mas nesses momentos é essencial contar com ideias e valores. Nos Estados Unidos se elegeu uma figura como Donald Trump, sobretudo em função de um apelo a valores antigos — "America first", "make America great again", "Contra a imigração" (construir um muro para conter os "latinos") e contra a deslocalização das fábricas que da América foram para o México, a China etc. São ideias de um passado idealizado. Por outro lado, na França, vimos a chegada ao poder de Emannuel Macron, que se elegeu propondo maior integração à Europa e ao mundo, ideias opostas à do líder americano.

Nesse momento não se distingue ainda com clareza a nova configuração da sociedade. As palavras, então, ganham um peso maior, assim como o protagonismo, a liderança. Na nova maneira de organizar a produção, a vida e a sociedade, as pessoas querem ter voz, e podem ter voz, porque podem se comunicar diretamente umas com as outras, saltando fronteiras e outros obstáculos, formando redes. O drama atual é vislumbrar como tudo isso vai se compatibilizar com as instituições democráticas e com os partidos, pois ambos necessitam ser mais estáveis. Ainda não sabemos como fazer para que essa nova sociedade encontre uma expressão nas instituições — daí a crise. Reconhecê-la não significa que devamos nos afastar dos partidos e

LEGADO PARA A JUVENTUDE BRASILEIRA

241

das instituições. É na direção oposta que devemos seguir, precisamos torná-los — partidos e instituições do poder — mais contemporâneos, para que recuperem a credibilidade na sociedade. Pois essa crise é, na realidade, uma crise de credibilidade, embora tenha condicionamentos, origem no novo modo de organização da produção e da economia, que afeta o conjunto da sociedade. É preciso que a credibilidade institucional seja recriada, pois sem ela torna-se difícil solucionar os problemas.

No caso brasileiro, nota-se um quase consenso quanto ao diagnóstico. Temos a crise da correspondência entre o sentimento da sociedade e as instituições, a constatação de que a educação não é suficientemente criativa e de que a sociedade tampouco é inovadora. Há, ainda, a questão do sucateamento da infraestrutura e o problema notório da corrupção generalizada. O "destampamento" dessa última escancarou o fato de que as bases do poder estão comprometidas e apodrecidas. Outra questão, que vem ganhando relevância, é o crescimento da criminalidade: a questão de segurança deixou de importar somente aos ricos. Ela causa enormes prejuízos aos pobres, incapazes de se defender e submetidos a toda forma de arbítrio cotidiano, que compromete o funcionamento normal de suas vidas. Esse é um tema que as pessoas da minha geração têm receio de tratar. Assim, mesmo sendo um tema crucial, a questão carcerária no Brasil é muito pouco debatida. Uma vez que o criminoso foi mandado para a cadeia, achamos que acabou o problema. Na realidade é exatamente o contrário, dado que muitas vezes o ambiente carcerário é uma escola de crime. Por conta da minha participação no debate sobre a regulamentação de drogas, visitei algumas cadeias e constatei quão dramática é a situação nos presídios. Em consequência da precariedade do sistema, quando sai da cadeia, o ex-presidiário não tem outra alternativa a não ser voltar para o crime. A teia criminosa é o que resta para protegê-lo depois de cinco ou sete anos de cárcere. Isso no Brasil está tomando proporções alarmantes: o contingente humano encerrado em presídios é gigantesco, e muitas vezes nem seria necessário mandar tanta gente para a cadeia. Todavia, nossa cultura tem esse modelo, que nada mais é do que uma maneira de se livrar do problema: põe-se na cadeia o meliante e se lavam as mãos. Só que não se resolve nada assim, simplesmente varre-se o incômodo para debaixo do tapete.

Por outro lado, é assustador o fortalecimento das organizações criminosas no país. São Paulo tem uma única organização importante — o PCC,

Primeiro Comando da Capital — que manda em tudo, inclusive nas cadeias. Muitos chefes estão presos, muitos em presídios de segurança máxima, mas continuam no comando da rede de crimes. O PCC, que fez uma enorme bagunça em São Paulo anos atrás e tem capacidade de ação, está querendo penetrar no Rio, no Paraguai e no Nordeste, desencadeando uma feroz disputa territorial. No Rio já havia briga, porque existiam pelo menos três organizações: Amigos dos Amigos, a Milícia e o Comando Vermelho. Sem falar no próprio Bope, que às vezes atua como gangue. Com o PCC querendo controlar territórios cada vez maiores, vamos ter momentos difíceis no futuro. A sociedade faz de conta que os problemas não existem, acha que se resolvem mandando mais gente para a cadeia. Não se resolve só assim. O crime fica sendo mantido de dentro da cadeia. Quando a gente fala de desigualdade, não avaliamos profundamente as consequências disso para a vida da sociedade. Claro que a evolução do crime não se deve apenas à desigualdade, há crime organizado em toda parte, mas a desigualdade e o desemprego agravam ainda mais a situação.

A despeito de todos esses obstáculos a superar, não devemos perder o horizonte. Temos objetivos viáveis para seguirmos adiante e, apesar de tudo, precisamos manter a visão de mais longo prazo, embora sem idealismos ingênuos, e conscientes de que as pessoas têm estratégias próprias, pois cada um tem suas especificidades. Não há como escapar disso, é natural que seja assim e que exista confronto dos diversos interesses. No jogo democrático, não se deve buscar a homogeneidade, mas sim um conjunto de regras para dirimir as diferenças. Na democracia não se supõe que todos sejam iguais: o pressuposto é que existam pessoas diferentes, setores diferentes, interesses diferentes, ou seja, trata-se de viabilizar um sistema regrado que permita a expressão dessas diferenças e mecanismos que levem às decisões majoritárias. Esse é o nosso problema: temos de ter mais regras, de reduzir as arbitrariedades, de incorporar à cultura o respeito às regras. Temos de abandonar a ideia de que "quem pode, pode; quem não pode, se sacode". Temos de fazer valer a regra para todos, e não deixar que os poderosos a descumpram. No momento, alguns estão assustados, porque há poderosos na cadeia, até mesmo alguns amigos, mas há um lado positivo nisso: as regras existem e estão sendo cumpridas.

O mundo avança mais quando há organização, regras. De vez em quando, estas podem ser rompidas, quando são restritivas demais, quando o espírito

LEGADO PARA A JUVENTUDE BRASILEIRA 243

burocrático não passa de uma interpretação literal da regra e acaba sufocando a sociedade. Isso é o que dizia Max Weber, que manifestava seu pavor diante do mundo que estava nascendo, o mundo da burocracia, do Partido Comunista e das grandes corporações burocratizadas. O mundo moderno é burocratizado, e, para Weber, quando a burocracia se torna asfixiante, é preciso romper com a situação: quem acaba fazendo isso é o líder carismático, num processo que pode levar tanto a um governo arbitrário como a uma difusão do espírito empreendedor, que inova com vistas à mudança das coisas. Nós vamos ter de conviver com cada vez mais regras, cada vez mais leis, até consolidarmos na cultura coletiva a aceitação da chamada *rule of law*, o domínio da lei. E teremos de combinar esta atitude com o espírito e o impulso da inovação.

Venho insistindo para que a nova geração esqueça um pouco o curto prazo e leve em conta um horizonte mais distante. No curto prazo, a situação se mostra bastante turva, até mesmo arrepiante. Como o futuro é obscuro, dá a impressão de que não temos saída, com crises em todos os setores — político, econômico, social... Sem dúvida, há motivos para cautela quanto ao que pode acontecer no curto prazo, sobretudo porque a crise mais dramática e decisiva é a da confiança, que precisa ser reconquistada. Eis nosso problema mais espinhoso: ver quem vai ser capaz de recuperar a confiança da população. Embora ainda sejamos relativamente pobres em vários setores, há no país muita energia, muita gente jovem, muita possibilidade de avançar. Por pior que seja a situação econômica, sempre se acha uma solução, e não há como negar que o Brasil tem muitas saídas, muito caminho a ser percorrido. Assim, quando se leva em conta um horizonte mais distante, não há por que temer a falta de soluções. Contamos com setores que podem atrair investimentos, temos toda a área de infraestrutura a ser recuperada, e há capital sobrando no mundo. O que falta é a convicção de que as regras vão ser adotadas e postas em prática, criando condições para que as pessoas possam trabalhar e cooperar umas com as outras.

No fundo, o que se pode transmitir é algum conhecimento, alguma experiência e alguma vontade, é instilar essa paixão, essa convicção, esses valores. Talvez o âmago da tragédia nacional seja a descrença e o desânimo, uma nuvem que nos encobre e dificulta repor a paixão pelo possível. Não há razões para tanto, não devemos nos conformar com a descrença. Precisamos acreditar que as coisas podem mudar e melhorar, reconhecendo que isso não se faz com esforços isolados, mas em conjunto, uns com os outros, e sem deixar que as adversidades tolham o horizonte.

O elo que torna tudo possível é a credibilidade. Claro que é essencial ter um rumo, e saber comunicar essa direção a toda a sociedade. Portanto, além da falta de credibilidade, também enfrentamos um problema de comunicação. Além de vislumbrar um caminho a seguir, faz falta a voz, a palavra, que no final vai fazer diferença. É preciso haver disposição, comportamento, cultura — e o líder tem de explicar, falar, motivar o tempo todo.

Em termos objetivos, temos de ver quais os caminhos mais promissores para nos levar a uma situação melhor. E temos de acreditar, ter um horizonte de esperança. Ninguém vive só do que está dado: precisamos imaginar um país melhor e, convencidos disso, nos esforçar para alcançar resultados. Essa é a encruzilhada na qual estamos. A saída depende da mudança de algoritmo, e quem conhece o novo algoritmo é a nova geração. Não estou fazendo demagogia, e sim dizendo algo de que estou absolutamente convencido: há coisas que dependem de uma geração mais nova, já formada no uso desse novo algoritmo, na cabeça e na alma, já com outra maneira de olhar, de atuar, de ouvir e de fazer. Eu vivi muitas situações e sei muitas coisas, mas não faço parte da geração nova; chega um momento em que o bastão de comando tem de passar para outras mãos.

Estou convencido de que a juventude tem de começar a se mexer, se mobilizar, tem de despertar para as suas responsabilidades com o coletivo. Essa é uma questão que, tanto no Brasil como no mundo, não está bem compreendida. Está havendo uma passagem de bastão, de uma geração para outra, com o advento de uma nova era e de uma nova ética que somente vai se materializar quando a nova geração tomar de fato as rédeas do futuro. Não se trata de uma questão de idade, mas do fato de não se estar preso a determinados compromissos e, por isso, ter a possibilidade de uma visão mais livre, mais aberta. Sem a menor dúvida, os jovens têm um papel a desempenhar, o que não implica descartar por completo os mais velhos. Estes podem manter viva a curiosidade, mas é preciso estar disposto e se empenhar nesse sentido. Quando a gente deixa de lado a curiosidade, quando não se tem mais dúvidas, não se consegue fazer mais nada. Estar vivo é manter a capacidade de se arriscar, de imaginar outras possibilidades. Sem isso, a pessoa começa a morrer.

Estamos num momento da cultura ocidental em que as coisas já estão mudando. A próxima geração a tomar as rédeas tem a sorte de viver em

LEGADO PARA A JUVENTUDE BRASILEIRA

meio a muitas possibilidades e oportunidades novas. Muito diferente de alguém, como eu, que nasceu no Brasil há oitenta e tantos anos, quando tudo era muito mais limitado. Hoje as viagens internacionais são corriqueiras, é fácil visitar a China, há o inglês sendo usado como língua franca do mundo. Então, é preciso aproveitar este momento da história, um momento rico em possibilidades, a despeito dos seus inegáveis aspectos negativos, e dirigir a energia para a construção, em nosso caso, de um Brasil melhor e, se possível, de uma humanidade melhor.

Trata-se, assim, de suscitar nas novas gerações a responsabilidade não só de transformar a sua empresa e a sua família, mas de não perder de vista que a empresa e a família estão situadas na sociedade — e que, se não forem feitas alterações mais amplas, o futuro dessa sociedade vai ser limitado, pois há uma interligação muito forte de todos os seus elementos. Não adianta nada ter inovação numa área e o restante continuar atrasado. É essencial que a gente consiga uma sociedade mais aberta, mais criativa e mais inclusiva. Essa transformação tem de ser levada adiante pelos mais jovens.

Aos partidos políticos também cabe se empenhar nessa direção, mantendo programas específicos para atrair os jovens. Embora hoje os partidos contenham seções de jovens, estes acabam se comportando como velhos, despendendo uma energia enorme em brigas pelo poder nos diretórios partidários. Essa é a grande dificuldade. O povo sente mais interesse em causas, quer ter ligação com causas maiores, quer defender uma ideia, como, por exemplo, preservar o meio ambiente, combater a violência, reformar o sistema de saúde. Já os partidos ficam o tempo todo discutindo quem vai ser o quê no diretório tal, qual vai ser a chapa, quem vai ser presidente do diretório, vice-presidente, coisas assim. Somente discussões sobre a distribuição de poder. E, como são questões relativas a poderes menores, isso acaba cansando e afasta aqueles que querem se dedicar a uma causa. Você vai militar por uma causa, e não para controlar um diretório, para ser membro do diretório, presidente do diretório. Os partidos precisam ter uma visão menos mesquinha de sua prática cotidiana.

Se não houver mudanças nesse sentido, e os mais jovens não assumirem a responsabilidade de participar com uma visão nova, vamos continuar paralisados, estagnados. Há setores da sociedade nos quais a mudança é muito difícil, e um deles é o dos partidos. Os indivíduos que os comandam são quase sempre os mesmos, há pouca participação das mulheres, a presença de negros é ínfima. Outro setor que tende ao imobilismo é o dos sindicatos. As mulheres são a maioria da população e constituem uma força muito poderosa de inovação, mas isso não se reflete nas instâncias decisórias desses setores, não reflete o que já existe na sociedade. A mudança é difícil porque são sistemas consolidados de poder, que somente cedem sob pressão — uma pressão que deve vir dos mais jovens. A responsabilidade da nova geração na renovação do ideário de nosso país é enorme.

Para tanto, será necessário imaginar novas formas de atuação, levando em conta o modo como atualmente funciona a sociedade. A situação atual não deve ser vista com desespero, mas com otimismo: apesar das dificuldades, existem outras formas de organizar, mobilizar as pessoas, despertar nelas a vontade de lutar por determinadas causas. Não se faz isso insistindo em divisões — "ah, eu sou rico", "ah, eu sou pobre", "nós contra eles" —, por aí não vai dar. Em outra época, talvez funcionasse, mas hoje não vai dar em nada. Temos de ver quais as causas que nos interessam e que podem dar origem a uma rede que permita juntar as pessoas que, a despeito de ocuparem posições diferentes da sociedade, convergem em certa visão. Infelizmente, este novo mundo não é mais o meu: esse é o campo de atuação da nova geração.

Tudo isso vai depender de protagonismo, pois, sem visão, sem voz, a sociedade não anda. Por mais complicada ou fragmentada que esta seja, tem de haver o sentimento de algo comum que conecta as pessoas, caso contrário não se tem uma sociedade. Não que inexistam as classes e a luta de classes, tudo isso continua a existir, mas é essencial compreender também que, a despeito das diferenças, há terrenos comuns que podem nos unir. Sem esse sentimento permanente de que partilhamos alguns valores, não temos condições de seguir adiante em uma sociedade nacional.

Portanto, é crucial a existência de gente com capacidade para propor novas concepções e antever o futuro. De gente capaz de dizer "olha, vamos por ali, esse é o caminho mais promissor", e explicar com clareza o que significa tomar essa direção, porque ninguém segue mecanicamente outra pessoa, não há mais a ideia de que as ovelhas são conduzidas pelo pastor. Hoje, o líder não é quem toca ovelhas, mas quem convence — e o verbo "convencer", etimologicamente, quer dizer "vencer junto". Não adianta ter razão, ter uma boa ideia, é necessário fazer com que essa razão seja compartilhada.

Em vez da adoração do líder e da aceitação cega de suas propostas, as pessoas precisam ser convencidas de que o caminho sugerido é razoável.

LEGADO PARA A JUVENTUDE BRASILEIRA

Elas esperam que tais passos sejam explicados antes de serem aceitos ou recusados. Na atual situação do Brasil, nota-se a ausência de vozes capazes de articular uma saída razoável. E falta, também, esse sentimento de que algo nos une, de que temos um caminho a percorrer juntos. Claro que há propostas circulando, há disposição para fazer algo, mas falta organização, voz e empenho. Entende-se que seja assim, porque não adianta apenas ter disposição para fazer, importa também mudar a cabeça, mudar a cultura, e isto não se faz por decreto, mas por meio de atos concretos, exemplares.

Na sociedade em que vivemos, há uma grande probabilidade de a demagogia prevalecer. Para os gregos, a expressão "demagogia" significa que toda política implica alguma retórica, alguma capacidade de falar e convencer. Às vezes, surgem pessoas dotadas de enorme talento retórico, que convencem mesmo ao defender posições equivocadas ou ao mentir deliberadamente. O problema surge quando os que não são manipuladores têm dificuldade para se expressar e convencer os outros. É necessário certo elemento de sorte na união feliz de alguém tanto com visão como com capacidade de mobilizar e convencer os outros.

Quando ressalto a importância de liderança, e de lideranças jovens, estou me referindo também aos jovens prefeitos, e até governadores, cuja competência faz com que estejam ganhando renome no plano nacional, mas que encontram dificuldades para desabrochar. Na política, em função do acesso ampliado aos meios de comunicação por parte das pessoas, quando surge uma nova liderança, ela passa por dutos globais, tanto as redes sociais, cada vez mais relevantes, como as mídias tradicionais. Ambas, porém, não têm consciência de seu papel selecionador e promovem mesmo lideranças mais extravagantes, que crescem com rapidez. A demagogia tem forte apelo para a mídia, pois o demagogo acaba se destacando por suas bizarrices. E como os seres humanos não são só racionais, mas também emotivos, e até irracionais, eles "vão na onda". Por isso, temos de tomar cuidado com essas ondas todas, sobretudo no momento atual do país, que virou um campo fértil para os demagogos.

Vejo com satisfação que a maioria dos jovens com quem tenho contato está preocupada em melhorar o país, e ciente de que para isso faz falta algum tipo de visão. Estamos acompanhando o amadurecimento de uma geração e de uma nova elite, no melhor sentido dessa palavra. De gente que é boa e quer ser melhor, a fim de melhorar o país. De gente que sabe o que quer do futuro, tem uma estratégia e uma projeção, porque não há avanço possível sem um ideal, uma utopia. Agora, a mera utopia, por melhor que seja, pode ter função na academia ou na igreja, mas na vida real deve ser uma utopia viável, para usar a contradição nos termos que uso. A utopia viável implica que se tome contato com a realidade, tal como ela é, sem tirar nem pôr. Não se transforma a realidade apenas com base num ideal remoto, ele deve afetar diretamente a prática cotidiana das pessoas.

Perante as incertezas que só fazem proliferar nos dias de hoje, é crucial contar com amarras, referências éticas. Cada vez mais importam os valores, o lado que se escolhe, a maneira como se faz, a busca de um objetivo e o comprometimento com tal busca. Não sabemos se vamos alcançar ou não o objetivo, alcançá-lo depende de muitas variáveis, mas temos de nos manter fiéis a nosso impulso interno e respeitar nossos valores. Não se trata de ser voluntarista, de avançar sem levar em conta os outros. Mas, a despeito da inevitabilidade de se conectar aos outros, das diferenças entre as pessoas e as intenções sociais, continua sendo essencial ter um apoio ético, para que se possa avançar com critérios em meio às incertezas do mundo e não ser tomado pela arrogância. É preciso ter sempre presente que é importante dar espaço aos outros.

Devemos ter um compromisso, quase filosófico, existencial, com a definição do que é a boa sociedade, do que significa fazer algo positivo. E quando parte de uma nova geração se reúne para pensar o Brasil e reafirmar, a despeito de tudo, que quer melhorar o país e recuperar o sentido de seu futuro, fica patente que se renovam as possibilidades de alcançarmos esse objetivo. O ímpeto e a perseverança são cruciais na vida. Tenho assistido com satisfação ao desabrochar dessa nova geração, que traz um sentimento de responsabilidade para com o país, que sabe que precisa cuidar do encaminhamento da nação, e que continua a viver neste país não só por ter nascido aqui, mas a fim de contribuir para o seu engrandecimento.

Na década de 1970, quando morava e dava aulas na França, um famoso professor do Collège de France, que é uma instituição que fica no topo da estrutura acadêmica francesa, me convidou para jantar, a mim e a Ruth, minha mulher. Era o renomado filósofo Michel Foucault, com quem eu tinha amizade. Durante o jantar, ele me convidou para ser proposto como membro permanente do Collège de France, o que, para mim, era uma honra enorme. No início até fingi não ter entendido o que ele havia dito, mas ele reiterou

LEGADO PARA A JUVENTUDE BRASILEIRA

o convite. Havia um problema, porém: eu teria de me naturalizar francês. Na época, o Brasil estava sob o regime militar, mesmo assim, não aceitei o convite. No fundo, eu queria mesmo era voltar para o Brasil. Esse afinal é o sentimento da maioria dos que, por alguma razão, acabam vivendo longe do país. É um vínculo forte, esse que nos liga ao lugar de origem; claro que há exceções, mas a maioria sente essa ligação.

Portanto, não há outro caminho a seguir: temos de abrir espaço para as novas gerações em todas as frentes — nas empresas, nos partidos, na vida, na família. E, afinal, trata-se de uma geração que tem tudo na mão: com o reconhecimento dos valores e a determinação para realizar, nada impede que ela se jogue com coragem a favor das boas causas. Com coerência e critérios, para não vender a alma ao Diabo, consciente dos limites impostos pela realidade, e sem se deixar desmotivar pelo cotidiano. Acima de tudo, o que se deve evitar é o desânimo, que seria catastrófico para o país. É preciso ir para a rua, porque vivemos num momento em que as pessoas vão ter que dizer o que pensam das coisas; mesmo sabendo que somente ir para a rua não resolve, é importante que demarquem suas posições publicamente de modo eloquente.

Para fazer algo, é preciso ter força, mas só se consegue fazer algo grande em meio a uma crise. Quando as forças estabelecidas estão organizadas, nada se move. Porém, quando há uma crise, em que se desorganiza o sistema de poder e não se sabe mais o que fazer, abre-se espaço para o surgimento do novo, para que alguém catalise esse impulso organizador e criador, propondo e viabilizando mudanças. Hoje há um espaço grande para isso em vários setores: na economia há convergência sobre o que fazer, na questão da previdência há convergência, na política há convergência. Os que têm noção dessas questões propõem soluções que podem se dividir em dois ou três grupos, não mais que isso. O problema é como fazer, como motivar, daí a importância de ir para a rua, em um ato simbólico para contar com o apoio da sociedade. Para mim, a política não é a arte do possível, reitero, e sim de tornar possível o que é necessário.

No Brasil, o necessário é uma mudança política, e não me refiro apenas ao plano institucional, mas também ao comportamental, ao plano da cultura. Hoje, como o eleitor ainda vota de maneira tradicional, de pouco adianta mudar apenas o sistema de partidos. Temos de instigar as pessoas para que sejam mais dubitativas e afirmativas ao mesmo tempo: dubitativas quanto ao valor do que existe do que está dado, e afirmativas quanto aos seus próprios valores.

As questões aqui levantadas não podem ser resolvidas com fórmulas mágicas. As pessoas esperam que as coisas sejam resolvidas por atos, e obviamente os atos são necessários, mas não é um ato que fará a diferença, é a continuidade. Os americanos costumam falar no *"tipping point"*, o ponto de inflexão cuja ultrapassagem acaba desencadeando outras mudanças em cadeia e leva a uma transformação maior e irreversível. Temos de nos perguntar, portanto, quais são os pontos-chave que precisam ser mexidos em nossa cultura, que afetam o comportamento da maioria e levam as pessoas a se transformarem. É um processo lento, e claro que não se trata de esperar que todo mundo mude a cabeça para mudar as coisas. De certo modo, os dois processos têm de correr lado a lado, e para isso o importante é o estímulo de um grupo que aproveite as circunstâncias favoráveis e dê início à mudança. A história não está dada: ela se constrói. De algum modo, temos de inventá-la. E aqui reitero que o mais importante do ser humano não é a razão, e sim a imaginação, porque a razão analisa, mas só analisar não basta, é preciso imaginar a alternativa, ter criatividade, capacidade de imaginar outro mundo, como no slogan tão batido: "outro mundo é possível" — sem, evidentemente, abrir mão de nossos valores.

Por fim, os temas, os desafios, os problemas, os ideais que vão ser incorporados, a crença no Brasil, a possibilidade que temos de melhorar o país, tudo isso vai depender também de uma mudança das mãos que sustentam o bastão. Ainda que alguns indivíduos mais velhos queiram acompanhar o novo, o que vai contar mesmo é a geração que entra. Chega uma hora em que temos de abrir espaço para o novo, para os jovens. Estamos em um período de transição, em que não se sabe muito bem a quem entregar o bastão. É visível, contudo, que as mãos dos que ainda o empunham estão trêmulas. É preciso um pouco de paciência, a fim de tomar-lhes esse bastão. Por tudo isso, os movimentos que vêm sendo propostos, embora possam ser contrários aos interesses constituídos, são importantes, mesmo que incompletos e pouco consistentes; são a renovação em marcha.

Este livro foi composto na tipografia Minion Pro,
em corpo 11/15, e impresso em
papel off-white no Sistema Cameron da
Divisão Gráfica da Distribuidora Record.